Von Vallstedt nach Amerika

Die meisten Leute machen sich nur durch übertriebene
Forderungen an das Schicksal unzufrieden!

Wilhelm v. Humboldt (1767-1835)

HEINRICH JONAS GUDEHUS

Von Vallstedt nach Amerika
meine Auswanderung nach Pennsylvania im Jahre 1822
und meine Rückkehr ins Braunschweigische im Jahre 1825

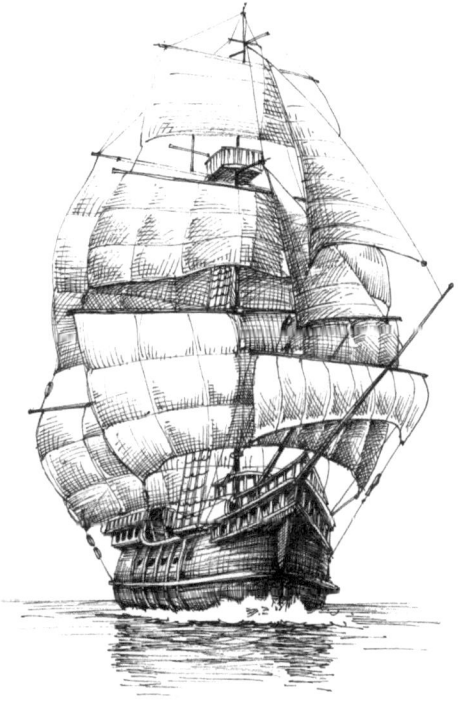

Mit Gudehus' Biografie von Hermann Kuhr
herausgegeben von Martin Kahmann

Bibliografische Information der Deutschen
Nationalbibliothek:
Die Deutsche Nationalbibliothek verzeichnet diese
Publikation in der Deutschen Nationalbibliografie;
detaillierte bibliografische Daten sind im Internet über
http://dnb.dnb.de abrufbar.
© 2022 Martin Kahmann (Hrsg.)
Autoren: Heinrich Jonas Gudehus, Hermann Kuhr
Bildquellen: Umschlag (de.123rf.de, chokniti);
S. 3 (vectorstock.com, Danussa); S. 5,6 (M. Kahmann);
S. 238 („Nach der Arbeit", Illustrirter Volkskalender 1859)
Herstellung und Verlag: BoD – Books on Demand,
Norderstedt
ISBN: 978-3-7568-4507-1

Gudehus in Pennsylvania

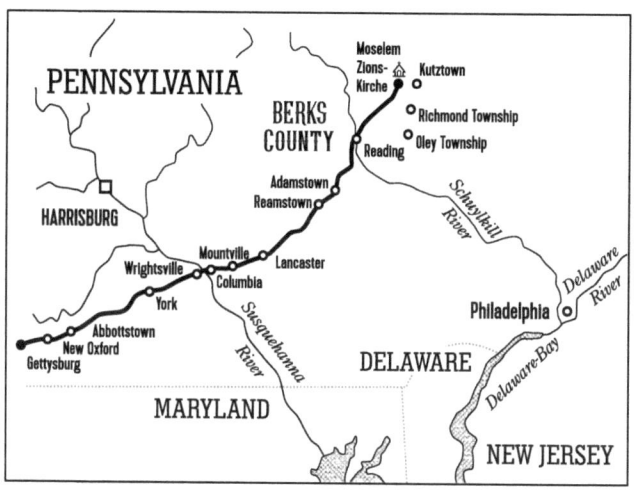

Aufenthaltsorte von Gudehus in Pennsylvania und sein Weg nach Westen. Die Reise begann am 29. April 1823 an seinem Wohnort bei der Moselem-Zions-Kirche und endete bereits in Gettysburg. Dort entschloss er sich zur Umkehr. Am 8. Mai 1823 war er wieder zurück bei seiner Frau. Mehr dazu in den Kapiteln 6 und 7.

Gudehus' Aufenthaltsorte im Braunschweiger Land

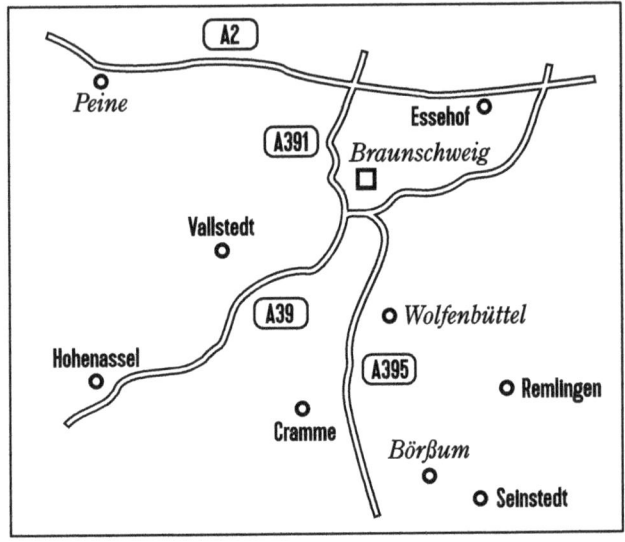

Seinstedt: Geburtsort
Remlingen: Erste Lehrerstelle
Essehof: Zweite Lehrerstelle
Vallstedt: Dritte Lehrerstelle (bis zur Auswanderung 1822)
Hohenassel: Letzte Lehrerstelle (nach der Rückkehr 1825)

*(Peine, Braunschweig, Wolfenbüttel, Börßum und die heutigen
Autobahnen nur zur räumlichen Orientierung)*

Inhalt

Vorwort des Herausgebers

Jonas Heinrich Gudehus wurde 1776 im heute zu Börßum bei Wolfenbüttel gehörenden Dorf Seinstedt geboren. Bis 1822 arbeitete er als Schullehrer in Vallstedt, einem Dorf der heutigen Gemeinde Vechelde nahe Braunschweig. Dann entschloss er sich, mit seiner Frau nach Amerika auszuwandern. Es waren keine politischen Gründe oder wirtschaftliche Nöte, die ihn zu diesem Schritt bewogen. Vielmehr veranlasste beruflicher Ärger ihn zum Packen der Koffer. Eigentlich wollte er in den USA Landwirt werden und eine bäuerliche Kommune gründen. Schon während der Reise dorthin zerschlugen sich aber diese Pläne. Er verlor die Hoffnung, Mitstreiter zu finden. Seine dann unternommenen Versuche, in Pennsylvania in seinem bisherigen Beruf als Lehrer Fuß zu fassen, verliefen auch nicht wie erhofft. Anläufe, weiter nach Westen zu ziehen, brach er entmutigt ab. So kehrte er schon 1825 enttäuscht wieder ins Herzogtum Braunschweig zurück. Dort fand er 1827 nach erheblichen Neustart-Schwierigkeiten im heute zur Wolfenbütteler Samtgemeinde Baddeckenstedt gehörenden Dorf Hohenassel eine neue Anstellung als Lehrer und Kantor. Der Traum vom Glück in der Fremde war ausgeträumt, aber zumindest fand er in der alten Heimat wieder in Lohn und Brot, wenn ihm auch nur kurze Zeit blieb. Mit nur 55 Jahren stirbt er 1831 in Hohenassel.

Das in der Gerstenbergschen Buchhandlung in Hildesheim 1829 veröffentlichte Original von Gudehus' Buch trägt den Titel:

»Meine Auswanderung nach Amerika im Jahre 1822 und meine Rückkehr in die Heimath im Jahre 1825 – Nebst Bemerkungen über den kirchlichen, ökonomisch und moralischen Zustand der dortigen Deutschen und Winke für Auswanderungslustige«

Es basiert auf seinen mit einer Dosis Phantasie angereicherten, ausführlichen Tagebuchaufzeichnungen, die er aus Amerika mitbrachte. Allerdings auch mit Klebstoff und Schere hat er ein wenig getextet, wie man das damals freundlich nannte. Besonders das 1822 erschienene Werk von Ludwig Gall

»Meine Auswanderung nach den Vereinigten Staaten in Nord-Amerika im Frühjahr 1819 und meine Rückkehr nach der Heimath im Winter 1820«

diente Gudehus als Vorbild. Der konzeptionelle Aufbau seines Buches, allgemeine Gedankengänge, aber auch ganze Textstellen finden sich gleich oder sehr ähnlich in dem früher erschienenen Werk von Ludwig Gall. Auch andere Amerikabücher waren für Gudehus wohl »Inspirationsquelle«. Wiedererkennungserlebnisse gibt es z.B. beim Lesen der Werke des Amerikareisenden Dr. Ernst Ludwig Brauns, von 1820 bis zu seinem Tode 1862 Pastor im damals ebenfalls zum Herzogtum Braunschweig gehörenden Ort Deensen bei Holzminden. Die genommenen Anleihen ändern jedoch nichts an der Leistung Gudehus', ein spannendes, unterhaltendes und anregendes Buch über die Licht- und Schattenseiten einer Amerika-Auswanderung geschaffen zu haben. Für ein Buch aus dem

Anfang des 19ten Jahrhunderts lässt es sich auch für Leserinnen und Leser heutiger Zeit angenehm locker lesen. Der unkomplizierten Sprache Gudehus' ist das zu verdanken. Der Verstand kann sich beim Lesen auf das gedankliche Mitreisen konzentrieren.

Zwar liegen die uns von Gudehus berichteten Ereignisse und Gegebenheiten 200 Jahre zurück. Dennoch können die Schilderungen neben dem Unterhaltenden auch für das Leben in heutiger Zeit anregend und lehrreich sein. Die Schwierigkeiten, in einem Einwanderungsland Fuß zu fassen, die Probleme mit der fremden Sprache und Kultur und die Vorbehalte der Alteingesessenen gegenüber den Neuankömmlingen, alles Dinge, die heutige Auswanderer sicher gut einordnen können. Erhellend sind zudem auch Gudehus' Schilderungen des Lebens und Verhaltens der Deutschamerikaner in deren damaligem Haupteinwanderungsstaat Pennsylvania. Die Lektüre kann sich diesbezüglich durchaus eignen, ein stärkeres Verwandtschaftsgefühl gegenüber den heutigen US-Amerikanern zu entwickeln und mögliche Erklärungen für kulturelle Gemeinsamkeiten und Unterschiede zu finden.

Hingewiesen sei an dieser Stelle noch auf eine Besonderheit von Gudehus' Werk, die es im Vergleich zu anderen Autoren von Auswanderer- und Amerikaliteratur des 19ten Jahrhunderts besonders interessant macht: Die Authentizität der Namen von Orten und Personen, die in dem Buch vorkommen. Sie bietet an Ahnenforschung Interessierten reichhaltige Möglichkeiten, mit der Internet-Suchmaschine auf die Reise in die Vergangenheit zu gehen. Sogar Fotos der Moselem-Zions-Kirche, der Hauptwirkungsstätte Gudehus' in Pennsylvania, sind zu finden (Webportal der Organisation colonialsense). Ein schönes Beispiel unter den rückverfolgbaren Personennamen ist z.B. der des zu Reichtum gelangten Barbiers Wasmus aus Beddingen (heute zu Salzgitter), der in Gettysburg bis heute vorhandene Spuren im dortigen Stadtbild hinterlassen hat (Henry Wasmus Building).

Fachleute werden bei der Lektüre Gudehus' Buches vielleicht bemerken, dass er manche Fakten der amerikanischen Geschichte nicht ganz richtig kannte. Hier wurde bei der Bearbeitung vom Herausgeber nicht korrigierend eingegriffen. Sie beabsichtigt nicht, Gudehus' Werk für die historischen Wissenschaften zugänglich zu machen. Dafür gibt es Digitalisate der Originalversion und Kontextliteratur im Internet zu finden. Eine Auswahl an Quellen ist im Kapitel »Zum Weiterlesen« am Ende dieses Buches aufgeführt. Das hier vorgelegte Büchlein möchte hauptsächlich Unterhaltungsliteratur sein. Deshalb gibt es vor allem solche Veränderungen am Original, die den Lesevorgang erleichtern sollen. In der Hauptsache wurde diesbezüglich Folgendes nachgearbeitet: In manchen Passagen sind Wortwahl und Satzbau der Ursprungsfassung für eine heutige Leserschaft recht ungewohnt und können den Lesefluss behindern. Auch weist das Werk an einigen Stellen eher spontane, zusammenhanglose Themenfragmente oder in anderen Kapiteln auch übertriebene Ausführlichkeit auf. An manchen Stellen scheint die Kritik Gudehus' an den Amerikanern sehr durch die persönliche Enttäuschung geprägt und überzogen. Gelegentlich schimmert zudem der Zeitgeist des frühen 19ten Jahrhundert so stark durch, dass für den aufgeklärten Menschen des 21ten Jahrhunderts das Lesevergnügen von dem damals verbreiteten deutschen Chauvinismus etwas getrübt werden kann. Bei der Überarbeitung des Originals wurden diese Dinge behutsam geglättet und eingekürzt, in der Hoffnung, den maßgeblichen materiellen Inhalt und Gudehus' ursprüngliche, originelle und amüsante Sprache nicht zu beschädigen. Auch die Rechtschreibung wurde weitgehend an die des 20ten Jahrhunderts angepasst. Außerdem wurden für die amerikanischen Ortsnamen die heutigen Formen gewählt, so dass sie auf modernen Karten leichter aufgefunden werden können. Wie bereits angesprochen, verfolgen letztlich all diese eher technischen Änderungen am Original das Ziel, den Leserinnen und Lesern die gedankliche Aufnahme der Erzählungen zu erleichtern und so das Lesevergnügen zu erhöhen. Denen, die Rohes lieber mögen, seien die Original-Digitalisate als Ersatz oder Ergänzung empfohlen.

Abschließend gilt es noch, einen besonderen Dank an das Landeskirchliche Archiv Wolfenbüttel zu richten. Mit dessen Einverständnis enthält dieses Buch eine ausführliche Biographie Gudehus, verfasst von Hermann Kuhr, bis 2001 Archivar in Wolfenbüttel. Seine sehr sorgfältig recherchierte Lebensgeschichte des Amerika-Abenteurers wurde zuerst in »Quellen und Beiträge zur Geschichte der Evangelisch-lutherischen Landeskirche in Braunschweig, Heft 6, 2001« veröffentlicht. Sie leistet mit ihren zahlreichen Fakten zu Gudehus' Leben im Herzogtum Braunschweig einen ausgezeichneten Beitrag, um den Dorfschullehrer in unserer Vorstellung lebendig werden zu lassen. Die Arbeit ist in dem hier vorgelegten Buch unverändert wiedergegeben.

Und nun viel Vergnügen bei der Reise in die 1820er Jahre. Es sind nur 7 Generationen vergangen. Was ist das schon.

Braunschweig, im Herbst 2022
Der Herausgeber

HEINRICH JONAS GUDEHUS

Vorrede

Reisebeschreibungen durch die freien vereinigten Staaten von Nordamerika haben sich seit mehreren Jahren in Deutschland zu einer sehr großen Ausdehnung vervielfältigt und werden vom Publikum noch immer mit Begierde gesucht. Kein Land bietet auch ein größeres Feld von Gegenständen zur Untersuchung und von keinem sind die Ansichten verschiedener. Es wird allerdings teils zu viel gelobt und teils zu viel getadelt. Von dieser Wahrheit überzeugt fasste ich schon früher den Entschluss, meinen deutschen Landsleuten ganz unparteiisch die Erfahrungen mitzuteilen, die ich während meines dortigen Aufenthalts machen würde. Zu diesem Zwecke führte ich vom Anfang meiner Reise an ein genaues Tagebuch, in welches ich alles eintrug, was mir bemerkenswert vorkam. So entstanden eine Menge Hefte mit Bemerkungen der verschiedensten Art, die ich irgendwann in der Zukunft bei passender Stimmung zu ordnen und für die Leser, insbesondere für solche, die nach mir auch wohl ihr Glück dort suchen wollten, nutzbar zu machen gedachte.

Nachdem ich aus Amerika zurückkehrt in Deutschland in der neuen Dienststelle wieder zu etwas mehr Ruhe gelangt war, spielte ich immer häufiger mit dem Gedanken, diesen Plan auszuführen; aber immer fanden sich irgendwelche Hinderungsgründe. Vor allem merkte ich bald, dass es mir an der erforderlichen schriftstellerischen Gewandtheit fehlte, meine Gedanken gehörig zu ordnen und solche klar und deutlich genug vorzutragen. Schon hatte ich viele Bogen geschrieben, als sie mir beim abermaligen aufmerksamen Durchlesen bei Weitem nicht genügten und ich den Gedanken schon ganz aufgab, sie dem Publikum vorzulegen. Indessen wurden sie doch von Zeit zu Zeit Freunden und Bekannten mitgeteilt. Unter diesen auch solchen, denen ich ein gesundes und geläutertes Urteil zutrauen durfte. Von diesen erhielt ich sie jedes Mal mit der Versicherung ihres Beifalls zurück. Dadurch ermuntert nahm ich die Papiere wieder zur Hand, um sie einer nochmaligen Bearbeitung zu unterwerfen. Dadurch ist dann das vorliegende Werk entstanden. Hoffentlich wird es nun auch zumindest ein wenig öffentliche Aufmerksamkeit erhalten, obgleich es durchgängig nur in der Sprache eines Landschullehrers geschrieben ist. Diese Dorfschullehrer-Sprache hat jedoch zumindest den Vorteil, jedem unabhängig von seinem Bildungsstand recht gut verständlich zu sein.

Mit diesen Vorbemerkungen übergebe ich nun das Werk dem Richterstuhle des Publikums und will mich dessen Aussprüchen mit Bescheidenheit unterwerfen.

Hohenassel, im Juni 1828.
Heinrich Jonas Gudehus,
Kantor und Schullehrer.

1
Grund meiner Auswanderung

Ein Feind macht mir das Leben zur Hölle – Für Landwirtschaft in Deutschland fehlt mir das Geld – Junge Leute wollen sich mir anschließen – Auswanderungsvorbereitungen – Übergabe des Amtes – Goodbye Vallstedt.

Unverschuldete, große Leiden waren die Hauptursache meines Entschlusses, nach jenen transatlantischen Freistaaten auszuwandern. Seit dem Anfang des Jahres 1802 bis zum Mai 1822 war ich in meinem braunschweigischen Vaterlande an drei verschiedenen Orten, und die letzten 11 Jahre in Vallstedt, südlich von Vechelde, als Jugendlehrer angestellt, und ich darf es wohl sagen, denn mit Zeugnissen kann ich es nötigen Falls beweisen, dass ich unter Gottes Beistand, geleitet und getrieben durch eine große Vorliebe zu meinem Fache, auch selbst da, wo mir die größten Hindernisse in den Weg gelegt wurden, dennoch mit dem größten Eifer arbeitete. Durch einen treuen, zweckmäßigen Unterricht versuchte ich, der mir anvertrauten Jugend Gutes zu stiften. Dadurch erwarb ich mir auch das Vertrauen meiner hohen Vorgesetzten in einem hohen Grade und erfreute mich beständig der Liebe und Achtung aller Verständigen, mit denen ich in Verbindung stand. Das aber erregte den Neid eines Einzigen, der es in der Gewalt hatte, mir das Leben zur Hölle zu machen. Es ist hier nicht der Ort, mich deutlicher darüber zu erklären, wie und wodurch dies geschah. Auch würde diese Beschreibung meine Leser wohl

wenig interessieren, mir aber die bloße Erinnerung an 7-jäh-
rige schwere Leiden und erduldete Ungerechtigkeiten unerträglich sein. Darum mag ich mich nie wieder ganz deutlich
daran erinnern und übergehe sie mit Stillschweigen.

Nur muss ich kurz mich darüber erklären, wie ich im 46sten
Lebensjahre noch den Entschluss fassen konnte, nach Amerika
auszuwandern. Es erforderte viel Überlegung und Prüfung
meiner Umstände. Allein in Vallstedt konnte ich nicht bleiben,
wenn ich nicht ein Märtyrer meiner Verhältnisse werden
wollte. Zu einer besseren Stelle hatte ich aber keine Aussicht
und zur Annahme einer mindereinträglichen konnte ich mich
nicht entschließen. Der Ackerbau war außer dem Schulfach
meine liebste Beschäftigung, und weil ich darin sehr bewan-
dert bin, so hätte ich wohl hoffen dürfen, dieses Geschäft mit
Vorteil zu betreiben. Nur war mein Vermögen nicht ausreichend, um in meinem Vaterlande ein solches Unternehmen
auszuführen. Nun dachte ich an die glücklichen Bewohner der
Vereinigten Staaten von Nordamerika, wo man für weniges
Geld sich ein freies Eigentum und Länderei genug verschaffen
kann. So wurde der Wunsch immer lebendiger, dort meine
übrigen Lebenstage als ein freier Landbebauer in Frieden
beschließen zu können, denn der liebe Frieden war das Einzige, was mir hier fehlte und den ich mir doch so sehnlich
wünschte. Wohl kam es immer in Betracht, dass ich für die
Auswanderung nach jenem entfernten Lande schon zu alt sei.
Auch an die großen Beschwerden einer solchen Reise zu Wasser und zu Lande wurde gedacht und die Furcht blieb nicht
unberücksichtigt, dass mein durch so viele Leiden geschwäch-
ter, kränklicher Körper die mit einer solchen Reise verbunde-
nen Beschwerden vielleicht nicht ertragen würde. Den
Wunsch aber, dort leben zu können, konnte ich nicht mehr
unterdrücken, zumal, da sich hier keine sichere Aussicht

finden wollte, mir aus meinen unglücklichen Verhältnissen herauszuhelfen. Und so sprach ich bisweilen davon zu guten Freunden und Bekannten. Diese hatten davon weiter geredet und so verbreitete sich das damals noch unbegründete Gerücht, ich sei entschlossen, nach Amerika auszuwandern.

Bald fanden sich nun einige Zwanzig bemittelte, gesunde und blühende junge Männer, die sich erboten, mit mir zu reisen und mir in Amerika beim Ackerbau und anderen Geschäften tätig zu helfen und mein Unternehmen auf jeden Fall kräftig zu unterstützen und zu befördern. Dieser jungen Leute Entschlüsse fand ich nötig, scharf zu prüfen, ihnen alles Ungemach der Reise und andere möglichen Unfälle recht lebhaft und deutlich vor Augen zu führen, ihnen auch anhaltend mehr ab- als zuzuraten. Einige machte ich auch dadurch so schüchtern, dass sie ihren voreilig gefassten, noch nicht reiflich genug erwogenen Vorsatz aufgaben. Die meisten jedoch blieben ihrem Vorsatz treu. Nun aber näherte mein Wunsch sich dem endgültigen Entschluss, denn nun konnte ich in Amerika mit Vorteil ein Unternehmen als Landbebauer ausführen.

Zwar wurde mir wiederholt der Rat erteilt, in Pennsylvania Prediger zu werden, doch hielt ich es für geratener und besser, wenn mein Entschluss zur Auswanderung zur Reife käme und ich wirklich nach Amerika ginge, dort lieber Ackerbau zu betreiben. Umso mehr, da ich nun die dazu nötigen Gehilfen mitnehmen konnte. Letztere drangen fast täglich und mit Ungestüm auf diese Auswanderung, schworen mir auch oft und wiederholt unverbrüchliche Treue und so gedieh mein Entschluss endlich zur völligen Reife.

Jetzt fing ich damit an, mich auf die Auswanderung vorzubereiten, verkaufte im Sommer 1821 meine sämtlichen Feldfrüchte und das Vieh, zeigte dem herzoglichen Konsistorium meinen Entschluss an, bat dasselbe um meine Entlassung und um ein Zeugnis über meine zwanzigjährige, treue Amtsführung. Dieses hohe Kollegium aber gab mir weislich auf, mein Vorhaben wohl zu prüfen und ernstlich zu überlegen, und zögerte – vielleicht aus guter Absicht – lange mit der Entlassung und der Aushändigung des erbetenen Dienstzeugnisses. So verflossen der Sommer und auch der nächste Winter, ehe ich meine Entlassung erhalten konnte. Erst im Frühjahr 1822 erhielt ich dieselbe und auch die gesuchte Erlaubnis zur Auswanderung vom höchsten Orte.

Nun regelte ich mit meinem Nachfolger die Übernahmebedingungen, verkaufte meine Sachen meistbietend bis auf ein Fuder Betten und Leinwand, welche ich mit nach Amerika nahm, und machte mich fertig zur Reise nach Hamburg. An die unverschuldeten, schrecklichen und grauenvollen Leiden, welche ich kurz vor und bei meinem Abschiede von Vallstedt zu ertragen hatte, mag ich mich nicht wieder erinnern und übergehe dieselben mit Stillschweigen. Unter Strömen von Tränen verließ ich den Ort, wo ich so lange Jahre mit unermüdlichem Eifer und der Anstrengung aller meiner Kräfte an dem Werke der Menschenveredelung gearbeitet hatte. Die jungen Leute, welche mit mir reisen wollten, wurden jedoch bei meinem Abschied sämtlich in Arrest genommen und auch nicht einer durfte mit uns reisen. Nach einigen Tagen erst wurden sie wieder in Freiheit gesetzt.

2

Von Vallstedt nach Hamburg

Wir buchen die Überfahrt – Woche um Woche verzögert sich die Abreise – Meine Gesundheit beginnt zu leiden und die Ersparnisse schmelzen – Zweifel betreffend die Auswanderungsentscheidung – Ich nehme noch zwei Jungs aus Vallstedt in meine Obhut für die Überfahrt – Umzug zum Möbelhändler – Ich werde überredet, ein Klavier zu kaufen – Am 6. Juli geht es endlich los.

Am 5. Mai 1822 reiste ich nebst meiner Frau mit dem Fuhrmann, der uns ein Fuder Sachen bis Harburg zu transportieren beauftragt war, von Vallstedt ab. Ein Vallstedter namens Christian Glindemann, der neben vielen anderen recht herzlichen Anteil an meinem Schicksal nahm, begleitete uns bis Peine.

Am 8. Mai kamen wir wohlbehalten in Harburg an, wo wir bis zum 11. Mai uns aufhalten mussten, weil unsere Sachen erst gewogen, markiert und in das dortige Kaufhaus niedergelegt wurden, bis ich mit einem nach Amerika segelnden Schiffer einen Vertrag abgeschlossen haben würde. In Hamburg kehrten wir in dem ersten besten Wirtshause ein, dann suchte ich ein Privat-Quartier, in welchem wir bis zu unserer Abreise logieren konnten. Am folgenden Tage ging ich mit meinem Wirt zu der dortigen Polizei, zeigte meinen Reisepass vor und erhielt die Erlaubnis, bis zu meiner Abreise nach Amerika in Hamburg mich aufhalten zu dürfen. Am folgenden Tage erkundigte ich mich nach einer Schiffsgelegenheit nach den

Vereinigten Staaten und fand auf der dortigen Börse und auch an anderen Plätzen angeschlagen: »...dass Kapitän Arend Fokkes, Befehlshaber des schönen dreimastigen Schiffs ,Ocean', welches beinahe seine für die Abreise erforderliche Ladungsbuchung komplett hätte, am 16. Mai nach Philadelphia absegeln würde.«

Nun eilte ich zum Kapitän Fokkes, schloss mit ihm wegen der Überfahrt nach Philadelphia den erforderlichen Vertrag und wurde mit ihm einig, dass ich für mich und meine Frau 140 spanische Taler zahlen sollte, die eine Hälfte sogleich, die andere, sobald das Schiff in die Nordsee segeln würde. Ich wechselte auch sogleich so viel Geld in spanische Taler um und bezahlte noch an demselben Tage die Hälfte der Fracht. Dann beeilte ich mich, meine Sachen durch einen Schiffer an Bord des Schiffs »Ocean« bringen zu lassen. Jetzt sah ich zum ersten Mal das Innere des Schiffs, das nun auf lange Zeit unsere Wohnung sein sollte. Von außen hatte ich es bereits öfters gesehen. Es war eins der besten Schiffe seiner Art, recht zum Schnellsegeln gebaut. Man zeigte mir den Platz im Mitteldeck des Schiffs, wo ich nebst meiner Frau logieren sollte. Er war geräumig und schön durch Glaskugeln erleuchtet, welche oben in der Decke befestigt waren. Das Schiff aber hatte nach meiner Ansicht kaum zur Hälfte Fracht geladen und das Einladen weiterer Waren schien auch nicht gerade von großer Bedeutung. Auch hörte ich das Schiffsvolk unter sich davon sprechen, dass die Waren sehr sparsam ankämen. Doch meinte ich, da die Zeit zum Absegeln öffentlich angeschlagen sei, so würde es auch zur angekündigten Zeit gewiss zum Absegeln kommen.

Bei meinem Wirt wollte es mir länger nicht gefallen. Es war dort ziemlich eng und dabei Tag und Nacht sehr unruhig.

Auch hatte er sehr oft betrunkene Gäste im Hause, wodurch uns der Aufenthalt noch unangenehmer wurde. Meine Frau saß ständig im Winkel und weinte und vermehrte dadurch meinen Missmut über die fehlgeschlagene Hoffnung, in Gesellschaft mehrerer junger Landsleute nach Amerika zu reisen. Dadurch war ja mein Plan vereitelt, dort mit großem Vorteil einen landwirtschaftlichen Betrieb aufzubauen. Am 16. Mai erwartete ich den Kapitän Fokkes vergebens, der verabredetermaßen in Person kommen wollte, mir die Abfahrt des Schiffs anzuzeigen. Statt der Abfahrt der »Ocean« wurde wieder eine andere Bekanntmachung angeschlagen, des Inhalts: »...dass Kapitän Fokkes mit Gewissheit am 26. Mai mit dem schönen Schiff ‚Ocean' absegeln würde, weil es beinahe seine Ladung vollständig habe.« War meine Frau schon vorher unruhig gewesen über die vielen Geldausgaben und wie es mit uns in Zukunft weitergehen würde, so wurde sie es nun noch weit mehr. Fast unaufhörlich machte sie mir die bittersten Vorwürfe darüber, dass ich sie unglücklich mache, dass ich im Vaterlande hätte bleiben und mich da wohl hatte nähren können usw. usw.. Meine eigenen Gefühle über fehlgeschlagene Hoffnungen vermag ich nicht zu beschreiben, doch suchte ich meinen Kummer zu verbergen, um nur meine Frau so viel wie möglich zu beruhigen. Am meisten reute mich, dass ich zu voreilig gewesen war und mich sogleich beim Kapitän Fokkes engagiert hatte, da doch noch andere nach Nordamerika bestimmte Schiffe in Ladung lagen und am 13. Mai schon ein großes amerikanisches Handelsschiff nach New-York abging. Mit ihm hätten wir viel vorteilhafter reisen können. Das alles sowohl wie auch die ungewohnte Luft in Hamburg wirkte auf meine Gesundheit nachteilig. Ich fing an zu kränkeln und wurde schwach und elend. Kapitän Fokkes, der bisweilen seine Passagiere besuchte, klagte dann darüber, dass die Waren so sparsam ankämen und bedauerte nur, dass wir so lange vergeblich auf die Abfahrt des Schiffs warten müssten usw.. Der 26. Mai erschien wieder ohne die Nachricht, dass wir zu Schiffe kommen sollten, und ich hörte und fand auch wiederum angeschlagen, dass Kapitän Fokkes am 6. Juni nach Philadelphia absegeln würde, weil das Schiff »Ocean« beinahe seine Ladung habe. Als der 6. Juni aber kam, wurde die Abfahrt des Schiffs wieder verschoben. Zunächst auf den 16. Juni, dann auf den 26. Juni und schließlich auf den 6. Juli.

Meine Leiden während des langen, unnützen und kostspieligen Aufenthalts in Hamburg waren unbeschreiblich groß und der Zustand meiner Gesundheit wurde immer bedenklicher. Nagend war der Kummer über das Fehlschlagen meiner Entwürfe und Hoffnungen. Sauer und schwer war es uns im Vaterlande in den vergangenen 20 Jahren geworden, ein kleines Sümmchen mit der größten Sparsamkeit zu erwerben, um im Alter, wenn uns die Kräfte verlassen, nicht Not leiden zu müssen. Nun aber war schon ein großer Teil der Sparpfennige durch die Landreise und den kostspieligen Aufenthalt in Hamburg dahin, und doch waren wir erst 20 Meilen von unserer bisherigen Heimat entfernt und noch immer in Deutschland. Gern hätte ich nun in Hamburg oder der Umgegend ein Unternehmen begonnen, wobei ich mein Brot gefunden hätte. Aber durfte ich wohl hoffen, dass Kapitän Fokkes auch nur einen Teil des an ihn bereits bezahlten Geldes mir wieder zurückzahlen würde? Auch gesellte sich zu meiner Lage eine falsche Scham: Ich scheute nämlich den Spott meiner Landsleute, die vor meiner Abreise aus Vallstedt schon gesagt hatten: »Der wird sich nicht auf das große Wasser wagen. Wenn er es nur erst sieht, so kehrt er gewiss wieder um und bleibt auf dem deutschen Boden.« Zwar hatte ich die Reise über das Meer nie gescheut, aber in den letzten Wochen meines Aufenthalts in

Hamburg war bei der durch Reue, Kummer und schwere Sorgen verursachten Abnahme meiner Gesundheit und Kräfte doch die nagende Vorstellung erwacht, dass ich während der Reise oder doch bald nach derselben mit dem Tode abgehen könne und meine gute, arme Frau alsdann von aller Welt verlassen in jenem fremden Lande unter unbekannten Menschen ihre Tage zubringen müsste – vielleicht im größten Elend, unter Seufzen und Klagen über mich als die Ursache ihres Unglücks. Diese niederdrückende Vorstellung war dann keineswegs geeignet, meinen gesunkenen Mut zu beleben.

Etwa in der Mitte der Zeit meines Aufenthalts in Hamburg kam eines Abends ein dortiger Bürger zu mir, gab sich mir als ein geborener Vallstedter zu erkennen und erzählte mir, dass sein Vetter und noch ein anderer Vallstedter mit der Post ihre Sachen geschickt hätten, die er abholen und in sein Haus nehmen solle, bis diese beiden mit mir aufs Schiff gehen würden. Nach wenig Tagen kamen diese beiden jungen Männer zu mir. Sie waren beide wohl mit Bewilligung ihrer Eltern, aber ohne Erlaubnis der Obrigkeit und ohne Reisepass heimlich von Vallstedt entwichen. Ich erschrak nicht wenig darüber, weil das herzogliche Kreisamt sie ja beide bei meinem Abschiede darum hatte arretieren lassen, damit sie nicht mit mir auswandern können. Sie aber fürchteten für sich keine Gefahr, gingen in der Stadt sowohl als außerhalb derselben spazieren, ob ich ihnen gleich warnend sagte, dass sie, wenn sie sich nicht versteckt hielten, vielleicht arretiert und wieder nach ihrem Vaterlande zurückgebracht werden würden. Wirklich kamen auch nach einigen Tagen die Polizeikundschafter und suchten sie in meinem Quartiere. Sie hatten den Auftrag, diese jungen Leute aufzufinden, die sich ohne Wissen und Willen ihrer Eltern entfernt hätten, sie zu arretieren und wieder in ihre Heimat zurückzubringen. Den einen von diesen jungen Leuten hatte ein Diener der Polizei eines Abends bei dem Hereingehen in die Stadt getroffen, ihn ausgefragt und dabei auch unter anderem von ihm herausgebracht, dass er nebst noch einem anderen mit mir nach Amerika gehen wolle. Außerdem, dass er, bis das Schiff abgehen würde, bei seinem Vetter, einem Tischler und Möbelhändler, wohne. Dieser Möbelhändler hatte dann, wie er mir nachher sagte, dem Polizeidiener ein Stück Geld in die Hand gedrückt und dadurch für dieses Mal seinen Vetter freigekauft. Er beherbergte dann weiterhin diese beiden jungen Leute oben in seinem Hause, wo er Tischlergesellen (ebenfalls heimlich) in Arbeit hatte, denn er war ein so genannter Bönhase, d. h. ein Handwerker, der nicht Meister ist.

Dieser Mann erbot sich auch, mir nebst meiner Frau in seinem geräumigen Hause freie Herberge zu geben, bis ich zu Schiffe gehen würde, weil ich da manche Ersparung machen könne. Wir nahmen das mit Dank an und bezogen oben in seinem Hause eine Wohnung. Unser Essen nahmen wir aus einem nahen Speisehause und hatten dasselbe nun auch viel billiger als bisher. Aber unser neuer Wirt hatte uns nicht aus Menschenfreundlichkeit, sondern bloß aus Eigennutz eingeladen, wie sich bald zeigte. Denn kaum war ich bei ihm eingezogen, so bat er mich, mit ihm nach einem Hause zu gehen, wo er eine Anzahl Wiener Pianos stehen hatte. Er drang nun ohne Unterlass auf mich ein, ihm ein solches Instrument abzukaufen und es mit nach Philadelphia zu nehmen, weil ich dort damit ungeheuren Gewinn machen könne. Es gäbe Beispiele, sagte er, dass Reisende dort an einem solchen Instrumente über 500 Taler Gewinn gemacht hätten. Obgleich ich dies bezweifelte und eigentlich auch nicht die geringste Neigung hatte, auf eine solche Spekulation einzugehen, so konnte ich doch den Zudringlichkeiten dieses Mannes nicht widerstehen. Tatsächlich muss ich bei dieser Gelegenheit bekennen, dass es eine meiner größten Schwächen ist, dass ich in solchen Fällen einen vermutlichen Preller nicht gehörig und herzhaft genug abweisen kann. Ich ließ mich daher breitschlagen und kaufte ihm ein Wiener Piano-Forte für 150 Taler ab. Wenigstens hoffte ich, dass ich dieses Instrument doch wenigstens in Amerika ohne Schaden wieder würde verkaufen können. Aber ich hatte mich sehr geirrt, denn mit 40 Talern Verlust musste ich es dort wieder verkaufen, wie später ausführlicher zu berichten sein wird.

Die beiden jungen Vallstedter waren nun auch bei Kapitän Fokkes engagiert und gingen, da man sie in Hamburg nicht für sicher genug hielt, einige Tage früher nach Bassenfleeth im Hannoverschen zu des Schiffers Lotsen Müller ab. Vor dieser ihrer Abreise baten sie mich beide unter Tränen, mich ihrer auch ferner anzunehmen und schworen mir dafür noch einmal unverbrüchliche Treue, mich in Amerika nie zu verlassen, sondern dort mein Unternehmen mit allen Kräften zu unterstützen und zu befördern. In der festen Hoffnung, dass diese Leute, die ich wirklich nötig hatte, wenn ich dort das Geschäft eines Landbebauers mit Vorteil betreiben wollte, erkenntlich und dankbar sein würden, bezahlte ich dem Schiffer die ihnen noch fehlenden Passagekosten, die gehabten Auslagen bei ihrem Landsmann und Wirt und den Betrag ihrer Reise bis Bassenfleeth auf einem Elbschitte. Dies geschah etwa 14 Tage vor unserer Abreise aus Hamburg.

Wir wurden in der Zwischenzeit noch mit einigen anderen jungen Leuten bekannt, die auch mit uns nach Amerika reisen wollten und uns daher öfters besuchten. Sie hatten aus Furcht vor dem Militärstande ihr Vaterland verlassen. Es waren Preußen und Sachsen. Solcher jungen Menschen gab es in Hamburg eine große Menge, die sich dort heimlich aufhielten.

Alle, die ich sprach, hatten Lust nach Amerika zu reisen, nur fehlte es ihnen an Barschaft, die Kosten der Reise dahin zu bestreiten und in Hamburg entschließt sich nicht leicht ein Kapitän, solche Leute mit hinüberzunehmen, wenn sie nicht vorher ihre Fahrt bezahlen können.

Etwas war uns zwar in der letzten Zeit wohl leichter ums Herz als im Anfange. Wenn wir allerdings an die vielen Geldausgaben und daran dachten, dass wir nur wenig oder wohl gar kein bares Geld mit nach Amerika bringen würden, wenn der Aufenthalt in Hamburg noch lange dauern sollte, so war die Niedergeschlagenheit wieder desto größer. Endlich kam Kapitän Fokkes und zeigte uns an, dass nun der 6. Juli wirklich der letzte Termin sei und wir uns anschicken sollten, an diesem Tage abzureisen. Das Schiff würde mit seiner Ladung und dem Gepäck den Tag vorher schon nach Cuxhaven segeln, er aber nebst seinen Passagieren am 6. des Nachmittags um zwei Uhr bei Altona ein Blankeneser Schiff besteigen. Auf ihm sollten wir zur »Ocean« bei Cuxhaven segeln. Wir ließen nun das gekaufte Piano nebst noch einigen anderen Sachen an Bord der »Ocean« bringen und machten uns reisefertig.

3

Seereise von Hamburg nach Philadelphia

Wir holen die Vallstedter Jungs aus Bassenfleth ab – Es geht endlich aufs offene Meer – Die »Ocean« gewinnt die Wettfahrt mit anderen Schiffen – Widrige Winde zwingen zu 14 Tagen Warten im Ärmelkanal – Hitze, Regen, Flaute – Die Vallstedter Jungs wenden sich gegen mich – Andere Passagiere behandeln uns schlecht – Schauspiel der Naturschönheit – Piraten – Neptunstaufe – Fischfang auf See – Land in Sicht – Gesundheitskommision an Bord – Endlich in Philadelphia

Während der ganzen Zeit unsers Aufenthalts in Hamburg hatten wir östlichen Wind gehabt und ich war auch darüber oft sehr verdrießlich gewesen, dass wir diesen zur Seereise so guten Wind nicht nutzen konnten. Jetzt sah ich nach der Windfahne und bemerkte, dass wir Westwind hatten, hörte auch bald, dass die Matrosen am vorigen Tage die »Ocean« bis Cuxhaven größtenteils hatten bugsieren müssen. Wir verließen nun unter Begleitung unsres Wirts Hamburg und begaben uns zu der Wohnung Kapitän Fokkes auf dem Hamburger Berge. Dort fanden sich auch die anderen Passagiere ein. Um sechs Uhr abends bestiegen wir ein Blankeneser Fischerboot im Hafen von Altona. Die Fahrt ging dann sehr langsam vonstatten, weil uns der Wind gerade entgegenkam und beständig laviert werden musste. Deswegen kamen wir auch erst des Nachts um 12 Uhr bei der »Ocean« an, auf die wir nun umstiegen. Wir waren alle müde und sehnten uns nach Schlaf. Die

Kajüten-Passagiere, vier an der Zahl, fanden ihre Schlafstelle bereit. Wir Passagiere im Mitteldeck mussten uns behelfen, so gut wir konnten und lagerten uns auf die Bettstücke, die meine Frau herbeiholte. Abgesehen davon schliefen wir dann doch alle sehr gut.

Am anderen Tage wurden für die übrigen Mitteldecks-Passagiere Hängematten in Ordnung gebracht. Für mich aber und meine Frau baute der Schiffszimmermann eine am Boden des Schiffs befestigte ordentliche Bettstelle. Dann fuhren wir nebst dem Kapitän und einigen Passagieren in einer Schaluppe auf der Elbe nach Bassenfleth, einem Dorfe nahe bei Stade, zu dem Lotsen Müller, wo unsere beiden Vallstedter logierten. Die Leute hatten dort sehr große Obstgärten, besetzt mit den Obstbäumen der besten Art und einer Menge Kirschbäume, die mich in Erstaunen setzten. Alle hingen so voll von reifen Kirschen aller Art, dass sie sich beugten. Hier war es eine Lust, Kirschen zu essen und wir taten uns sämtlich gütlich daran. Dann suchten uns die gastfreien Leute noch eine ganze Menge der besten Sorten aus, wovon jeder von uns sein Taschentuch und andere Behälter füllte. Die beiden Vallstedter hatten bei ihrer Abfahrt vom Kapitän Fokkes drei Taler Taschengeld geliehen und für sechs Taler sich ein Gewehr gekauft. Müller verlangte für eine 14 Tage lange Kost und Logis der beiden sieben Taler. Ich hatte also hier wieder für meine Vallstedter Landsleute 16 Taler zu bezahlen, worüber ich, wie leicht nachzuvollziehen sein dürfte, im höchsten Grade verdrießlich war, was ich aber, weil es nichts nutzte, mir nicht weiter merken ließ. Erst des Abends spät fuhren wir wieder zur »Ocean« und nahmen die beiden Vallstedter mit. Wegen widrigen Windes konnten wir mit der »Ocean« leider immer noch nicht abfahren und lagen weiter vor Anker. Währenddessen erlebten wir auf dem Schiff den ersten Sturm, der so heftig war, dass fast alle Passagiere, die zum ersten Male zu Schiff waren, vor der Zeit seekrank wurden. Ich indessen blieb davon so weit verschont, dass ich mich zumindest nicht erbrechen musste. Am 15. Juli bekamen wir den nötigen Fahrtwind. Unser Lotse Müller kam früh an Bord und wir segelten endlich aufs Meer. Wir kamen an diesem Tage noch so weit in die Nordsee, dass unser Lotse entlassen wurde. Dieser war ein sehr geschickter Mann. Bei seiner Entlassung sangen wir das Lied »Nun danket alle Gott«.

Nun sahen wir die Küste von Holland, welche wir aber bald wieder aus den Augen verloren. Der Wind war sehr günstig und wir hatten, da mehrere Schiffe zugleich mit uns abgesegelt waren, das Vergnügen, den Wetteifer der Befehlshaber derselben anzusehen, denn der eine wollte noch schneller segeln als der andere. Unser Kapitän schien am Anfang nicht daran teilnehmen zu wollen, und mehrere Schiffe waren bereits ziemlich weit vor uns. Ein Engländer aber, der noch zurück lag, holte uns ein und segelte keck neben unserem Schiffe vorbei. Da aber das Schiff dem unsrigen den Wind entzog, ehe es vor uns kam, und das englische Schiffsvolk laut darüber lachte und spottete, so wurde Kapitän Fokkes ärgerlich. Er ließ nun mehrere bis dahin müßige Segel in Tätigkeit bringen und sagte: »Teufel, ek will dieh!« Die Engländer, welche einige Büchsenschüsse weit vor uns gekommen waren, strengten sich zwar gewaltig an, vor uns zu bleiben, aber mit jeder Minute sahen wir, dass wir ihnen näher kamen. Nach etwa 15 Minuten war unsere »Ocean« rechts neben dem englischen Schiff und raubte ihm den Wind dermaßen, dass alle seine Segel erschlafften. Alles, was auf der »Ocean« Atem hatte, klatschte in die Hände, um die Engländer für ihren vormaligen Jubel zu bestrafen. Unsere Matrosen hielten auch ein Tau in der Hand und winkten aus Spott den Engländern, es anzufassen, wenn

sie mit uns fortwollten. Nun hatten unsere Schiffer Genugtu-
ung und dies ermunterte sie alle, zu versuchen, ob wir nicht
noch an demselben Tage alle die Schiffe, welche mit uns
zugleich in die Nordsee gegangen waren, wieder einholen
könnten. Wirklich waren sie nach etwa drei guten Stunden
schon alle wieder eingeholt und gegen Abend waren wir schon
so weit voran, dass wir nicht ein einziges derselben mehr
sehen konnten. So schnell segelte die »Ocean«.

Am zweiten Abend nach unserer Abfahrt von Cuxhaven
sahen wir das Feuer auf den britischen Leuchttürmen, welches
uns ein herrliches Schauspiel gewährte, und weshalb wir alle
erst nach Mitternacht zu Bette gingen. Am nächsten Morgen in
der Frühe sahen wir rechts vor uns die englische und links die
französische Küste. Jetzt kamen wir in den großen, 90 deutsche
Meilen langen Kanal, der England von Frankreich trennt.
Beide hohe und steile Ufer schienen uns sehr nahe zu sein, als
wir uns in der Mitte zwischen denselben befanden. Es kam mir
unglaublich vor, als Kapitän Fokkes uns sagte, dass dieser
Kanal an seiner schmalsten Stelle, wo wir uns gerade befanden, dennoch sieben Meilen breit sei. Das französische Seeufer
ist abwechselnd rötlich und gelb, das englische aber eine ganze
Strecke hin schneeweiß. Je weiter wir in den Kanal hinein
kamen, desto breiter wurde er, die Ufer entfernten sich immer
mehr, bis sie sich endlich ganz verloren. Kaum waren wir
allerdings in den Kanal gekommen, als wir widrigen Wind
bekamen. Es wurde daher beständig laviert, weshalb wir 14
Tage lang im Kanal bleiben mussten, ehe wir in den großen
Atlantischen Ozean gelangten. Während dieser Zeit fingen wir
oft Fische mit der Angel und die Schiffsleute schossen mit der
Harpune und anderen Instrumenten Makrelen, an denen wir
oft eine herrliche Mahlzeit hatten. Wir trafen dort viele englische Fischer, die ihren Fang nach Hamburg zum Verkaufe

bringen, und einem von solchen gab der Kapitän Briefe an seine Frau und den Kaufmann Behrend Rhode in Hamburg, den Eigentümer der »Ocean«, mit.

Beim Eingang in den Atlantik hatten wir in der Nacht ein sehr starkes Gewitter, welches nicht nur uns alle aus dem Schlafe erweckte, sondern auch in nicht geringe Besorgnis und Furcht versetzte. Das erste Mal bekam ich richtige Angst, denn das Schiff bewegte sich so ungeheuer stark, dass wir in unserem Bette bald auf dem Kopfe, bald auf den Füßen standen, wobei mir so übel wurde, als ob ich mich erbrechen sollte. Deswegen stieg ich aus dem Bett, um aufs Verdeck zu gehen, konnte aber die Treppe nicht finden, weil ich alle Augenblicke von einer Seite zur anderen taumelte. Endlich gelang es mir, die Treppe zu erreichen und aufs Verdeck zu kommen, wo ich den Kapitän selbst kommandieren hörte. Ich fragte ihn sogleich, ob wir wohl außer Gefahr wären? »Jawohl!«, antwortete er mir, »Das ist ein herrliches Wetter. Es geht, als wenn`s geschmiert wäre. Das Schiff segelt in einer Woche 14 deutsche Meilen. Steigen Sie nur wieder hinunter zu Ihrer Frau und sagen Sie ihr, dass wir nichts zu fürchten hätten. Wenn wir nur immer solches Wetter behielten«, setzte er noch hinzu, »dann würden wir Amerika bald erreichen«. Aber es währte dies herrliche Wetter kaum noch eine Stunde, dann legte sich der Sturm nicht nur, sondern es wurde auf mehrere Stunden eine völlige Windstille. So munter unser Kapitän um Mitternacht war, so mürrisch war er am Morgen, als seine »Ocean« ganz stille und ruhig lag. Die Matrosen aber lachten heimlich wie die Schelme, denn da diese Leute alle ein gewisses Geld für die Monate bekommen, die sie zu Schiff sind, so wünschen sie auch, dass jede Fahrt möglichst lange dauern möchte. Während der ganzen Reise auf der See hatten wir überhaupt nur sehr wenig guten Wind. Weil wir mitten im Sommer diese

Reise machten, so traf es sich, dass wir oft zwei Tage lang eine völlige Windstille hatten. Auch war die Hitze die ganze Zeit über ungemein stark und wurde in unserem eingeschlossenen Behälter im Mitteldeck oft unerträglich. Deswegen hielten wir uns, auch bei Sonnenschein, lieber oben auf dem Deck auf, wo uns die Sonne die Gesichter und Hände dunkelbraun gefärbt hatte. Wir freuten uns immer bei der Ankunft des lieben, kühleren Abends. Meine Frau und ich blieben dann oft bis in die Morgenstunden, weil man unten sich vor Hitze nicht zu lassen wusste und sich im Schweiße badete. Am schlimmsten war es dann für uns, wenn Regenwetter aufkam. Dann mussten wir uns entweder oben dem Regen preisgeben oder unten eine stickende Hitze aushalten, weil dann die Luken so dicht zugemacht wurden, dass auch nicht die geringste frische Luft hineindringen konnte. Auch war es dann in diesem Behälter so finster, dass man nicht einen Schritt weit vor sich sehen konnte. Ich hatte schon darauf hingewiesen, dass diese Behälter, als ich das erste Mal die »Ocean« besichtigte, schön durch Glaskugeln erleuchtet waren. Aber diese Kugeln waren alle herausgenommen, ehe wir zur Abfahrt auf das Schiff kamen, und teils über der Kajüte und deren Nebenzimmer, teils über dem Schlafgemach der Steuerleute angebracht, obgleich diese Zimmer vorher schon Licht im Überfluss hatten. Es war wirklich boshaft von diesen Leuten gedacht, dass sie uns auch nicht eine Lichtkugel gelassen hatten, da wir doch alle für unsere Fracht so viel Geld bezahlten. Die Passagiere im Mitteldeck der deutschen Schiffe müssen sich im Übrigen gewöhnlich ohnehin viele niedrige Behandlungen gefallen lassen. Es ist z.B. auch außer der Regel, wenn der Kapitän und seine vornehmen Kajüten-Passagiere sich einmal so weit herablassen, mit einem Passagier im Mitteldeck zu sprechen, welche nach ihrer Meinung so tief unter ihnen stehen. Ich kenne keine größere Anmaßung, als wenn ein Mensch darauf stolz ist, dass er mehr

Geld bezahlen konnte als andere und diesen Dünkel allenthalben zeigt.

In der ersten Hälfte der Seereise besserte sich meine Gesundheit mit jedem Tage. Ich fühlte mich so wohl, als es vorher in vielen Jahren nicht der Fall gewesen war. Dann aber wurde dies Glück durch die schlechte Gesellschaft, in welcher ich zu leben genötigt war, unterbrochen. Von den beiden Vallstedtern musste ich nicht nur die größte Undankbarkeit erfahren, sondern auch die niederträchtigste Behandlung erdulden. Ich erwähne das hier nur als Warnung für jene, die wie ich nach Amerika mit dem Vorsatz reisen wollen, um dort als Landbebauer ihr Glück zu suchen und deswegen wohlzutun glauben, wenn sie die benötigten Gehilfen aus dem Vaterlande mitzunehmen gedenken. Mag man die beste Absicht mit diesen Leuten haben; mag man auch noch so gefällig gegen sie sein; mag man auch die großartigsten Versprechungen von ihrer Seite entgegengenommen und die heiligsten Verträge mit ihnen abgeschlossen haben, immer muss man bei ihnen mit Undank, Unredlichkeit und dergleichen rechnen. Ich will aber die Leser nicht mit gar zu vielen Einzelheiten behelligen, die es klar dartun würden, dass die beiden Vallstedter Burschen, die doch von den Ihrigen an mich gewiesen waren, für die ich schon so manches Geldopfer gebracht hatte und deren Glück gewissermaßen in meine Hände gegeben war, durch ihr freches und ruchloses Betragen gegen mich mir das Leben sauer machten. Und zwar so sehr, dass ich mich schon auf der Reise ganz von ihnen zurückziehen musste, ohne Hoffnung für meine ihretwegen gehabten Auslagen jemals nur den geringsten Ersatz zu erhalten. Dennoch will ich ein paar wirklich unschöne Erlebnisse davon schildern.

Die Gesellschaft unter Deck bestand außer mir, meiner Frau und den beiden Vallstedtern noch aus drei weiteren Passagieren: Einem Glückstädter und zwei Sachsen, der eine davon ein Musikus aus Drau. Wobei der Glückstädter unter Allen der Bösartigste war, der nicht eher ruhte, bis es ihm gelang, mir die beiden Vallstedter gänzlich abtrünnig zu machen. Ich musste es selbst mit anhören, dass er zu ihnen sagte: »Was wollt ihr bei dem alten Kerl euch abarbeiten? Der geht mit euch in die Wildnis und ihr müsst wie die Sklaven für ihn arbeiten. Wenn ihr aber in Philadelphia bleibt, Euch dort verdingt und arbeitet, da könnt ihr Geld über Geld verdienen und binnen kurzer Zeit reich werden.« Von diesem Menschen lernten die beiden Vallstedter die abscheulichsten Flüche und Schwüre, die sie bei der geringsten Veranlassung, besonders aber bei Spielen gebrauchten. Dabei zankten sie sich dann beständig, welches dem Spiele ein Ende machte. Neue Lust zum Spiele aber machte sie bald wieder einig, um von neuem zu spielen. Auch wurden die abscheulichsten Zoten geredet und gesungen, alles um mich zu ärgern und zu kränken. Doch konnte ich es immer noch nicht lassen, meine Vallstedter zu ermahnen, sich besser zu betragen. Als ich mich wieder mal dazu hinreißen ließ, sprang der obengenannte Glückstädter auf, schalt mich einen alten Bären, drohte mir mit der Faust über meinem Kopfe bei den entsetzlichsten Flüchen und Schwüren: Wenn ich den jungen Vallstedtern noch ein Wort sagen würde, so wolle er mich massakrieren. Die Übrigen stellten sich neben ihn mit der Miene, als wollten sie, wenn ich weiterspräche mit zuschlagen. In Anbetracht dessen musste ich meine Ermahnungen einstellen und sagte meinen Vallstedtern von nun an kein Wort mehr. Bisher hatten wir sieben Mitteldeck-Passagiere immer an einem Tisch gegessen. Nun aber wollten diese Menschen uns beiden Alten auch gern aus dieser Gesellschaft entfernen. Weil sie dies aber nicht mit Gewalt tun durften, so griffen sie zu anderen Mitteln, nämlich Zoten und Unflätigkeiten, die es nun beständig während der Mahlzeit zu hören gab. Die Speisen nahmen sie oft mit den Fingern aus der Schüssel und trieben sonst noch Grobheiten, die so abscheulich waren, dass ich mich schäme, sie hier niederzuschreiben. Nun ließ ich mir von dem Koch meinen Anteil Speisen allein geben und aß oben auf dem Verdeck des Schiffes. Meine Frau ertrug die Abscheulichkeiten noch einige Tage lang und aß dann auch mit mir oben auf dem Deck. Nimmermehr hätte ich es glauben können, wenn ich es nicht selbst erfahren hätte, dass Menschen die besseren Gefühle ihres Herzens so gewaltsam unterdrücken könnten. Am wenigsten aber von diesen beiden Vallstedtern, denen ich so viel Gutes getan hatte, hätte ich es erwartet.

Dem Kapitän Fokkes die an uns verübten Ungerechtigkeiten zu klagen, hätte zu keiner Abhilfe geführt, weil auch dieser während der Zeit, als wir uns auf der See befanden, ein ganz anderer Mann geworden war. Bei ihm wurde ich täglich von dem mehrmals genannten Glückstädter verleumdet. Diese Verleumdungen mochten wohl nicht wenig dazu beigetragen haben, dass Kapitän Fokkes, der sonst so artig und freundlich gegen mich war, nun grob und massiv wurde. Sonst erkundigte er sich täglich nach meinem Befinden und war die Artigkeit selbst. Seit der Zeit aber, dass die genannten Burschen uns so ungerecht und schlecht behandelten, sprach auch er nicht mehr mit mir. Sonst rief er mir, sobald er mich des Morgens erblickte, recht freundlich einen guten Morgen zu. Jetzt aber antwortete er auf meinen guten Morgen nicht. Sonst redete er freundlich mit mir, so oft wir uns auf dem Verdeck trafen; nun aber hätte er mich umgelaufen, wenn ich ihm nicht immer weit genug aus dem Wege gegangen wäre, denn er richtete die Augen immer in die Höhe, um mich nicht zu sehen. Diesem Manne, der nun so böse tat, obgleich ich ihn mit keiner Miene und noch weniger mit einem Worte beleidigt hatte, konnte und wollte ich die niederträchtige Behandlung durch die anderen nicht klagen. Es hätte mir ja doch nichts geholfen. Er wusste im Übrigen auch über alles Vorgefallene recht gut Bescheid, und da er mit den Vallstedtern und dem Glückstädter stets freundlich sprach und die abscheulichsten Zoten dieser Leute nicht nur billigte, sondern oft auch selbst mit einstimmte, so musste ich annehmen, dass er auch ihr niederträchtiges Betragen gegen mich billige. Ich ergab mich daher in mein Schicksal und ertrug alles, was mir zu ertragen auferlegt war. Meine Leiden, meinen Kummer und Verdruss waren wirklich groß während der Wochen, da ich unter diesen Menschen leben musste. Es ist das größte Unglück, wenn man seinen Feinden nicht ausweichen kann und beständig in ihrer Nähe sein muss.

Abgesehen von vorgenanntem Ärger fiel übrigens während der Seereise nichts von größerer Bedeutung vor. Stürme hatten wir, wie schon erwähnt, nur sehr wenige und nie einen, der anhaltend war. Aber oft hatten wir eine gänzliche Windstille. Das Meer glich dann einer großen Spiegelfläche und ein herrliches Schauspiel gewährte dann die große und prachtvolle Wasseroberfläche. Die Farbe des Elbwassers ist blass und etwas trübe. Diese Farbe nähert sich dann immer mehr einem Grün, je näher man der Nordsee kommt. Beim Eingang in diese wird es erst hellgrün und dann weiterhin grasgrün. Kommt man den Küsten von England und Frankreich näher, dann verliert das Wasser wieder die grasgrüne Farbe und wird erst wieder blassgrün und in dem Kanal, der England und Frankreich trennt, nimmt es wieder die gewöhnliche Farbe des süßen Wassers an. Beim Ausgange aus diesem Kanal wird es erst wieder grünlich, und diese Farbe verwandelt sich dann immer mehr ins Blaue, je weiter man in den großen Atlantischen Ozean kommt. Nach einigen Tage Reisen in demselben wird das Wasser dann recht schön himmelblau. Kommt man der Küste von Amerika wieder näher, wiederholt sich das Farbenspiel in umgekehrter Folge. Das Meerwasser war allenthalben, wo man es auf unserer Reise an Bord holte, recht hell und klar, wie das schönste Quellwasser.

Wenn man zur Nachtzeit über Bord ins Meer sieht, so ist es, als wenn nahe am Schiffe viele glühende Kohlen schwämmen, und am Vorderteil des Schiffs sieht es, besonders wenn dasselbe schnell segelt, aus, als durchschnitte es einen ungeheuren Haufen stark glühender Kohlen, die hier und da kleine bläuliche Flammen geben. Dies hat, ehe man daran gewöhnt ist, ein recht schauerliches Aussehen und ist nichts anderes als der Schaum, den das Schiff durch das starke Einschlagen ins Wasser mit seinem Vorderteil bewirkt. Recht majestätisch ist im Übrigen das Wogen des Meers, wenn es Berge türmt, deren Gipfel sich den Wolken zu nähern scheinen und man im Nu an derselben Stelle, wo der Berg stand, einen Abgrund erblickt, dessen Tiefe das Auge nicht zu erreichen vermag, weil es unten schwarze Nacht ist. Dieses Entstehen und Verschwinden der ungeheuren Berge und schaudererregenden Abgründe sieht man dann allenthalben um sich her, nah und fern. Der Schaum des Meerwassers gibt den Wogenbergen ein solch malerisches Aussehen, als wären sie zum Teil mit großen Schneemassen bedeckt. Sind die Wogen und Wellen des Meeres nicht ganz so groß, so kommt es einem vor, als befände man sich mitten in einem ungeheuren großen Tale, denn man hat vor, hinter und neben sich Berge und immer ist es, als müsste das Schiff einen ungeheuren Berg ersteigen, dessen Gipfel man aber nie erreicht.

Im Ärmelkanal zu Anfang der Reise begegneten uns zahlreiche von Amerika kommende Schiffe, die sich dort in dem engen Fahrwasser zusammendrängten. Auf dem Atlantik aber sahen wir nur selten einmal ein Schiff am fernen Horizont. Wenn Schiffe einander begegnen und sie nicht zu weit voneinander entfernt sind, so ist es üblich, dass sie sich einander begrüßen. Das geschieht dann auf folgende Art: Sie hängen beidseitig die große Flagge auf dem Heck des Schiffs aus, hissen solche dann dreimal langsam in die Höhe und lassen sie so auch wieder nieder. In jeder Flagge findet sich des Landes Wappen, welchem das Schiff angehört. Ziemlich in der Mitte auf dem Atlantik begegnete uns ein Schiff und ließ früher als üblich eine rote Flagge sehen. Unser Kapitän ließ den Gruß nicht erwidern. Als er um die Ursache befragt wurde, sagte er, dass dies ein algerischer Seeräuber sei, und ließ den Befehl ergehen, dass alles, was auf dem Schiffe lebte, oben aufs Verdeck kommen und hin und her durcheinander gehen sollte, damit der Räuber glauben sollten, wir wären kein Handels-, sondern ein reines Personen-Transportschiff, auf dem sich keine nennenswerten Waren und Güter befänden.

Der vermeintliche Räuber segelte indes vorüber und ließ uns in Frieden. Alles, was vorher angst und bange war, wurde wieder munter und heiter. Nach einigen Stunden aber sagte der Kapitän, er fürchte nicht ohne Grund, dass der Räuber umkehren und uns in der nächsten Nacht wieder einholen könne. Man brachte mir diese Botschaft vorn aufs Schiff, wo ich mit Lesen mich beschäftigte. Ich aber gab kurz die Antwort: »Er mag!« Unsere Gesellschaft blieb in der kommenden Nacht bis gegen den Morgen auf dem Verdeck. Meine Frau und ich aber gingen dieses Mal ungewöhnlich früh zu Bette und schliefen ruhig, ohne von einem Räuber gestört zu werden. Hatte Kapitän Fokkes lediglich die Absicht, uns aufzuziehen, so war dies ein sehr unbesonnener Scherz. Denn wie leicht konnte dadurch ein Unglück entstehen! In der Kajüte logierten ein junger Kaufmann aus Hamburg, namens Hartung und ein Ökonom gebürtig aus dem Mecklenburgischen, namens Ruge nebst seiner hochschwangeren Frau und einem kleinen Sohne, der ungefähr ein Jahr alt war. Was für schlimme Folgen hätte nicht der Schrecken bei der Schwangeren haben können! Vielleicht aber wussten seine Kajüten-Passagiere um die Posse und stellten sich nur so, als wären sie angst und bange, um auch uns angst und bange zu machen. Es muss doch wohl eine elende Freude sein, die Menschen darüber empfinden, dass sie ihre Mitmenschen in Furcht und Schrecken bringen.

Auf deutschen Schiffen ist üblich, dass die Matrosen jeden, der noch nicht über das Meer gefahren ist und zum ersten Male diese Reise macht, ungefähr auf der Hälfte derselben hänseln, welches auf folgende Weise geschieht: Abends zuvor, sobald es dunkel wird, bringen sie heimlich vorn vorm Schiff ein brennendes Feuer auf das Meer. Sobald es in einer kleinen Entfernung vom Schiffe recht stark brennt, machen sie Lärm, um die Aufmerksamkeit der Passagiere darauf als eine außerordentliche Erscheinung zu lenken. Dann heißt es, der Meeresgott Neptun lasse sich im Feuer sehen und werde morgen seine Diener schicken und dergleichen mehr. Am anderen Morgen öffnen sie früh die Schlafgemächer dieser neuen Reisenden, lassen dann, wenn sie aus dem Bette sind, einen nach dem anderen, den sie mit Namen rufen, herauskommen, von dem Ältesten bis zum Jüngsten. Da ich in unserem Behälter der Älteste war, so wurde ich zuerst ersucht, auf das Verdeck zu kommen, wo ich mich auf einen Stuhl setzen musste. Die Matrosen, die sich alle sonderbar vermummt und sich die Gesichter entweder bemalt oder maskiert hatten, stellten sich alle um mich herum, banden mir mit einem Tuche die Augen zu, seiften mir den Bart ein und barbierten mich. Als aber der Barbier fertig war, wurde mir, ehe ich aufstand und mir die Augen wieder geöffnet wurden, ein Eimer voll Wasser über den Kopf gegossen. Nun musste ich mich erst ordentlich waschen, denn statt Seife hatte man mich mit Kienruß geschwärzt. Ich kam noch leidlich davon, denn den anderen Passagieren, die nun einer nach dem anderen gerufen wurden, malte man die Gesichter ganz schwarz und man goss Ihnen zum Teil wohl 10 Eimer Wasser auf den Kopf. Selbst dem Ober-Steuermann, der auch noch nicht nach Amerika gewesen war, ging es nicht besser. Für diesen Spaß muss nachher den Matrosen zu allem Überfluss auch noch ein Trinkgeld bezahlt werden.

Bewunderung und Freude erregten bei uns die Fische, die sich unserem Schiff in ungeheuren Scharen näherten. Am häufigsten sahen wir die von den Matrosen so genannten Meerschweine, die sich mit einem Geröchel wie Schweine unserem Schiffe näherten und auch das Aussehen einer ungeheuren Herde Schweine haben. Sie haben alle die Farbe der mit Treber gemästeten Schweine und die größten unter ihnen mögen wohl über 100 Pfund schwer sein. Oft gingen sie wohl eine Viertelstunde lang neben unserem Schiffe her, alle mit den Rücken aus dem Wasser. Gefangen wurden von diesen Fischen keine. Mehrere Male sahen wir auch einen großen Haifisch, den man aber, weil er zu groß war, auch in Frieden ziehen ließ. Als sich aber einmal ein junger Haifisch sehen ließ, wurde er mittels einer Lockspeise an der Angel gefangen und während er an derselben zappelte von Kapitän Fokkes mit der Harpune durchschossen. Die Matrosen zogen ihn dann auf das Schiff, wo er noch lange zappelte, bis er verendet war. Dann zog ihm der Koch die Haut ab und bereitete ihn zu einer Mahlzeit. Die schönsten Fische, die ich je gesehen habe, sind aber die Delphine, von welchen die größten ungefähr anderthalb Ellen lang waren. Von diesen wurden viele mittels der Harpune gefangen. Ihre Farbe ist Goldgelb mit Grün und Blau durchflammt. Gebraten schmecken sie vortrefflich, sodass ich ihnen den Vorzug vor allen Seefischen geben möchte. Fliegende Fische sahen wir ebenfalls sehr oft, welche, wenn der Haifisch, dessen Speise sie sind, ihnen nahekommt, ungefähr 300 Schritte über dem Wasser in der Luft fortfliegen und dann wieder ins Wasser gehen. Einen einzigen recht großen Fisch sahen wir während unserer Reise. Er richtete sich bei Sonnenschein auf dem Wasser etwa 20 Ellen hoch gerade in die Höhe, machte einen großen Bogen und tauchte dann mit dem Kopfe wieder ins Meer. Als er ganz wieder in dem Wasser zu sein schien, blies er zwei große Ströme Wasser gleich denen einer Feuerspritze nach Art der Walfische gerade in die Höhe. Er hatte die Dicke eines sehr starken Eichbaums. Nach der Versicherung des Kapitäns sollte dieser Fisch, den er Nordkaper nannte, mehr als 100 Ellen lang sein.

Zwei Tage bevor wir die Küsten von Amerika sahen, sagte uns ein Matrose, er könne Amerika schon riechen! Wir lachten darüber. Als wir aber unsere Nasen recht richteten, spürten auch wir anderen alle einen süßen angenehmen Duft eines von Land wehenden, sanften Windes. Am folgenden Morgen kamen uns mehrere Boote mit Lotsen entgegen und unser Kapitän engagierte einen von diesen Leuten, der dann für 36 amerikanische Dollar die Leitung des Schiffes bis in den Hafen von Philadelphia übernahm. Der Mann war ganz vorzüglich aufmerksam bei der Führung des Schiffes. Allerdings konnten wir Passagiere kein Wort mit ihm wechseln, weil er kein Deutsch verstand. Wir waren zur Nachtzeit der Bay des Delaware nahegekommen, hatten aber das Land der Freiheit aus der Ferne noch nicht gesehen. Des anderen Morgens beim

Anbruch des Tages riefen uns dann die Matrosen zu, wenn wir Amerika sehen wollten, ehe wir ins Land hinein segeln, so müssten wir geschwind aufs Verdeck kommen. Das Schiff ginge jetzt gerade in die Delaware-Bay. Nach etwa einer Viertelstunde sahen wir auch schon rechts und links das Land, welches wir längst mit großer Sehnsucht zu sehen gewünscht hatten – zwar noch in der Ferne, denn die Bay ist in ihrer Mündung sehr breit, aber je weiter wir hineinkamen, desto näher kamen uns die beiderseitigen Ufer. Wir liefen nun von der einen Seite des Schiffs zur anderen, um nichts zu übersehen und nichts zu verfehlen. Doch hatte bald der Eine dies, der Andere das gesehen, was die Übrigen nicht gesehen hatten. Es ist eine unbeschreibliche Freude, wenn man in einer so langen Zeit nichts als Himmel und Wasser sah und nun auf einmal das herrliche Grün der Wälder, der Berge, der Täler und Felder nebst den darin lebenden Geschöpfen Gottes wieder erblickt. Die romantischen Gegenstände der beiderseitigen schönen niedrigen Ufer dieses Stromes gewährten uns Allen das größte Vergnügen, und alles war heiter und atmete Freude.

Ungefähr sechs englische Meilen von Philadelphia mussten wir an einem Vorposten Halt machen, die Anker werfen und auf die Gesundheitskommission aus dem dortigen Lazarett warten. Hier mussten wir wohl drei Stunden lang verweilen, ehe wir an die Reihe kamen, da noch mehrere Schiffe aus demselben Grund dort vor Anker lagen. Endlich kamen denn die Gesundheitsbeamten auch an Bord unseres Schiffes. Der Kapitän ging mit ihnen in die Kajüte und hielt mit ihnen eine ziemlich lange Unterredung in englischer Sprache. Dann mussten alle, die auf dem Schiffe waren, sich in Reih und Glied stellen, um von diesen drei Männern inspiziert zu werden. Wir wurden darauf alle für gesund erklärt. Wegen des Wassers aber, das die Matrosen aus dem Schiffe pumpten und von welchem sich die genannten Herren ein gefülltes Glas bringen ließen, erhielt unser Kapitän einen Verweis. Es schien so, dass er einige Stunden zuvor das faule Wasser schon hatte auspumpen und frisches hineingießen lassen. Dennoch gaben sie ihm eine schriftliche Bescheinigung und trollten dann ab. Die Matrosen lichteten nun die Anker, die Fahrt nach Philadelphia wurde fortgesetzt und nach einigen Stunden waren wir dort. Es geschah dies am 20. September, nachmittags zwei Uhr. Unsere Reise über das große Wasser hatte so ihr alles in allem glückliches Ende gefunden.

Wir blieben an diesem Tage noch an Bord des Schiffes, weil wegen einer großen Menge anderer Schiffe, die in diesem Hafen vor Anker lagen, dasselbe noch nicht nahe an die Stadt gebracht werden konnte. Unsere erste amerikanische Speise waren Wassermelonen, die an Bord unseres Schiffs gebracht wurden. Sie werden dort so groß wie bei uns die Kürbisse, schmecken sehr süß und angenehm und haben sehr viel Saft. Sie werden dort, wie auch die wirklichen Kürbisse, in den Maisfeldern in ungeheurer Menge geerntet und sind deswegen spottbillig. Der Hafen von Philadelphia ist ungeheuer groß, geräumig und bequem. Die Schiffe, welche ein- und ausgeladen werden, liegen dicht am Ufer des Delaware-River, das dicht an die Stadt grenzt und hier sehr schön aufgemauert ist. Die Umladung der Waren zwischen Schiffen und Wagen ist somit besonders leicht.

Als ich nach rund 11 Wochen, die wir zu Schiff gewesen waren, das erste Mal den festen Boden in Philadelphia betrat, überfiel mich ein Schwindel und es kam mir vor, als wäre der Weg so uneben gewesen, dass ich immer mit jedem Fuße von der Höhe in eine Niederung getreten wäre. Auch schien es, als wenn sich die Häuser und andere Gegenstände bewegen würden, wenn ich ging. Erst nach etwa einer Viertelstunde hatte sich diese Schwindeligkeit gegeben. Philadelphia schien mir in diesen Augenblicken ganz zweifellos eine der schönsten Städte auf der Erde zu sein. Sie hat lauter schnurgerade und sehr breite Straßen, die in rechten Winkeln angelegt sind und große prachtvolle massive Häuser, teils aus Backsteinen, teils aus schönen weißen Quadern, teils aber an der Vorderseite sogar mit Marmor.

4

Von Philadelphia in die Berks-County

Herberge im Gasthof Schröder – Üppige Mahlzeiten in gemischter Runde – Mit einem Empfehlungsschreiben zu deutschen Kirchenvertretern in Philadelphia – Erfahrungen mit den Sonntagsbräuchen der Deutschen – Erkundungsreise nach Germantown und in die Berks-County – Umzug nach Oley und Verkauf des Klavieres – Deutsch sprechen hier nur noch sehr wenige – Finanzierung des Kirchenbaues mit Spendengeldern – Ich werde Lehrer an der Moselems-Kirche.

Ehe wir unsere Sachen in die Stadt brachten, wurden diese an Bord des Schiffes zunächst alle von der Polizei besichtigt. Betten, Kleidungsstücke und Hausgeräte waren frei. Andere Sachen aber, die wir dort verkaufen wollten, mussten verzollt werden. Für das Wiener Piano, welches ich aus Hamburg mitgenommen hatte, musste ich 20 Dollar bezahlen und für einige Stücke feine Leinwand, Musselin und Leinenband etwas über 5 Dollar. Das Piano wurde mir dort sehr zur Last, denn ich musste es weit in die Stadt nach dem Zollhause transportieren lassen, wo es inspiziert, von da wieder zu einem anderen Hause und dort schließlich aufgestellt und gestimmt wurde. Hier sollte es stehen bleiben, bis es verkauft sein würde. Alles das war mit ärgerlichen Kosten verbunden.

Als ich mit meiner Frau in die Stadt ging, um einen deutschen Wirt aufzusuchen, bei dem wir logieren wollten, bis sich weitere Aussichten für uns finden würden, gingen wir erst eine

Weile spazieren und betrachteten manche Sehenswürdigkeiten in dieser Stadt. Da wir den Namen, die Straße und die Hausnummer des Wirtes vorliegen hatten, glaubten wir, ihn ohne Probleme finden zu werden. Wirklich fanden wir auch die Straße und das Haus. Der Wirt aber wohnte dort nicht mehr und die Leute in dem Haus verstanden uns nicht und wir sie nicht. Nun fragten wir jeden, der uns auf der Straße begegnete, um einen deutschen Wirt. Alle schüttelten die Köpfe und viele sagten dabei: »Versteh not!« So gingen wir wohl eine Stunde lang die Straßen auf und ab. Weil der Abend kam und in den meisten Häusern bereits das Licht brannte, so kamen wir in Bedrängnis und meine Frau fing bitterlich zu weinen und zu klagen an, dass wir nun wohl die Nacht auf der Straße zubringen müssten. Endlich kam quer über die Straße ein Mann auf uns zu und fragte auf Deutsch, ob wir jemanden suchen würden. Dem klagten wir nun unsere Verlegenheit. Er zeigte uns nun in der Ferne ein Schild und sagte, dass in dem Hause ein deutscher Wirt mit Namen Heinrich Schröder wohne, bei dem wir logieren könnten. Schröder, ein geborener Hesse, nahm uns unter der Bedingung auf, dass wir ihm für Wohnung, Bett und täglich dreimalige Speisung wöchentlich 5 Dollar bezahlen sollten. Weil ich ihn nicht weiter herunterhandeln konnte, so nahmen wir das Angebot schließlich an.

Auffallend und ärgerlich war mir hier besonders die elende sogenannte hochdeutsche Sprache, die mit vielen englischen Brocken vermischt war und in meinem Vaterlande nie gehörte plumpe und grobe Ausdrücke enthielt. Ich gebe ein Beispiel:

Schröder: »Alter, aus welchem Känigraich pischt tu tenn?«
Ich: »Aus dem Herzogtum Braunschweig«
Schröder: »Was pischt tu tenn to kewese?«
Ich: »Schullehrer«

Schröder (auf meine Frau zeigend): »Ischt tos tein Mensch?«

Ich verstand das nicht gleich und wollte nach der Bedeutung und Meinung seiner Reden fragen. Er kam mir aber zuvor und fragte weiter:

Schröder: »Ob tos alt Weibel, tos tu pei tir hoscht, tein ischt?«
Ich: »Ja, es ist meine Frau.«
Schröder: »Hockt euch.«

Weil Schröder auf den Stuhl zeigte, so verstand ich damit, dass dies Letztere so viel hieße wie: »Setzt euch!« Als wir uns gesetzt hatten, wurden wir von den dort befindlichen vielen deutschen Gästen noch um mancherlei befragt. Selten aber verstanden wir gleich beim ersten Male ihre Fragen, denn alle sprachen den Schwaben- oder Pfälzer- oder Hessen-Dialekt vermischt mit vielen englischen Wörtern. Letzteres kommt wohl daher, dass diese Leute beständig auch die englische Sprache sprechen müssen, weil sie täglich Umgang mit so vielen haben, die entweder kein Wort Deutsch verstehen oder es nicht sprechen und verstehen wollen. Die wenigen Emigranten aus Niedersachsen nehmen entweder den Dialekt dieser deutschen Amerikaner an oder, was noch weit häufiger der Fall ist, sie lernen schnell die englische Sprache mit großem Eifer und wollen dann ihre Muttersprache gar nicht mehr sprechen.

Als wir uns etwa eine Stunde mit Schröder und seinen deutschen Gästen unterhalten hatten, rief die Köchin auf den Hausflur: »Nachtesse! Nachtesse!« Schröder brachte uns nun in den Speisesaal und es kamen etwa 20 Personen an der Tafel zusammen. Einige aßen schon, andere kamen noch nach uns und einige noch, als wir uns bereits gesättigt hatten. Es waren dies lauter Deutsche, größtenteils Künstler und Handwerksleute, die Schröder in der Kost hatte. Unter den Letztkommenden waren zwei Berliner, ein Goldschmidt und ein Schlosser. Sie hatten erst seit kurzer Zeit in Philadelphia Arbeit gefunden. Als diese mich sprechen hörten, setzten sich beide neben uns und sie wie auch meine Frau und ich freuten uns ebenfalls, geradeso, als wenn sich nahe Verwandte in der Fremde unverhofft wiedersehen.

Die köstliche, mit so vielen delikaten Speisen besetzte Tafel setzte uns in Verwunderung und Erstaunen. Nie hatten wir in unserem Vaterlande etwas Ähnliches gesehen. Nie hatte uns aber auch wohl eine Mahlzeit so herrlich geschmeckt, wie diese erste in Philadelphia, die unmittelbar auf die langen Entbehrungen der gewohnten Speisen erfolgte. Hier war wirklich große Vorsicht nötig, um sich den Magen nicht zu überladen. Man darf sich gar nicht wundern, warum so viele junge Leute aus Deutschland bald nach ihrer Landung in Amerika im Allgemeinen krank werden. Die Hauptursache ist womöglich, dass sie sich gleich unmittelbar nach ihrer Ankunft den Magen verderben. Ich werde später noch mehr von den köstlichen, reichlich gedeckten Tischen der Amerikaner und der Wirkung davon auf ihre Gesundheit berichten.

Am Tage nach unserer Ankunft ging ich zu dem Präsidenten der deutsch-lutherischen Synode, Dr. Hellmuth, dem ersten Prediger an der deutsch-lutherischen Michaelis- und Zions-Kirche in Philadelphia, an den ich ein Empfehlungsschreiben zu überreichen hatte. Dieser 80jährige Greis nahm mich sehr freundlich auf und freute sich, einen Landsmann zu sehen (er war ein geborener Helmstedter). Allerdings entschuldigte er sich mit seiner Altersschwäche, wegen welcher er jetzt nichts für mich zu tun vermöge. Er verwies mich dann an die beiden deutsch-lutherischen Schullehrer Müller und Schmauch. Beide waren geborene Württemberger, was auch sogleich an ihrer Sprache zu erkennen war. Ferner riet Dr. Hellmuth mir, mich an den Pastor Demme zu wenden, der am nächsten Sonntag auf seiner neuen Stelle die Antrittspredigt halte. Pfarrer Demme soll, wie ich nachher hörte, ein geborener Braunschweiger sein, der in Deutschland Jura studiert hat und in Pennsylvania auf dem Lande bereits seit mehreren Jahren Prediger gewesen war. Am nächsten Sonntage hörte ich seine Antrittspredigt. Er ist ein sehr guter Redner, predigt mit viel Feuer und bekam entsprechend viel Beifall. Der Gottesdienst war außerordentlich feierlich und es wurden eigens zu dieser Feierlichkeit verfertigte Lieder gesungen, von welchen jedem Zuhörer beim Eintritt in die Kirche ein gedrucktes Exemplar ausgehändigt wurde.

In Philadelphia wurde jeden Sonntag dreimal Gottesdienst gehalten, sowohl in den deutsch-lutherischen, als auch in den deutsch-reformierten Kirchen, und zwar morgens, nachmittags und abends bei Lichte. Während meines Dortseins ging ich regelmäßig zu dieser Zions-Kirche und fand sowohl am Tage als auch abends eine zahlreiche Versammlung von Zuhörern. Man hält dort viel auf das Äußere der Religion. Auch wird sonntags nach Möglichkeit nicht gearbeitet. Keine Frauensperson nimmt ein Strick- oder Nähzeug in die Hand. Kein Handelsmann darf das Geringste kaufen und verkaufen. Auch werden weder Spiele noch Musik und Tanz geduldet. Alles dies ist gegen die Gesetze und bei harter Strafe verboten. Um persönlichen Geldgewinn darf überhaupt nicht gespielt werden, weder mit Karten noch auf andere Art. Was beim Spielen gewonnen wird, das wird gemeinschaftlich verzehrt. Kartenspiele werden sehr wenig gespielt. Es ruht eine Art Verachtung darauf, und jeder Wirt, welcher Kartenspiele bei sich duldet, ist in den besseren Kreisen in keinem guten Rufe. So ging es auch unserem Schröder. Allenthalben hörte ich über ihn das Urteil, er sei ansonsten ein braver Mann, aber das müsse man an ihm beanstanden, dass er das hässliche Kartenspiel dulde. Obwohl er seine Kartengäste immer in ein abgelegenes Zimmer seines Hauses brachte, so war es doch weit und breit in der Stadt bekannt, dass er das Kartenspiel duldete und es wurde dies laut getadelt. Schröder gestand mir selbst, dass er das Spiel längst aufgegeben haben würde, wenn er es nicht um der vielen deutschen Einwanderer willen noch immer anböte. Die meisten neu ankommenden Deutschen seien dem Kartenspiele leidenschaftlich ergeben und könnten sich dasselbe nur allmählich abgewöhnen. Es gäbe noch eine weitere deutsche Gastwirtschaft in der Nähe und wenn er seine Kostgänger und Gäste nicht bisweilen spielen ließe, so würden sie ihn verlassen und dorthin gehen. Gegen diesen Beweggrund konnte ich weiter nichts einwenden.

Dieser Gastwirt Schröder und seine aus der Pfalz gebürtige Frau sind erst vor wenigen Jahren in Amerika eingewandert und haben damals ihre Überfahrt nicht bezahlen können, sondern haben beide drei Jahre lang zwangsweise dienen müssen. (Ich werde auf diese Sitte der Bezahlung von Schiffspassagen später noch ausführlicher eingehen.) Dann haben sie nochmals bis ins vierte Jahr freiwillig gedient und sich dadurch so viel erspart, dass sie das schöne Gasthaus pachten konnten und jetzt in sehr glücklichem Wohlstand leben. Es ist wohl auf der ganzen Erde kein Land, wo die meisten Handwerker und allgemein Handarbeiter – sofern sie keine Verschwender und Faulenzer sind – sich leichter und schneller Wohlstand und sogar Reichtum erwerben können als in den Vereinigten Staaten von Amerika. Das gilt allerdings im Wesentlichen nur dann, wenn man im Jugendalter dorthin emigriert, wo der

Mensch noch im Stande ist, die deutsche Haut abzustreifen und sich eine amerikanische anzuziehen. Dafür fand ich in Philadelphia recht viele Beispiele.

Ich will nun aber nochmals kurz zu den Mitreisenden von der »Ocean« zurückkehren. Die beiden mit mir und durch meine Unterstützung mit eingewanderten Vallstedter fanden binnen zwei Tagen in Philadelphia ihr Unterkommen und sehr guten Verdienst. Der eine ging bei einem Schreiner und der andere bei einem Metzger in Arbeit. Jeder verdiente monatlich 20 Dollar. Der Glückstädter ging zu einem reichen Onkel, seines verstorbenen Vaters Bruder, der seit geraumer Zeit in Amerika gelebt und sich viel Geld erworben hatte. Dort hielt er sich einige Monate auf. Als er sich nicht gut einleben konnte, gab ihm sein Vetter 2000 Dollar, bezahlte außerdem noch für ihn die Überfahrt und der Glückstädter ging wieder nach Deutschland zurück. Der bei dem Schreiner tätige Vallstedter hatte in Philadelphia einen Bruder, der wenige Jahre vor ihm in die Vereinigten Staaten ausgewandert war, sich nun in Philadelphia verheiratet hatte und ein reicher Mann geworden war. Dieser schickte seinen Bruder gleich zur Schule, ließ ihn in der englischen Sprache unterrichten und daraufhin Medizin studieren. Der früher erwähnte Musikus aus Drau in Sachsen musste sich wohl ein halbes Jahr lang mit dem Knappsten behelfen, dann fand er Arbeit in Baltimore. Auch diese Beispiele lehren schon, dass jeder Handarbeiter in den Vereinigten Staaten nicht nur sehr leicht ein Unterkommen und Arbeit findet, sondern auch vier- bis sechsmal mehr verdient und bei der Hälfte Arbeit viel besser lebt als in Deutschland. Jeden Abend während meines Aufenthalts in Philadelphia kamen die beiden jungen Leute aus Vallstedt und besuchten mich in meinem Quartier. So ungerecht und feindschaftlich sie mich auch während unserer Reise behandelt hatten, so machte ich ihnen doch keine Vorwürfe, weil ich merkte, dass sie ihr verübtes Unrecht fühlten. Über nichts mehr wunderten sich auch die beiden über die köstlich und reichlich mit Essen beladenen Tische der Amerikaner und den Wohlgeschmack der Gerichte. Der eine hatte 28, der andere sogar 32 unterschiedliche Speisen auf seinem Tische gezählt, wobei ich ihnen dann jedes Mal den Rat erteilte, vorsichtig und mäßig zu sein.

Arbeiter und besonders Handarbeiter sind in den Vereinigten Staaten besonders erwünscht und werden gesucht. Einen besonders guten Ruf haben auch die deutschen Dienstmädchen, besonders wenn sie bei der Küchenarbeit geschickt sind. Nicht wenige Beispiele kamen mir während meines kurzen Aufenthalts in Philadelphia unter, dass arme deutsche Mädchen, die dort für ihre Überfahrtskosten erst zwei oder drei Jahre hatten oder hätten dienen müssen, schon von wohlhabenden, meist sogar vornehmen Bürgern geheiratet worden sind.

In der schönen Stadt Philadelphia hielt ich mich 15 Tage lang auf. Erstens, weil ich wegen meiner Sachen an Bord des Schiffs »Ocean«, die nicht früher ausgeladen werden konnten, warten musste. Zweitens, weil ich mein Wiener Piano dort gern erst verkaufen wollte, aber keinen Käufer finden konnte, der einen akzeptablen Preis zu zahlen bereit gewesen wäre. Drittens schließlich, weil ich mich immer noch nicht entscheiden konnte, welche Laufbahn ich wählen und welches Fach ich ergreifen sollte zu einem sicheren Broterwerbe für meine Frau und mich. Nachdem ich meine Sachen endlich alle in Schröders Gasthaus in Sicherheit gebracht hatte, ging ich tiefer ins Land. Zuerst zu der Stadt Germantown. Weil dies »Stadt der Deutschen« heißt, dachte ich, müsse sie doch wenigstens größtenteils aus Deutschen bestehen. Aber ich fand, dass sie nur noch dem Namen nach deutsch war und Deutsch kaum jemand verstand. Auf der Straße fand ich schließlich doch noch einen alten Mann, der mich verstand und mich zu dem Pfarrer verweisen konnte. Von diesem hörte ich dann, dass die deutsche Sprache überhaupt dort ihrem Untergange sehr nahe sei, dass noch vor einem Jahr in den deutschen Schulen beide Sprachen – die englische und die deutsche – gelehrt worden wären. Dieses sei nun aber auch abgeschafft, und die Kinder in den Schulen zu Germantown würden jetzt nur noch in der englischen Sprache unterrichtet. Er selbst habe schon seit mehreren Jahren abwechselnd Englisch und Deutsch gepredigt. Aber nun hätte man ihm schon mehrere Male angetragen, dass er nur noch in der englischen Sprache predigen solle. Deutsche Schulen, in welchen ausschließlich Deutsch gelehrt würde, sagte er, würde ich in einem Umkreise von 20 Meilen wohl nicht mehr finden. In den meisten Landschulen würden mindestens beide Sprachen gelehrt und die Schullehrer müssten also sowohl in der englischen als in der deutschen Sprache unterrichten können. Diese Nachricht ließen bei mir böse Ahnungen aufkommen, was das schnelle Finden eines Arbeitsplatzes für mich betraf.

Mein Plan und Vorsatz war nun zunächst folgender: Ich wollte in Philadelphia einen leichten Wagen und ein Pferd kaufen, um mit meiner Frau und den allernötigsten Sachen nach dem Staate Ohio zu reisen. Die entbehrlicheren Dinge sollten zunächst in Philadelphia bleiben, bis ich irgendeinen Broterwerb gefunden haben würde. Dann wollte ich sie mit der Post nachfolgen lassen. Hiervon wurde mir jedoch abgeraten, weil es zum Winter hin ein sehr unsicheres und mit Gefahr verbundenes Unternehmen sei. Dagegen riet man mir, lieber irgendwo in Pennsylvania für den nächsten Winter eine Lehrer-Stelle anzunehmen, wozu jetzt eben die rechte Zeit sei, weil die Schulen auf dem Lande und in den Landstädten nun bald wieder ihren Anfang nehmen würden. Als ich dies mit dem Prediger Becker überlegte, riet er mir, doch lieber erst einen Versuch in der Berks-County in der Nähe Philadelphias zu machen, da es dort doch noch etliche deutsche Schulen gäbe. Als ich hierauf meine Papiere aus der Tasche zog, fand ich, dass unter den zerstreut und teils sehr entfernt wohnende Personen, an welche meine Empfehlungsschreiben gerichtet waren, auch zwei im Berks-County wohnten. Es handelte sich zum einen um den Gutsbesitzer, Fabrikant und Gastwirt Luther, ein geborener Deutscher und schwerreicher Mann. Er war zu jener Zeit, wo es in Amerika noch sehr an Leuten seines Standes fehlte, dorthin ausgewandert und als Kaffeemühlen-Fabrikant zu großem Reichtum gelangt. Bei der zweiten Person handelte es sich um einen Prediger mit Namen Jakob Miller. Er war zwar kein geborener Deutscher, stammte aber von eingewanderten, deutschen Eltern ab.

Zuerst ging ich zu dem genannten Luther, welcher von Germantown 50 englische Meilen entfernt wohnte. Ich war beeindruckt, als ich auf seine weitläufige Plantage kam und seine großen Besitzungen sah. Seine sämtlichen Ländereien lagen in einer großen Ebene. Die Gebäude glichen denen eines prachtvoll gebauten adligen Hofes in Deutschland. Als ich in Luthers Haus trat, kam er aus einer Stube auf dem Hausflur mir entgegen, führte mich mit freundlicher Miene hinein und hieß mich willkommen. Als ich ihm daraufhin mein Empfehlungsschreiben aushändigte, las er es mit Aufmerksamkeit durch und ließ mir ein Glas Branntwein vorsetzen. Ich ergriff diese Gelegenheit und bat ihn nun auch mündlich, mir mit Rat, Tat und durch Fürsprache wo möglich behilflich zu sein. Er aber entschuldigte sich kalt: Er habe schon so viel Güte und Wohltaten an so manchen seiner deutschen Landsleute verschwendet, die ihm dies nur mit Undank vergolten hätten, dass er sich erschlossen habe, das künftig bleiben zu lassen. Bei der Wiederholung meiner Bitten lenkte er das Gespräch immer auf andere Gegenstände und blieb dabei unverändert kalt. Darum nahm ich von ihm Abschied und wanderte weiter, um dem Pfarrer Jakob Miller in dem Ort Falkner Swamp (Montgomery-County) meine Empfehlungen zu überreichen. Leider verfehlte ich zunächst den richtigen Weg, weil ich in tiefen Gedanken fortwanderte über das Fehlschlagen meiner Erwartungen bei dem genannten Luther, denn von diesem Manne hatte ich mit voller Zuversicht vieles erwartet, welches Wohl sein berühmter Name bei mir bewirkt haben mochte. Weil der Abend schon angebrochen war, kehrte ich in einem Wirtshaus ein, ließ mir dort ein Abendessen geben und blieb dort über Nacht. Das Essen wurde sogleich, nachdem ich es bestellt hatte, bereitet und binnen höchstens 10 Minuten war der Tisch mit Kaffee und wenigstens 28 anderen Speisen überladen. Überhaupt fand ich die Tische hier auf dem Lande noch köstlicher als in Philadelphia besetzt. Nach dem Essen ging ich in die Gaststube und fand dort die Tische sämtlich von Menschen belagert und eingenommen. Einige hatten sich darauf gelegt, andere darauf gesetzt und die Bänke und Stühle zu ihren Fußschemeln gemacht. Sie erzählten den ganzen Abend, aber beständig in englischer Sprache, wovon ich nur bisweilen einige Worte verstand. Ihren deutschen Dialekt, in welchem einige von ihnen mich einige Mal anredeten, vermochte ich aber auch kaum halb zu verstehen. Darum suchte ich früh meine Schlafstätte. Am anderen Morgen zahlte ich für Abendessen und Getränk nebst Nachtlager einen Viertel-Dollar – ein Einheitspreis vieler Herbergen, wie ich später feststellte. Wenn ich die vielen köstlichen Speisen und meinen damaligen guten Appetit in Anschlag bringe, so fand ich diesen Preis sehr günstig. Bald nachher hörte ich aber auch, dass man noch billiger sich behelfen könne, wenn man sich kaltes Essen geben ließe, wovon ich dann auch öfters Gebrauch machte. Ehe ich Abschied von dem Wirt nahm, fragte ich ihn, ob nicht dort im Kreise ein Pfarrer Namens Miller wohne? »Jes«, sagte er, »tär wohnt tu Meil von hie ab«. Er zeigte mir den Weg dorthin und in einer Stunde war ich in des Pfarrers Miller Wohnung. Aber es war nicht der richtige Pfarrer Miller, denn der, welchen ich suchte, hieß Jakob, und dieser nannte sich Konrad mit Vornamen. Im übrigen war dieser Konrad nicht zuhause, sondern zu Besuch bei seinem Bruder Jakob Miller, welcher kränklich sei. Das sagte mir ein junger Prediger, der auch eben angekommen war, den Pfarrer Konrad Miller zu besuchen. Dabei erfuhr ich auch noch, dass ich schon am vorigen Tage recht gut bei Jakob Miller hätte einkehren können, weil ich nahe vor seinem Hause in Falkner Swamp vorbeigekommen sein müsse. Auf meine Frage, wie denn diese Ortschaft, wo wir uns befänden, heiße, erwiderte er, dass es sich um den Ort Oley handele. Nun wollte ich gleich zurück, um womöglich diese Gebrüder Miller beide zugleich zu sprechen. Man wollte mich aber durchaus nicht gehen lassen, bis ich erst würde zu Mittag gegessen haben. Nirgends war ich bisher köstlicher bewirtet worden als hier bei dem Gutsbesitzer, Kaufmann und Eisenfabrikanten Heinrich Spang. Er war vor 10 Jahren arm nach Amerika eingewandert und besaß jetzt ein Farmgrundstück von 600 Acres nebst einem großen Warenlager, einer Eisengießerei sowie einer Stahleisen- und Hufschmiede. Hier wohnte der noch unverheiratete Pfarrer Konrad Miller; nicht im Hause des alten Heinrich Spang, sondern in der Wohnung des ältesten Sohnes gleichen Namens, der dem Kaufladen vorstand. Diese Wohnung flößte mir wirklich Ehrfurcht ein und versetzte mich in große Verwunderung und Erstaunen. Alle Zimmer, sogar die Küche, waren aufs Schönste bemalt und die gedielten Fußböden des Hauses fast alle mit bunten wollenen Teppichen belegt. Sogar die Treppen waren dabei nicht vergessen worden. In der Besuchsstube hingen die Gemälde der ganzen Familie in Lebensgröße, alle rein und schön getroffen. Alles war auch aufs Bequemste und Prachtvollste eingerichtet. Nach Tische wollte ich sogleich meine Reise nach Falkner Swamp zu den Gebrüdern Miller antreten. Daran war aber jetzt immer noch nicht zu denken. Spang Senior, der am Schlusse der Mahlzeit zu seinem Sohne kam, nahm mich erst mit in seine Wohnung, die ebenso prachtvoll möbliert und noch viel geräumiger war. Als ich mich dort umgesehen hatte, führte man mich abermals in die Speisestube. Der Tisch war nun mit vielen Erfrischungen gedeckt und der alte Mann holte eine Flasche Madeira-Wein herbei, die wir beide dann ausleerten. Er wollte mich dann noch zu anderen seiner Wohnhäuser führen, deren er 8 auf seiner Plantage hatte. Ich durfte mich aber nun nicht länger mehr aufhalten, sondern eilte mit raschen Schritten auf den Weg nach Falkner Swamp. Die Abenddämmerung hatte mich indessen doch etwas zu früh überfallen, während ich vor einem großen schönen Hause einige junge, wohlgekleidete Männer sah, die mich, bevor ich ihnen noch näher kam, in guter deutscher Sprache fragten, wo ich so spät noch hin wolle. Diesen Ton der reinen hochdeutschen Muttersprache hatte ich lange nicht gehört, und man kann sich vorstellen, wie angenehm er meinen Ohren war. Wir waren auch gleich im Gespräch, als hätten sich Bekannte getroffen, und als ich ihnen sagte, dass ich die Wohnung des Pfarrers Miller suche, meinten sie, dass ich dahin nicht so sehr zu eilen brauche, da ich nur noch vier bis fünf Minuten bis zu seiner Wohnung zu gehen hätte. Im Tone der innigsten Teilnahme und Freundschaft baten sie mich nun, erst noch einzutreten, da auch hier ein Pfarrer wohne. Ob ich mich nun gleich mit dem Dunkelwerden entschuldigen wollte, so half das Alles nichts, denn sie erboten sich, mich nachher bis zur Wohnung des Pfarrers Miller zu begleiten. Auf dem Hausflur kam mir ein alter, ehrwürdiger Mann entgegen, der mir sehr freundlich die Hand reichte und mich in die Stube führte. Es war der reformierte Prediger Hermann der Ältere. Der alte Mann erriet sogleich, dass ich ein Hannoveraner oder Braunschweiger sein müsse, auch dass ich noch nicht lange in Amerika sein könne. »Diesen Abend kommen sie nicht weiter«, sagte er, »Wir lassen sie nicht fort und wenn auch Pfarrer Miller noch näher wohnte, wir haben sie nun einmal hier.« Die vorhin erwähnten Personen waren junge Leute, die bei ihm studierten und sich dem Predigerstande widmeten. Alle setzten sich um mich herum und ich musste ihnen nun mancherlei aus Deutschland erzählen. Dann brachte man mich in die Speisestube, wo der Tisch mit den herrlichsten Speisen gedeckt war. Nach Tische begannen unsere Unterredungen und Erzählungen von neuem und währten bis nach Mitternacht. Dann erst gingen wir zu Bett und am anderen Morgen 9 Uhr, nach eingenommenem Frühstück, begleitete mich der alte Prediger Hermann bis nahe vor die Tür des Hauses von Pfarrer Miller. Der Pfarrer Hermann hatte in seiner Jugend auf der Universität Halle studiert und war dann bald nachher nach den Vereinigten Staaten ausgewandert. Dort hatte er sogleich eine Anstellung gefunden und das Predigeramt seitdem in mehreren Gemeinden versehen. Auch sein ältester Sohn ist in der Gegend seit mehreren Jahren als Prediger in verschiedenen Gemeinden tätig.

Die beiden Prediger Miller traf ich noch zusammen. Nachdem ich ihnen mein Empfehlungsschreiben und mehrere Zeugnisse vorgelegt hatte, rieten sie mir beide, mich zu der in Lebanon vakanten Organisten- und Schullehrer-Stelle zu melden. Beide erboten sich auch, mir Briefe und Empfehlungen an ihre dortigen Bekannten, auch an den dortigen Prediger, der bei seiner Gemeinde viel Einfluss habe, mitzugeben. Dies glaubte ich aber deshalb ausschlagen zu müssen, weil ich fürchtete, bei der Probe des Orgelspielens durchzufallen. Pfarrer Jakob Miller, der ein schönes englisches Piano besaß, bat mich nun, ihm einige Choräle auf demselben vorzuspielen und versicherte darauf, dass ich unbedenklich bestehen würde. Er meinte, es würden viele dort angestellt, die nicht so gut spielen könnten, weil es grundsätzlich an Orgelspielern mangele. Meiner angeborenen Schüchternheit wegen konnte ich mich indes nicht entschließen, in einer Stadtkirche die Probe des Orgelspielens zu machen, und wollte lieber eine geringere Stelle auf dem Lande annehmen, falls die Herren glaubten, dass vielleicht bald sich eine Gelegenheit dazu finden werde. Tatsächlich glaubten sie das beide. Pfarrer Konrad Miller erbot sich auch, weil mir der Aufenthalt in Philadelphia zu kostspielig sei, zu versuchen, ob er in seiner Nähe eine Wohnung für mich und meine Frau finden könne. Er gab mir deswegen den Rat, noch zwei Tage bei seinem Bruder zu bleiben, während denen er wahrscheinlich eine Wohnung für mich ermittelt haben würde. Nach zwei Tagen ging ich dann nach Oley, wo mir Pfarrer Konrad Miller bei dem oben genannten Heinrich Spang eine Wohnung erwirkt hatte, die ich gleich beziehen konnte und worin ich ein halbes Jahr ganz unentgeltlich wohnen können sollte. Vor Freuden fast außer mir eilte ich zu diesem Spang, um ihm meinen Dank auszurichten und mich dann schnell auf den Weg nach Philadelphia zu begeben. Aber es ging dies dann doch nicht so schnell wie gedachte, denn alle verlangten, dass ich in ihrer Gesellschaft wenigstens noch einen Tag bleiben solle. Dies tat ich dann auch und eilte alsdann nach Philadelphia, um meiner Frau diese tröstliche Nachricht zu überbringen. Spang schickte nach zwei Tagen einen Fuhrmann, der meine Sachen und uns nach Oley abholte. Der Ort ist von Philadelphia 50 englische Meilen entfernt und der Weg dorthin größtenteils bergig und rau. Deswegen war ich sehr besorgt um mein Wiener Piano, welches bei dem sehr unsanften Fahren leicht hätte beschädigt werden können. Wir ließen deshalb mehrere unserer Sachen lieber in Philadelphia zurück, um das Instrument besser verstauen zu können. Schließlich gelang es, dasselbe völlig unbeschädigt nach Oley zu bringen. Es gefiel dem jüngeren Herrn Spang, und er kaufte es von mir für 135 Dollar.

Als wir in Oley ankamen, hatte Spang uns bereits trockenes Holz anfahren lassen, und kaum waren wir vom Wagen gestiegen, so mussten wir in seine Wohnung einkehren, wo wir aufs Beste bewirtet wurden. Er litt es nicht, dass wir unsere Sachen selbst mit ins Haus brachten, sondern beorderte seine Leute dazu. Am anderen Tage wurde in demselben Hause zufällig eine Versteigerung gehalten und bei dieser Gelegenheit kauften wir alles uns fehlende Hausgerät und richteten uns überhaupt so ein, um wenigstens den ganzen Winter dort zu wohnen. Auch hier machte ich jedoch, so wie allenthalben, wohin ich bis jetzt gekommen war, dieselbe für mich betrübliche Erfahrung, dass die deutsche Sprache ihrem Untergange nahe sei. Auch hier hörte man nur noch von der Kirchenkanzel die deutsche Sprache. Als Umgangssprache war sie weitgehend verschwunden. In dem Oleyer deutschen Schulhause wohnte seit einem Jahre schon ein Tischler, der es gemietet und seine Werkstatt in der geräumigen Schulstube aufgeschlagen hatte. Hier und da hatte ein reicher Bauer einen Hauslehrer, der seine Kinder nur in der englischen Sprache und im Rechnen unterrichtete. Einige weniger gut Situierte ließen ihre Kinder zur Winterszeit an diesem Unterricht ein oder höchsten zwei Monate mit teilnehmen. Aber der größte Teil der Kinder dieser Leute wurde gar nicht unterrichtet bis etwa sechs Wochen vor ihrer Konfirmation von dem Prediger. Selbst

Heinrich Spang der Jüngere ließ seine Kinder nur in englischer Sprache, im Schreiben, Rechnen und in Musik unterrichten. Sie sprachen zwar auch mitunter die deutsche Sprache, aber sie konnten sie weder lesen noch schreiben. Die vielen Arbeiter Spangs, die alle von Geburt Deutsche waren, sprachen unter sich beständig Englisch und das Deutsche ging ihnen nur schwer über die Lippen. Der deutsche Dialekt war hier, so wie allenthalben, wo ich bisher die deutsche Sprache hörte, pfälzisch und schwäbisch mit englischen Brocken vermischt. Ausnahmen machten nur Gebildete von deutscher Herkunft oder frisch eingewanderte Deutsche aus Niedersachsen und unter diesen wieder nur überwiegend die Prediger.

Hier in Oley lernte ich mehrere deutsche Prediger kennen, die den Pastor Miller öfters besuchten, unter anderen die beiden reformierten Prediger Dechant und Antiken. Beide waren eingewanderte Preußen, und beide hatten sich erst in Pennsylvania dem Predigerfache gewidmet. Pfarrer Dechant hatte bereits mehrere Jahre im Staate Ohio gewohnt, wohin auch ich ja zu gehen gedachte. Er konnte mir daher vieles für mich Interessante berichten. Pfarrer Antiken aber, der als Porträtmaler gereist war und sich nicht nur im Ohio längere Zeit aufgehalten, sondern die sämtlichen Vereinigten Staaten durchwandert hatte, war im Stande, mir eine noch breitere Kenntnis von sehr vielen wissenswerten Dingen zu vermitteln. Öfters sprachen wir mehrere Stunden ohne Unterbrechung über seine Abenteuer und Erfahrungen. Dabei riet er mir, nicht weiter zu reisen, sondern vielmehr in Pennsylvania zu bleiben, weil er diesen Staat allen anderen vorzog.

Die in Oley wohnenden Deutschen waren größtenteils Lutheraner und Reformierte und hatten eine gemeinschaftliche Kirche, in welcher – außer Leichenbegängnissen und anderen außerordentlichen Fällen – alle 14 Tage einmal regelmäßig wechselweise gepredigt wurde. Wenn nämlich an dem einen Sonntage der lutherische Pfarrer Miller gepredigt hatte, so predigte nach 14 Tagen der reformierte Pastor Dechant. So fand ich es an vielen Orten und weil jeder Prediger dort auf dem Lande nur alle vier Wochen einmal in jeder seiner Gemeinden regelmäßig predigte, war auch dieses Vorgehen eigentlich sehr gut. Dennoch aber wollten die Lutheraner ihre eigene Kirche für sich haben, wozu während der Zeit meines Aufenthalts in Oley der Grundstein gelegt wurde und zwar ganz nahe bei der dortigen schon vorhandenen wirklich sehr schönen und geräumigen Kirche. Pastor Miller erzählte mir, dass er auf Verlangen seiner Gemeinde nebst einigen seiner Kirchenräte vor kurzem von Haus zu Haus gegangen sei, um schriftlich aufzunehmen, was jedes der Gemeindeglieder zum Bau der neuen Kirche wohl beitragen wolle. So habe der obengenannte Heinrich Spang, der auch Mitglied des dortigen Kirchenrats sei, sogleich unterschrieben, dass er 1000 Dollar geben wolle. Noch an demselben Tage wurden weit mehr als 3000 Dollar unterzeichnet – vor allem, weil zwei andere reiche Bauern dem Beispiele des Spang nicht hatten nachstehen wollen und jeder ebenfalls 1000 Dollar unterzeichnete. Ehe ich aus Amerika zurückging, habe ich diese Kirche noch gesehen, die bereits eingeweiht war, und es hat mich der schöne Bau und die Pracht desselben in ehrfürchtiges Staunen versetzt.

Als wir etwa 14 Tage in Oley bei Spang gewohnt hatten, kam eines Abends Pastor Miller von einer Reise in Amtsgeschäften nach Hause. Kaum hatte er sein Pferd in den Stall gebracht, so kam er auch schon in meine Wohnung und erzählte, dass der Schuldienst an der Moselem-Zions-Kirche in der Richmond-Township, einer seiner Gemeinden, vakant sei.

Er riet mir, mich zu demselben zu melden. Am nächsten Sonntag, sagte er, würde er dort predigen und dann könne ich eine Anstellungsprobe machen, die in Orgelspielen und Singen bestehe. Die genannte Kirche war von Oley 14 englische Meilen entfernt und Pfarrer Miller hatte an dem Sonntage erst noch in Long Swamp zu predigen, welches noch 12 englische Meilen weiter entfernt war und in einer anderen Gegend lag. Spang der Jüngere war so freundlich, mir sein eigenes Reitpferd anzubieten, dessen ich mich dann auch bediente und nach der genannten Zions-Kirche in der nach dem Flüsschen Moselem genannten Ortschaft ritt. Der Gottesdienst sollte um zwei Uhr nachmittags seinen Anfang nehmen. Eine Viertelstunde früher war ich zur Stelle. Der große Versammlungsplatz bei der Kirche und dem Schulhause wimmelte von Menschen und Pferden. Nach dem Beispiel anderer Reiter band ich mein Pferd an einen Baum. Das ging sehr einfach, weil an jedem der vielen Bäume auf solchen Plätzen und auch an den Gebäuden zu diesem Zweck Krampen mit Ringen befindlich sind. Dann ging ich in das Schulhaus, um den Schullehrer zu sprechen, den ich fieberkrank beim heißen Ofen fand. Er war ein geborener Schwabe und seit sechs Jahren in Amerika. Auch seine Frau war aus dem Schwabenlande gebürtig. Dieser bat mich denn gleich, sobald er hörte, dass ich Schullehrer gewesen sei, das Singen und Spielen zum Gottesdienste für ihn zu übernehmen, was ich gerne versprach. Nun kam auch Pfarrer Miller herein, erholte sich ein wenig bei einer brennenden Zigarre und erzählte mir, dass noch ein Schullehrer angekommen sei, der sich auch erbeten hatte, zur Probe zu singen und zu spielen. Dabei fuhr mir freilich ein Schrecken durch die Glieder, zumal, da ich hörte, dass er bereits 10 Jahre lang in Pennsylvania Schullehrer gewesen sei und die Orgel gespielt habe und dass außerdem sein Bruder vor nicht langer Zeit an dieser Kirche als Organist und Schullehrer tätig gewesen war.

Es war der Schullehrer Auge von der neuen Jerusalems-Kirche, nicht weit von da entfernt, gebürtig aus dem Fürstentum Lichtenstein. Pfarrer Miller merkte bald, dass ich verlegen wurde und fragte, ob ich lieber vor oder nach der Predigt spielen und singen wolle. Ich wählte das Letzte und nun gab er mir den Gesang auf »Nun danket alle Gott! « und flüsterte mir ins Ohr: »Sie sollen dem lieben Gott danken, noch ehe Sie gewählt sind. Seien Sie ja nur recht dreist und ohne alle Furcht und singen sie nur rechtschaffen zu ihrem Spiel.« Beim Eintritt in die Kirche klopfte er mir noch einmal auf die Schulter mit den Worten: »Schulmeister an der Moselem-Kirche!«

Auge spielte die Orgel nur sehr einfach und ich merkte gleich, dass er kein sonderlich guter Organist war, wodurch ich etwas mehr Mut bekam und froh war, dass ich ihn zuerst hatte spielen lassen. Allerdings hatte er eine gute Stimme zum Singen. Nach der Predigt setzte ich mich auf die Orgelbank und spielte zwar mit volleren Griffen als Auge, konnte aber nur ein sehr einfaches Zwischenspiel machen. Doch wider alle meine Erwartungen fand ich Beifall. Zum Ausgange spielte ich einen Marsch, den einzigen, den ich spielen konnte, wurde aber dabei so von Menschen umringt, dass ich nach einer kleinen Weile die Tasten nicht mehr sehen und mich auch vor Gedränge nicht mehr rühren konnte. So musste ich also vor der Zeit aufhören. Nun sah ich den Lehrer Auge oben in der Kirche beim Altare stehen, wo der ganze Kirchenrat und der Pfarrer Miller versammelt waren. Pfarrer Miller winkte mir, dass auch ich herbeikommen solle und eröffnete mir, dass der gegenwärtige Rat im Namen der Moselem-Gemeinde mich auf ein Jahr zu ihrem Schulmeister ernannt hätte. Wolle ich nicht länger bleiben, so müsse ich es ein Vierteljahr vorher der Gemeinde anzeigen und wolle mich die Gemeinde nicht behalten, so würde mir das ebenfalls ein Vierteljahr zuvor bekannt gemacht. Nun war ich also einigermaßen unvermittelt Schulmeister an der Moselem-Zions-Kirche in der Richmond-Township, in der Berks-County. Es wurde nun noch ausgemacht, dass ich von jedem Schulkind, das wirklich zur Schule käme, für jeden Monat einen halben Dollar Schulgeld bekommen solle. Für Orgelspielen und Vorsingen beim Gottesdienste solle ich reines Korn erhalten. Jeder wolle aber nach Belieben viel geben. Holz wolle man immer so viel zur Verfügung stellen, wie ich brauchte. Die 30 Acres urbares Land, welche sämtlich nahe am Schulhause lagen, könne ich nach Belieben nutzen, ebenso auch Wiesen und Garten nebst Obstbäumen auf der ganzen Plantage. Nun wurde ich noch gefragt, wann mich die Gemeinde aus Oley abholen solle. Dazu wurde dann gleich der folgende Tag bestimmt.

5

Leiden eines deutschen Pädagogen

Abzug aus Oley und Beginn als Organist in der Moselem-Gemeinde in Richmond – Besuch von Nachbarn – Trauriger Zustand der dortigen Landschulen – Joseph de Joung gibt ein gutes Beispiel – Bosheiten gegen mich – Ich entschließe mich, eine andere Stelle zu suchen.

Am folgenden Tage kam ein Fuhrmann, um uns und unsere Sachen abzuholen. Weil er aber etwas zu spät kam, so übernachtete er in Oley. Wir reisten dann am folgenden Morgen aus Oley ab und kamen so früh beim Moselem-Schulhaus an, dass wir mit Hilfe mehrerer Bauern, die sich zu diesem Zwecke dort versammelt hatten, noch am Tag unsere Sachen an ihren Platz bringen konnten. Dies geschah am 30. Oktober 1822. Die Bauern gingen dann beim Dunkelwerden zu ihren Wohnungen und meine Frau und ich mussten zum ersten Male in einem so großen Hause und weit entfernt von anderen Menschen zubringen. Der nächste Nachbar wohnte kilometerweit weg und der Weg dorthin führte durch einen Wald. Wenn wir aus dem Hause traten, so konnten wir nichts sehen als die Kirche, die Gebäude der Schule, die Schulfelder und ringsum den Wald. Zwar hatte ich schon öfter gehört, dass nächtliche Besuche von Dieben dort ungewöhnlich seien und dass auch die ältesten Leute sich keines Einbruchs von Dieben erinnerten. Dennoch setzte ich beim Schlafengehen ein geladenes Gewehr nebst einem Stockdegen an das Bett, welches wir in der geräumigen Wohnstube aufgeschlagen hatten, und schlief in dieser Nacht sehr wenig. Am anderen Morgen früh, als wir kaum angekleidet waren, kam ein Nachbar zu uns. Als dieser die Flinte und den Degen beim Bette sah, lachte er laut auf. Dies war mir das Auffallendste, was ich bis dahin in Amerika gesehen und gehört hatte, denn ich hatte bis dahin geglaubt, dass ein geborener Amerikaner nicht laut lachen könne. »Schulmääschter!«, rief er und konnte es kaum vor Lachen herausbringen, »Schulmääschter, was hobt ihr tenn to mit Flint un Täge k'macht? Hobt ihr Jagd k'halte hie in Stub' ?« Dieser alte Nachbar, mit Namen Hahnse verspottete mich noch lange nachher wegen der Flinte und des Degens am Bett.

Da ich noch keine Amtsgeschäfte hatte, so beschäftigte ich mich am Tage mit Ausbessern der Einfriedung auf der Plantage und anderen Geschäften. Die langen Abende verbrachte ich größtenteils mit Schreiben. Weil die Straße beim Schulhause und der Kirche vorbeiführte, so sahen wir dann und wann zur Abwechslung zumindest auch mal einen Menschen vorbeigehen. Bisweilen kam auch wohl einmal jemand ins Haus, um seine Zigarre anzuzünden. Ein Feuerzeug hat dort niemand, weder auf der Reise noch zu Hause, weil das Feuer in den Küchen auch die Nächte hindurch unterhalten wird. Das Feueranschlagen mittelst Stahl, Stein und Schwamm ist weitgehend außer Gebrauch. Ist einmal durch einen Zufall das Feuer in einer Küche gänzlich erloschen, so holt man aus dem nächsten Nachbarhause in einem Gefäße glühende Kohlen.

Weil am nächsten Sonntage kein Gottesdienst in der dortigen Kirche gehalten wurde, so war ich, als wir zu Mittag gegessen hatten, im Begriff einen meiner Nachbarn zu besuchen, um mir die Zeit zu vertreiben. Doch als ich bemerkte, dass mehrere Personen auf meine Wohnung zukamen, wartete ich noch, und es versammelten sich nun wohl 20 Personen in meiner Wohnstube; alle aus der Nachbarschaft, Männer und Frauen. Alle, oder doch nur wenige ausgenommen, zündeten Tabak an und rauchten, aber niemand sagte ein Wort. Darauf fing ich meinerseits an zu reden und sagte, dass es mich recht freue, eine solche Versammlung bei mir zu sehen, und dass ich froh sei, so lange gewartet zu haben, sodass sie mich noch zu Hause getroffen hätten. Aber alle schwiegen weiter. Dann fing ich an, von dem herrlichen Wetter zu sprechen, dessen man sich in meinem Vaterlande um diese Jahreszeit niemals erfreuen könne. Sie sahen sich einander an und machten Mienen, als wollten sie sprechen, aber noch lies niemand ein Wort hören. Es war, als ob jeder sich scheute, der erste zu sein, der mit mir spräche. Nun wurde ich langsam verlegen, was ich mit diesen Leuten machen sollte. Als Nächstes sagte ich also, da sich hier zu meiner großen Freude nun einmal eine ganze Anzahl Leute versammelt hätten, so wünschte ich, sie auch dem Namen nach kennenzulernen. Deshalb sei meine Bitte, dass jeder der Reihe nach mir seinen Vor- und Zunamen sagen möge, den ich dann aufschreiben wolle. Ich nahm nun Tinte, Feder und Papier und fragte den, welchen ich für den Ältesten hielt, zuerst, wie er heiße? »Tschäck Ädäm«, antwortete er. Das verstand ich nun nicht, doch ich brachte bald dadurch heraus, indem ich mir vorbuchstabieren ließ, dass der Name »Jakob Adam« lautete. So war unter allen den Namen, die ich mir nennen ließ, auch nicht einer, der so ausgesprochen wurde, wie man ihn schreibt, am wenigsten aber die Taufnamen, welche fast alle durch den englischen Dialekt verunstaltet sind. So hat man z. B. Peter in »Pitt«, William in »Bill«, Joseph in »Dscho«, Eliesar in »Elei«, Johannes in »Tschans«, Benjamin in »Bensch«, Levi in »Liwei«, Daniel in »Tän«, David in »Däwis«, Salomon in »Sälm« umgewandelt, um nur einige Beispiele aufzuzählen. Das Gleiche ist es mit den weiblichen Namen: Eva spricht man

»Ev« aus, Esther »Hett«, Susanna »Sus«, Maria »Märry« oder »Pahl«, Catharina »Cäht« auch »Cattel«, Judith »Tschud«, Johanne »Hänne«, Rahel ist »Rail«, usw., usw.. Bei der Taufe erhält dort jedes Kind nur einen einzigen und zwar einen biblischen Namen. Man fängt jedoch leider auch dort, wo noch ausschließlich Deutsch gesprochen wird, damit an, den Kindern einen völlig englischen Namen zu geben.

Als ich nun die Namen der gegenwärtigen Personen mir schriftlich vermerkt hatte, versuchte ich wieder, ob ich diese Leute nicht endlich lebhafter machen und zu Gesprächen veranlassen könne. Nun erzählte ich mehrere aus meiner Sicht recht lustige Anekdoten. Aber es war kein Leben hineinzubringen, und nur Zweien oder Dreien von ihnen zwang ich damit ein ganz unbedeutendes Lächeln ab. Dann erzählte ich wieder ernsthafte Geschichten aus meinem Vaterlande, aber weder durch Ernst noch durch Scherz konnte ich mein Ziel erreichen. Bisweilen flüsterten zwei miteinander, als ob sie sich eine Heimlichkeit mitteilten, und zwei Nachbarn rechts und links, auch wohl einer, der gegenüber saß, horchten auf die Rede der Sprechenden und lächelten bedeutungslos. Aber auch das währte nur einige Augenblicke und dann war alles wieder auf lange Zeit still. Doch ehe diese Leute wieder auseinandergingen, entstanden dann doch noch einige, wenn auch unbedeutende Unterhaltungen. Grundsätzlich sind aber die Frauen dort gesprächiger, wie mir auffiel, denn einige von den Anwesenden führten – etwas von uns Männern entfernt – mit meiner Frau ein lebhafteres Gespräch. Am anderen Morgen kamen sogar auch einige von ihnen wieder und brachten jede meiner Frau ein Huhn zum Geschenk. Es ist dort überall Sitte, dass man die neuantretenden Schulmeister, besonders wenn sie neu aus Deutschland kommen und noch nicht haushälterisch eingerichtet sind, mit kleinem Vieh beschenkt. Dass uns diese

Leute besuchten, erwies sich als reine Neugierde, um zu sehen, was für Leute wir waren. Nachher kamen sie, außer an den Sonntagen, wenn Gottesdienst gehalten wurde, nie in zahlreicher Gesellschaft wieder zu uns. Das zurückhaltende Wesen in Gesellschaft ist den amerikanischen Deutschen wohl auch in anderen Gegenden eigen, was ich nachher sehr oft erfahren habe.

Mehrere Male hatte ich die Leute schon bei Gelegenheit gefragt, ob denn die Winterschule nicht bald ihren Anfang nehme und was zu tun sei, damit die ganze zerstreut wohnende Gemeinde erfahre, dass es mein Wunsch sei, mit Schulhalten nun den Anfang zu machen. Aber darauf bekam ich nie eine befriedigende Antwort, denn die meisten sagten, dass die Leute noch Arbeit für ihre Kinder hätten und die Schule gewöhnlich erst in dem Chrischt-Monat (d.h. Christmonat oder Dezember) anfange. Manche hatten auch andere Entschuldigungen. Dies kam mir denn schon sehr sonderbar vor. Nun wartete ich, bis Pfarrer Miller kam, um dort zu predigen, namlich in den letzten Tagen des Novembers. Diesen fragte ich dann um die Sache. Er sagte mir ebenfalls, dass die Leute im November noch manche Arbeit für ihre Kinder hätten und deswegen mit dem Beginn des Dezembers die Winterschule gewöhnlich erst ihren Anfang nehmen könne. Er wolle jedoch nach geendigter Predigt die Leute daran erinnern, und dies tat er denn auch auf eine mir wohlgefällige Art.

Den Anfang machte Joseph de Joung, Gutsbesitzer jüdischen Glaubens, Kaufmann und Gastwirt in der Richmond-Township, zwei englische Meilen von mir entfernt wohnend. Gleich in den ersten Tagen nach meiner Ankunft in Richmond bat er mich zu sich, um wegen des Unterrichts seiner Kinder mit mir zu sprechen. Er schickte sogleich an dem Tage darauf, als Prediger Miller den Anfang der Winterschule bekannt gemacht hatte, vier seiner Kinder in meinen Unterricht, die von Anfang Dezember 1822 bis Ostern 1823 auch nicht einen einzigen Schultag versäumten. Und wenn auch die Witterung noch so schlecht war, so kam doch der verdeckte Wagen des de Joung, bespannt mit zwei auserlesenen Blauschimmeln, jedes Mal pünktlich angerollt. Selbst wenn die Wege so zugeschneit waren, dass man glaubte, es könne niemand hindurch, so hörte ich doch pünktlich die Schellen der Blauschimmel und de Joungs Schlitten kam angesaust, auch nicht eine Minute später als bei schönem Wetter. Die älteste Tochter dieses de Joung, eine seltene Schönheit von 18 oder 19 Jahren, die so geschickt im Reiten und Fahren war, dass wohl schwerlich eine Mannsperson sie übertroffen haben möchte, gab gewöhnlich den Kutscher, brachte des Morgens ihre Geschwister und holte sie auch am Abend wieder nach Hause.

Nichts machte mir mehr Freude, als der Unterricht von de Joungs Kindern, die mit fast undenkbarer Aufmerksamkeit und der größten Spannung meinen Unterricht anhörten und binnen kurzer Zeit unglaubliche Fortschritte machten, worüber sich auch de Joung und seine Frau außerordentlich wunderten und freuten. Außer diesen Kindern kamen noch in den ersten Tagen des Dezembers vier weitere Kinder aus der Nachbarschaft zu mir in die Schule. Mehr Schüler bekam ich in diesem ganzen Monate dann allerdings nicht mehr – aus einer 64 Familien starken Gemeinde, wo es angeblich 109 schulpflichtige Kinder gab. Wenn ich die Leute fragte, was die Ursache wäre, dass nur so wenig Kinder zur Schule kämen, so antworteten einige, was ich schon oben anmerkt habe, dass nämlich die Leute ihre Kinder noch zu Hause brauchten, und dass ich also nach Neujahr dann aber mehrere weitere Schüler bekommen werde. Andere sagten mir auch, dass es jetzt so viele Nebenschulen gäbe, wohin die von meiner Schule entfernter lebenden Gemeindemitglieder ihre Kinder lieber schickten, wenn diese Schulen näher lägen. In der Folge wurde mir das auch verständlich, denn die weiter weg wohnenden Bauern hatten auf ihren Plantagen auch hier und da in den Wäldern Schulhäuser errichten lassen und für bestimmte Monate einen Schulmeister eingestellt. Dieser wohnte dann allerdings nicht in diesem Schulhause, sondern erhielt von den Interessenten in ihren Häusern Essen und Herberge. Das aber war doch nicht die einzige Ursache, weswegen ich so wenige Kinder in den Unterricht bekam, sondern auch das nachfolgend beschriebene grundsätzliche Misstrauen gegen meinen Unterricht spielte eine nicht unwesentliche Rolle.

Schon vor Schulbeginn hatte ich vom Pfarrer Miller erfahren, dass es überhaupt in den Vereinigten Staaten nur mäßige deutsche Schullehrer gebe. Die meisten hätten sich diesem Fache vorher nicht gewidmet gehabt, sondern dasselbe nur erst aus Not ergriffen, weil sie weder ein Handwerk gelernt hätten, noch zu Handarbeiten sich bequemen wollten. Auch wurde in den Landschulen weiter nichts gelehrt als Lesen, mitunter auch wohl hier und da etwas Schreiben und Rechnen, und überhaupt sei wohl dort kein Schulmeister im Stande, den Kindern etwas verständlich zu erklären oder sie gar in einer Religion zu unterrichten. Er glaube daher, dass, wenn ich das nun besser machen wollte, ich damit großes Aufsehen erregen und mich dadurch sicher sehr beliebt machen würde. Die Lesebücher, welche die Kinder zur Schule mitbrachten, waren der Psalter, das Neue Testament und eine recht altmodische Fibel. Einen Katechismus lernten die Kinder in der Schule nicht. Auch fand ich, dass sie überhaupt nichts auswendig lernen. Nun fing ich an, Kindern, die schon etwas lesen konnten, das Gelesene zu erklären und sie darüber zu befragen, lehrte sie mehre Denk- und Sittensprüche durch Vorsagen und zudem die fünf Hauptstücke von Luthers Katechismus. Auch gab ich mir die Mühe, die Kinder in einem vernehmlichen Tone lesen und jeden Buchstaben gehörig laut aussprechen zu lassen, denn das Lesen und Buchstabieren der Kinder war ganz abscheulich anzuhören.

Gleich in den ersten Tagen besuchten einige Bauern meine Schule. Sie setzten sich mit ihren großen Hüten auf den Köpfen zum Ofen, den Stuhl mit der Lehne an die Wand gelehnt, den linken Fuß vorn auf dem Querstock unten am Stuhle, den rechten Hacken auf das linke Knie, die Zehen des rechten Fußes mit der linken Hand gefasst und die brennende Zigarre im Munde (das ist die ortsübliche Art auf dem Stuhl zu sitzen) und hörten drei Stunden lang meinen Schulunterricht an. Unter diesen war einer namens Altendörfer, den ich eigentlich für den Verständigsten in meiner Nachbarschaft hielt. Er war auch Mitglied des Kirchenrats, war aber nicht anwesend, als ich gewählt wurde. Diesen hatte es verdrossen, dass die anderen mich ohne seine Zustimmung gewählt hatten. Nun hatte er über meinen Unterricht folgendes Urteil hörbar werden lassen: Mein Unterricht hätte nichts zu bieten, denn ich ließe die Kinder in einem Tage nur etwa fünfmal aufsagen (vorlesen). Der Amerikaner verlange aber, dass jeder Schulmeister täglich jedes Kind 10 bis 15-mal lesen lassen soll. Das Erklären des Gelesenen hatte er Alfanzerei (albernes, törichtes Geschwätz) genannt und die Denksprüche Lappalien. Die fünf Hauptstücke, so glaubt der Amerikaner, müssen die Kinder erst kurz vor der Konfirmation lernen, wenn sie sie überhaupt sollten. Wenn sie solche früher auswendig lernten, so würden sie sie wieder vergessen und die Kinder müssten sie dann kurz vor der Konfirmation noch einmal lernen. So hatte ich, statt mich wie erhofft durch meinen Unterricht beliebt zu machen und

Beifall zu verdienen, das Misstrauen der dortigen Bauern mir zugezogen. Alles dies erfuhr ich allerdings nicht sogleich, sondern erst geraume Zeit später.

Ein Weiteres kam dazu: In der dortigen Gegend war es Sitte, dass die Schulmeister in einem schlechten Rocke kurz vor dem Anfang des Winterschuljahres in ihrer Gemeinde von Haus zu Haus gingen und die Leute dringend baten, sich des Schulmeisters zu erbarmen und ihm dadurch Verdienst und Nahrung zu geben, dass sie ihre Kinder in die Schule schicken. Dabei lassen die Leute den Schulmeister dann wissen, wie oft er ihre Kinder täglich lesen lassen soll und geben ihm andere Instruktionen, wie er zu unterrichten habe. Alles das hatte ich nicht geahnt und niemand hatte es mir gesagt. Die Bauern aber hatte es geärgert, dass ich mich nicht an diese Regeln gehalten hatte, und ihr Stolz war dadurch gekränkt. Dafür rächten sich nun viele an mir dadurch, dass sie ihre Kinder nicht zu mir in die Schule schickten. Davon aber hörte ich im ersten Winter meines Dortseins ganz und gar nichts. Erst lange Zeit nachher erfuhr ich, dass die oben wähnten Punkte die Ursache davon wären, dass ich nur so wenig Kinder in meinen Unterricht bekam. Da es in Amerika so viele Menschen gibt, welche ihre Kinder gar nicht regelmäßig unterrichten lassen und diese nie oder nur hin- und wieder für ein paar Monate in eine Schule schicken, so braucht man sich über die geringe Anzahl der Kinder in den Schulen freilich nicht zu wundern. In meiner Gemeinde war aber die Zahl derer, welche die Kinder zur Schule schickten, gar zu gering, als dass ich nicht hätte den Entschluss fassen sollen, sobald wie nur irgend möglich, mein Amt als Schullehrer wieder zu verlassen.

Verstärkt wurde dieses Gefühl noch durch das sonderbare Benehmen der Bauern, wenn sie sich an Kirchentagen vor dem

Gottesdienst im Schulhause versammelten. Fügte es sich, dass ein Einzelner zuerst allein in meine Stube kam, so konnte ich, nachdem er sich eine Zigarre angezündet und nach der oben beschriebenen Art auf den Stuhl gesetzt hatte, mit ihm sprechen. Er wurde dann wohl so gesprächig, dass er mir öfters sogar etwas Zusammenhängendes erzählte und sich von mir ebenfalls erzählen ließ. Sobald er aber die Schritte eines anderen vor der Tür nur hörte, drehte er sich von mir weg, noch ehe der Kommende die Tür aufmachte, und stellte sich, als hätte er mit mir kein Wort gesprochen. Dies Verhalten fand ich oft sehr kränkend. Noch etwas kam hinzu. Wenn die Leute so nacheinander in meine Stube kamen, so war gewöhnlich nicht einer unter ihnen, der die Tür hinter sich zumachte und wenn auch die Kälte noch so streng war. Ich musste als aller Bediensteter die Tür immer selbst zumachen, und ohne Gruß wurde ich dabei nur über die Schulter oder gar nicht angesehen. Wenn denn aber die Versammlung ziemlich stark geworden war, so pflegte dann einer von ihnen mich wohl mit höhnischem Lächeln abfällig anzusehen und zu fragen: »Na, Schulmäschter, hobt ihr tenn ach schon viel Schüler?« Worauf ich denn kurz mit Nein antwortete. Dann sahen sich alle mit falschem Lächeln an, und mit Häme setzte irgendeiner noch obendrauf: »Ah! 's wird schon noch kumme!«

Nach Neujahr 1823 steigerte sich die Zahl meiner Schüler immerhin auf das Doppelte, obgleich diejenigen, die außer den Kindern des de Joung im Dezember gekommen waren, nun wegblieben. Wenn auch die Eltern der Weggebliebenen mit mir zufrieden waren, so behielten sie doch die im Dezember unterrichteten Kinder nun zu Hause. Jeder von ihnen schickte im Januar stattdessen ein anderes seiner Kinder zur Schule. Aber unter den übrigen neuen Schulinteressenten fanden sich einige, die mir Befehl erteilten, wie ich ihre Kinder unterrichten sollte, und weil ich diesen Befehl nicht pünktlich befolgt hatte, so schickten sie ihre Kinder auch nur 14 Tage lang zur Schule. Dann behielten sie sie wieder zu Hause. Von solchen will ich hier zwei Beispiele anführen:

Ein Müller mit Namen Jakob Löscher, der mir zwei Knaben auf einmal in die Schule schickte, die er zu Unrecht lobte, dass sie es schon ziemlich weit im Lesen und Schreiben gebracht hätten, übersandte mir einen eindrucksvollen Brief. Ich will ihn hier Wort für Wort, gerade so wie er geschrieben worden war, wiedergeben, weil dieser Müller sich selbst rühmte, dass er den Umgang mit der Feder verstehe.

An Schul Meister

An Hern schul Meister ich Las euch wiesen, das ihr die Kinter die schreibicher aufsagen solt umd das allen tag das sie die buchstaben leren dueen — und die Kinter Last auf sagen eins Nach dem andrem und last Sie nicht allen auf ein Mahl Brillen wie die schäf.

Von Mir
Jakob Löscher.

Ein anderer, nicht weit von mir wohnender Bauer mit Namen Jakob Sell, der seit einigen Tagen ein Mädchen von etwa 8 Jahren in meine Schule gegeben hatte, welches die Buchstaben noch nicht zur Hälfte kannte, schickte mir seine Magd. Er ließ mir durch sie sagen, wie seine Tochter, anders als ich es vorgab, buchstabieren solle. Ich antwortete ihr, dass solches verderblich sein würde, weil das Mädchen die Buchstaben ja noch gar nicht kenne. Am anderen Morgen aber kam diese Magd wieder mit folgender Anweisung: »Ter Tschäck hot k'saht, ihr tschult tos Mädel so aufsage lasse, wo ers Zeichen Hot hin k'macht.« Er hatte nämlich ein Blatt mit Zeichen gemalt, wie das Kind buchstabieren sollte. Diese und mehrere andere Kinder blieben nach einem 14-tägigen Schulbesuche wieder aus, weil ich den Forderungen und Anweisungen ihrer Eltern nicht nachkommen konnte und wollte. Manche aber blieben aber auch nach einem oder zwei Tagen schon wieder weg, weil es ihnen in meiner Schule nicht gefiel. Ist das Kind mit dem Lehrer nicht zufrieden oder hat der Lehrer das Kind nicht oft genug lesen lassen, so halten viele Eltern ihre Kinder sogleich wieder von der Schule zurück. Der Schullehrer kann dort selten mit Bestimmtheit sagen, so oder so viele Kinder habe er in einem Monate in seiner Schule gehabt. Im Monat Januar konnte ich im Durchschnitt wohl nur 12 Kinder annehmen, welche die Schule beständig besucht hatten. Im Februar, März und April konnte ich die Zahl meiner Schüler aber im Durchschnitt auf 16 steigern. Die höchste Anzahl hatte ich im Februar, wo ich sogar eines Tages einmal 21 zählte. Diese Anzahl hatte ich aber tatsächlich nur einen einzigen Tag. Eine weitere Merkwürdigkeit kam hinzu: Der größte Teil meiner Schüler in den letzten drei Monaten waren Menschen, die über 16 Jahre alt waren und einige dieser Burschen und Mädchen waren schon 20-jährig. In Deutschland wäre solchen Leute peinlich, wenn sie noch mit kleinen Kindern von 8 Jahren der Reihe nach in der Schule lesen sollten. In meiner Schule fand niemand etwas dabei. Dort auf dem Lande lernten gelegentlich auch schon verheiratete Personen in Gesellschaft der kleinen Kinder noch lesen und schreiben.

Mit Ende des März wurde die Schule dann geschlossen, weil die Schüler bis auf die Kinder von Joseph de Joung ausblieben. Als aber dieser mich darum bat, unterrichtete ich seine Kinder noch im April eine Zeit lang allein gelegentlich nebst noch zwei Bauernkindern aus der unmittelbaren Nachbarschaft. Joseph de Joung tat alles, was er nur konnte, um mich zu bewegen, in dieser Gemeinde Schullehrer zu bleiben. Früher hatte er seine Kinder abwechselnd in eine englische und deutsche Schule geschickt. Nun aber versprach er mir, so lange ich dortbleiben würde, sie nur von mir unterrichten zu lassen. Auch suchte er mit großem Eifer die Bauern zu überzeugen, dass sie an mir den besten unter allen deutschen Schullehrern hätten. Oft hatte er in Bauerngesellschaften laut gesagt: »Ochsendumm seid ihr Bauern, dass ihr euren Schulmeister verkennt und gerade das, was Lob verdient, und was euch freuen sollte, an diesem Manne tadelt.« Der größte Teil der dortigen Bauern aber konnte nicht überzeugt werden, dass es gut sei, wenn der Schulmeister seine Schüler mehr lehre, als nur das Lesen, das Schreiben und allenfalls auch ein wenig Rechnen. Hatten Sie doch bislang noch nie erlebt, dass je etwas Anderes in einer Schule getrieben worden war und dass ein Kind in der Schule angehalten worden war, etwas auswendig zu lernen. Das Erklären durch Fragen und Antworten war ihnen so fremd, wie böhmische Dörfer, denn sie hatten nie gehört, dass ein Schulmeister mit seinen Schulkindern über etwas katechisiert hatte. Sie meinten auch, dass der Schulmeister sich versündige, wenn er etwas aus der Bibel erkläre, denn so etwas darf nach ihrer Meinung nur ein Prediger und dieser auch nur auf der Kanzel tun. Denk-, Sitten- und Bibelsprüche in der Schule und andere nützliche und notwendige Dinge oder gar den Katechismus zu lernen ist ihnen ebenfalls ganz unbekannt. Weil sie selbst nicht verstehen können, worum es geht, so meinen sie, es sei Alfanzerei (Geschwafel). Diese Leute aufzuklären und sie von der Wahrheit und eines Bessern zu überzeugen als sie gewohnt sind, dazu würde selbst Salomons Weisheit nicht ausreichen. Das wurde mir mehr und mehr klar. Sie waren viel zu eigensinnig und stolz, um Belehrung von Fremden anzunehmen.

Wie mir dabei zu Mute war, wenn die Bauern die Art meines Unterrichts nicht nur ständig tadelten, sondern sogar darüber spotteten und lachten und dann ihre Kinder deshalb meinem Unterricht entzogen und sie zu einem anderen Lehrer schickten, der oft den Namen eines Schullehrers nicht verdiente, weil er weder buchstabieren oder schreiben noch rechnen konnte, das lässt sich wohl leicht nachvollziehen. Obgleich ich wohl auch ohne die Einnahme des Schulgeldes mein Auskommen dort hätte finden und leben können, so wünschte ich doch, mich so bald wie möglich aus diesen verdrießlichen Verhältnissen wieder zu befreien. Auch glaubte ich, dass die Bauern mich wieder loszuwerden wünschten und mir nach Verlauf dreier Vierteljahre meinen Dienst kündigen würden. Deswegen schrieb ich schon im Februar 1823 an den Amtmann Ernst in Vandalia im Staate Illinois, von der Ortschaft Moselem über 600 englische Meilen entfernt, um mich demselben zu empfehlen. Als ich keine Antwort von ihm bekam, so beschloss ich, mit Anfang des Monates Mai selbst nach Vandalia zu reisen und ihn persönlich aufzusuchen.

6

Aufbruch nach Westen

Beginn der Reise in das Westland – Reisestationen Reading, Adamstown, Reamstown, Lancaster – Auffallend starke Vegetation – Columbia am Fluss Susquehanna mit beeindruckender Brücke hinüber zur Stadt Wrightsville – Weiter über York, Abbottstown und Oxford nach Gettysburg – Englischer Gesang in der deutsch-evangelischen Kirche – Bekanntschaft mit einem Landsmann namens Wasmus aus dem Dorf Beddingen bei Wolfenbüttel – Wasmus rät mir zur Umkehr.

In den letzten Tagen des Aprils 1823, nachdem ich Garten und Feld bestellt und andere Geschäfte in Ordnung gebracht hatte, suchte ich einen Stellvertreter, der bis zu meiner Rückkehr meine Kirchendienste besorgte. Dazu erklärte sich der Lehrer Heinrich Auge bereit. Der Kirchenrat war mit der Lösung einverstanden, dass dieser Auge das Orgelspielen und Vorsingen in der Kirche verrichtete, bis ich wiederkommen würde. Dann sorgte ich noch für eine Gesellschafterin für meine Frau, bis ich meine Reise vollendet haben würde. Als ich eine solche gefunden hatte, die am 29. April einzog, ging ich noch an demselben Tage los. Meine Frau begleitete mich etwa eine halbe Meile weit. Es war eine harte Probe für uns beide Alten, die wir im Vaterlande und seit wir verheiratet waren uns noch nie länger als vier Tage lang voneinander getrennt hatten, uns nun zum ersten Male – dazu noch in einem fremden Lande – vielleicht auf drei bis vier Monate voneinander verabschieden mussten. Wer konnte schon wissen, was uns währenddessen widerfahren würde. Vielleicht sahen wir uns gar zum letzten Male auf dieser Erde. Unter vielen Tränen gingen wir auseinander.

Um mich zu zerstreuen und meinen Kummer zu erleichtern, ging ich so schnell, wie ich konnte. Um halb vier Uhr nachmittags war ich schon in Reading, der Hauptstadt der Berks-County, etwas mehr als 16 englische Meilen von der Ortschaft Moselem entfernt. Gern wäre ich, ohne in dieser Stadt zu verweilen, weiter gegangen. Aber Schmerzen an den Füßen rieten mir, mich dort eine Weile zu erholen. Darum kehrte ich im Gasthause »Zum Präsidenten« ein, um ein wenig Whisky in meine Stiefel zu gießen und damit die Schmerzen an den Füßen zu vertreiben. Kaum aber war ich in die Gaststube getreten, so fing es so stark zu regnen an, dass nach einigen Minuten das Wasser alle Gossen der Straße füllte. Da auch nach einigen Stunden sich das Regenwetter nicht besserte, so entschloss ich mich, dort zu übernachten. Der Gastwirt Bottmer, ein geborener Schwabe, der vor wenigen Jahren als ein Jüngling nach Amerika eingewandert war, ließ sich nebst seiner Frau mit mir auf eine Unterredung ein. Beide gaben mir den Rat, in Pennsylvania zu bleiben und zeigten sich fest überzeugt, dass ich hier mein Glück noch finden würde, weil er selbst und hunderte andere, die er kenne, dort glücklich geworden wären. Beide mussten zunächst drei Jahre lang nach ihrer Ankunft arbeiten, um ihre Überfahrt abzubezahlen. Dann fanden er in einer Branntweinbrennerei und sie in einem reichen Bürgerhause bessere Arbeit und beide verdienten gutes Geld. Schließlich heirateten sie und pachteten ein Wirtshaus. Dabei konnten sie genug Geld verdienen, um die Wirtschaft schließlich zu kaufen. Dazu versicherten mir Gäste, die da logierten, dass dieser Bottmer wirklich ein sehr reicher Mann sei, der sich viel Waldland angekauft und durch den Verkauf des Holzes großen Gewinn gemacht habe.

Als ich hörte, dass in dieser Stadt auch ein deutscher Schullehrer wohne, so besuchte ich ihn. Er hieß Deininger und war ein geborener Schwabe, der vor etwa 9 Jahren eingewandert war. Er war in seinem Vaterlande bereits eine lange Reihe von Jahren Schullehrer gewesen, wusste sich aber dennoch ganz wohl in das Amerikanische zu schicken. Überhaupt wird es anscheinend allen Schwaben und Pfälzern bei weitem leichter, sich zu amerikanisieren, teils wegen ihrer Sprache, die sie unter ihren zahlreichen Landsleuten dort allenthalben finden, teils wegen der im Vaterlande schon gewohnt gewesenen einfachen Lebensart, teils aber auch, weil sie fast alle etwas musikalisch sind. Ein großer Vorteil in Pennsylvania, wo es oft an solchen Schullehrern fehlt, welche die Orgel spielen können. Dieser Deininger hatte zwei Söhne, welche beide in der Berks-County auch Organisten und Schullehrer waren. Er stand sich in dieser Stadt ziemlich gut, in welcher man mehr für die Erhaltung der deutschen Sprache sorgte als in jeder anderen, die ich kennenlernte. Da er eben im Begriff war, eine deutsche Singstunde zu geben, so dauerte unsere Unterredung nur kurze Zeit. Auch dieser Deininger gab mir den Rat, in Pennsylvania zu bleiben. Schon so viele Deutsche seien mehrere hundert Meilen weiter westlich gereist, um dort ihr Glück zu suchen, und dann verarmt wieder zurückgekommen. Doch seinen Rat, welcher ferner darin bestand, eine andere Schulstelle anzunehmen, mochte ich nicht befolgen, denn das Schulehalten in der Berks-County war mir nach meinen bisherigen Erfahrungen doch etwas zuwider geworden.

Am anderen Morgen, den 30. April, setzte ich meine Reise fort, um weiter nach Lancaster zu gehen. Als ich nachmittags in ein Städtchen kam, kehrte ich dort in einem deutschen Gasthaus ein, um etwas zu genießen, und erfuhr von dem Wirt, einem geborenen Hessen mit Namen Riecher, der vor 50 Jahren nach dem Revolutionskrieg dortgeblieben war und durch Heirat dieses Gasthaus bekommen hatte, dass diese Stadt Adamstown heiße und erst nach dem Revolutionskriege erbaut worden sei. Von da ging ich noch nach dem Ort Reamstown und übernachtete dort. Der Wirt hatte zwei Töchter und einen Sohn. Sie sangen nebst noch einigen jungen Leuten, die sich da versammelt hatten, nach dem Abendessen einige Stunden lang englische Gesänge vierstimmig nach Noten, welches mir überaus gut gefiel. Auch hier, so wie fast in allen Städten hatten die jungen Leute englische Singstunden und bereiteten sich auf einen baldigen Gottesdienst in englischer Sprache vor. Am anderen Morgen, den 1. Mai, bezahlte ich – wie gewöhnlich – einen Viertel-Dollar für das Abendessen und Logis und zog dann weiter. Weil ich aber weder morgens noch mittags etwas gegessen hatte und es zudem sehr heiß war, so wurde ich von dem starken Gehen um drei Uhr nachmittags so schwach, dass ich mich obwohl die Stadt Lancaster schon nahe war, mehrfach für eine Viertelstunde Pause machen musste. Obgleich ich mir vorgenommen hatte, während dieser Reise mir täglich nur einmal Essen geben zu lassen, um das Geld zu sparen, so konnte ich dies doch nicht so ganz ausführen. In Lancaster fragte ich mehrere Kinder und junge Leute, wo es einen deutschen Gastwirt gäbe. Aber sie verstanden mich nicht oder wollten mich nicht verstehen. Es machte dies auf mich einen sehr unangenehmen Eindruck, weil meines Wissens die Stadt und die ganze Umgegend, die vor 48 Jahren die Grafschaft Lancaster genannt wurde, im Wesentlichen von Deutschen mit aufgebaut worden war. Als ich endlich einen alten

Mann auf der Straße traf, zeigte mir derselbe das Gasthaus »Zum goldenen Pflug«, wo ich einkehrte und mich bei einer Flasche Cider und kaltem Essen erquickte.

Lancaster ist wirklich eine sehr schöne Stadt von fast lauter massiven, steinernen, schönen, großen Häusern und breiten Straßen. Obgleich hier doch so viele Deutsche und Abkömmlinge von Deutschen wohnten, so schienen sich doch die im Gasthaus befindlichen vielen Gäste zu schämen, mit mir zu sprechen, als sie merkten, dass ich kaum Englisch verstand. Als ich mich gesättigt hatte, ging ich weiter und kehrte spät am Abend in einem Gasthause an der Chaussee ein. Der Wirt war zugleich ein Schmied und hieß Jakob Klug. Dieser Mann wie auch seine Frau waren so gesprächige Leute, wie ich dergleichen bis dahin in Amerika fast nirgends noch angetroffen hatte. Er erzählte mir, dass er eine Maschine erfunden habe, die 10 Äpfel auf einmal mit der größten Geschwindigkeit sauber, akkurat und fein schälte, was in den Vereinigten Staaten von weit größerer Bedeutung sei als in Deutschland. Erfindungen seien sehr angesehen, besonders wenn dadurch Menschenhände erspart werden. Sie würden nicht nur mit einer Ehren-Medaille, sondern dazu auch noch mit einem jährlichen, lebenslänglichen, oft sehr ansehnlichen Gehalte an Gelde bezahlt werden. So hatte er große Hoffnung, dieses Glückes ebenfalls bald teilhaftig zu werden. Daher mochte wohl seine und seiner Frau Heiterkeit und Frohsinn kommen. Hier wurde ich besonders herrlich bewirtet und bezahlte wie gewöhnlich des Morgens, als ich Abschied nahm, einen Vierteldollar. Am 2. Mai früh setzte ich meine Reise weiter fort.

Es gewährte die größte Anmut und Freude, in dieser Gegend Pennsylvanias zu reisen, besonders des Morgens früh und gegen den Abend. Eine romantischere Gegend schien es mir auf der Erde für das Auge nicht geben zu können. Nur dem Ohr fehlt dort in den Wäldern der herrliche Gesang der Nachtigall, der Schlag der Drossel und anderer Sänger. In den Feldern vermisst man unsere liebe Lerche und Wachtel. Von der Letzteren gibt es zwar in Amerika auch eine Art, welche aber bei weitem nicht die Stimme der unsrigen hat. Die Fruchtbarkeit des fettesten Bodens in Deutschland aber ist mit dem in Pennsylvania durchaus in keinen Vergleich zu bringen. Der Weizen und Roggen geben dort die Aussaat zwar nicht hundertfach, wie in Ohio, aber doch 50- bis 60fach wieder. Eine solche Pracht der Getreidefelder hatte ich noch nie gesehen. Am 1. Mai hatte der Roggen bereits seine Ähren völlig und der Weizen ließ die Spitzen derselben sehen. Starr vor Verwunderung und Erstaunen über das üppige Wachstum der Früchte blieb ich oft mehrere Minuten vor einem großen Kornfelde stehen, um es zu bewundern.

Um halb 8 Uhr kam ich in die Stadt Columbia. Auch die Bauart dieser schönen Stadt gefiel mir überaus wohl. Sie war, wie alle neuen Städte in den Vereinigten Staaten, nach einem vortrefflichen Plane gebaut und hatte größtenteils schon massive steinerne Häuser. Sie liegt dicht an dem Fluss Susquehanna, der jetzt auch für große Schiffe fahrbar gemacht wird. In Columbia kehrte ich im Gasthaus »Zur goldenen Sonne« ein, genoss ein Frühstück und verfügte mich dann nach der Brücke, welche über den Fluss führt. Hier erstaunte ich über die fast unübersehbare Menge an Zedern- und Tannenholz, Dielen, Dachschindeln und andere bereits zugerichteten hölzernen Sachen. Das Tannenholz stammt von Nadelbäumen, die dort stärker werden als in Deutschland die stärksten Eichenbäume. Noch mehr aber erstaunte ich über die ungeheuer lange und schöne Brücke, welche das längste Gebäude ist, was ich bis dahin gesehen hatte. Sie ist länger als eine englische Meile und hat zwei Straßen, eine für die Wagen und die andere für Reiter und Fußgänger. Sie ist mit einem festen hölzernen Dache versehen, so dass die Brücke beständig trocken bleibt. Der gedielte Fußboden war so eben und rein, dass er viele gedielte Fußböden in deutschen Wohnzimmern weit übertraf. Überhaupt war die Liebe der Amerikaner zur Reinlichkeit allenthalben und auch auf dieser Brücke sichtbar. Ehe ich unter das Dach derselben trat, musste ich sechs Cents bezahlen. Brückengeld wird dort von den Fußgängern ebenso wie von Reitern und Fuhrleuten bezahlt, und zwar so lange, bis die Kosten der Erbauung derselben ersetzt sind. Gleich jenseits dieser langen Brücke kam ich am gegenüberliegenden Ufer des Susquehanna-Flusses in ein Städtchen mit Namen Wrightsville, nicht ganz so groß wie Columbia. Etwa eine Stunde weiter ruhte ich einige Minuten auf einer kleinen Brücke mit herrlichem Blick auf die schöne Landschaft aus. Hier ging ein Weg links. An dem Arme eines Wegweisers, der auf ihn zeigte, las ich: »60 Miles to Baltimore, 8 Miles to New Holland«. Um 11 Uhr mittags las ich an einem anderen Wegweiser: »6 Miles to Little York«. Um drei Uhr kam ich dann schon in dieser Stadt York an. Auch sie hat fast nur massive, hohe, schöne Häuser von Quadern und Backsteinen und ist sehr in die Länge gebaut. Auch hier sprach alles englisch, obgleich die Bewohner dieser Stadt, wie ich nachher hörte, sämtlich Deutsche und Abkömmlinge von Deutschen waren. Ehe ich aus der Stadt ging, löschte ich meinen Durst mit einem Gläschen Cider, für welches ich sechs Cent bezahlen musste. Die Getränke sind allenthalben sehr teuer. Sieben Meilen jenseits der Stadt York kehrte ich, weil es dunkel wurde und mich ein starker Regen überfiel, in einem Gasthause an der Chaussee ein. Das Abendessen war, wie allenthalben, sehr reichhaltig und delikat. Früh um sechs Uhr setzte ich meine Reise weiter fort und erreichte, noch ehe es ganz Mittag war, das Städtchen

Abbottstown und bald nach Mittag ein anderes Städtchen mit Namen Oxford, wo ich mich in einem Gasthause eine Stunde lang erholte. Nach eingenommener Erquickung konnte ich wieder recht gut marschieren und erreichte nach 9 weiteren Meilen noch ehe es dunkel wurde die Stadt Gettysburg.

Hier kehrte ich im Gasthofe »Zum Bullen« ein. Der Wirt sprach so schlecht Deutsch, dass ich ihn nicht gut verstehen konnte. Doch während ich aß, kam dessen Vater, der dort auch ein Gastwirt war. Dieser war ein eingewanderter Deutscher und sprach gern mit mir. Dem erzählte ich nun, dass ich gehört habe, die Gettysburger suchten einen deutschen Schullehrer (es wurde mir dies gesagt, ehe ich meine Reise antrat). Der Alte aber wusste davon weiter nichts, außer, dass wohl bisweilen einige von den ältesten Bürgern davon gesprochen hätten, dass es doch nicht in Ordnung sei, dass man die deutschen Schulen habe eingehen lassen und man die Sprache der Deutschen, welche diese Stadt im Wesentlichen mit erbaut hätten, ganz untergehen lasse. Mehr konnte der Wirt dazu nicht sagen.

Es gab in dieser Stadt zwei deutsche lutherische Prediger. Einer hieß Herbst und der andere Runkel. Der alte Wirt sagte mir, dass ich von diesen beiden am ehesten Auskunft zu meiner Frage erhalten würde. Er erbot sich, mit mir zu dem Pfarrer Herbst zu gehen, der nicht weit weg wohne. Wir gingen bald darauf zu der Wohnung dieses Pfarrers und fanden ihn in der Kirche, wo er nebst dem Schullehrer englische Singstunde gab. Die Singstunde hatte bereits ihren Anfang genommen und die Kirche war ganz voll von Menschen. Pfarrer Herbst und der Schullehrer saßen mitten in der Kirche auf Stühlen nahe einander gegenüber und leiteten den Gesang. Sie und fast jeder Anwesende hatten außer dem Gesangbuch einen Choral vor sich liegen. Immer je zwei hatten ein Wachs- oder Talglicht. Gesungen wurde vierstimmig, und zwar so schön und harmonisch, dass ich mich heute noch freue, so oft ich mich an diesen Gesang erinnere. Nach geendigter Singstunde sprach ich den Prediger Herbst wegen der deutschen Schule an. Er sagte mir zu meiner Enttäuschung, dass es nun einmal mit der englischen Sprache in dieser Stadt so weit gediehen sei, dass jetzt und niemals mehr an einen Unterricht in deutscher Sprache zu denken sei. Auf dem Rückweg zu meinem Quartier erzählte mein Begleiter, als er gehört hatte, ich sei ein Braunschweiger, dass in Gettysburg ein Landsmann namens Wasmus von mir wohne. Es sei ein Barbier aus dem Dorfe Beddingen. Als ich ihm gesagt hatte, dass ich in der Nachbarschaft dieses Dorfes gewohnt hatte, versprach er, am anderen Morgen früh mir die Wohnung meines Landsmannes zu zeigen. Er ging nun nach Hause und ich zu der meinigen Unterkunft. Weil ich von der Reise sehr ermüdet war, begab ich mich gleich darauf zu Bett, konnte aber die ganze Nacht hindurch wegen eines heftigen Muskelkaters nicht schlafen. Immerhin hatte ich in nur fünf Tagen 130 englische Meilen zurückgelegt. Das war für mich, der ich das Reisen zu Fuße nicht gewohnt und mit der Gicht behaftet war, reichlich viel.

Am anderen Morgen, den 4. Mai, sobald mein Wirt aufgestanden war, bezahlte ich ihm für Abendessen und Logis den üblichen Vierteldollar, nahm Abschied und ließ mir des Barbiers Wasmus Wohnung zeigen. Als ich vor sein Haus trat, glaubte ich zu träumen. Hier, dachte ich, könne unmöglich ein Barbier wohnen, denn ein deutscher Fürst hätte sich nicht zu schämen brauchen, in einem solchen Palast zu wohnen. Weil mir aber das Haus genau beschrieben und kein anderes rötlich angemaltes Haus zu sehen war und ich auch bald bemerkte, dass viele Männer mit ungeschorenem Bart an diesem Sonntagmorgen in das Haus hineingingen, so folgte ich ihnen. Gleich unmittelbar von der Straße kam man in die große geräumige Geschäftsstube und fand einen Mann von etwa 55 bis 60 Jahren in sehr emsigen Geschäften, was auch wirklich sehr nötig zu sein schien, denn es saßen in diesem Zimmer wohl 40 Personen und es kamen immer noch mehr hinzu. Ich merkte gleich, dass, um Streit zu verhüten, das Sprichwort »Wer zuerst kommt, der mahlt zuerst« befolgt wurde, denn die Bärtigen saßen alle geordnet in einem Kreise. Von dem Obersten bis zu dem Untersten wurden sie der Reihe nach barbiert. Um Herrn Wasmus gleich durch meinen Gruß anzuzeigen, dass ich ein deutscher Landsmann von ihm sei, sagte ich diesmal recht laut und deutlich: »Guten Morgen!« Als mir darauf nichts erwidert wurde, trat ich dem Arbeitenden näher und fragte: »Wohnt hier Meister Wasmus?« »Jäs«, war die leise Antwort darauf. »Sind Sie es etwa selbst?«, fragte ich dann. Ein recht kaltes »Jäs« mit verdrießlicher Miene erhielt ich abermals zur Antwort. Nun sagte ich ihm, dass ich ein deutscher Landsmann von ihm sei, aus Vallstedt, nicht weit von Beddingen im Braunschweigischen, und dass ich erst vor kurzem nach Amerika ausgewandert sei. Aber ohne ein Wort zu erwidern, zeigte er bloß mit dem Finger auf einen Stuhl, worauf ich mich niedersetzte.

Wasmus sprach mit den Anwesenden kein deutsches Wort, sondern beständig Englisch. Es kam mir vor, als ob auch er sich meiner schämte, weil er auch nicht ein Wort zu mir sagte – auch noch nicht nach einer Stunde, die ich da gesessen hatte, und er schon den letzten Kunden barbierte. Als dieser seiner Wege ging, stand ich auf und sagte: »Adieu Landsmann! Ich wünschte Sie nur zu sehen und einige Worte mit ihnen zu sprechen. Leben Sie recht wohl!« Wasmus aber nahm mich nun beim Arm und sagte mit leiser Stimme, damit es ja niemand hörte: »Bleiben Sie noch hier.« Nun bat er mich, es nicht übel zu nehmen, dass er mich nicht gleich freundlicher aufgenommen habe, und ließ auch dieselben sonderbaren Worte hören, die mir bereits mehrere Deutsche gesagt hatten: »Man muss sich in die Leute schicken.« Worauf ich ihn fragte, was diese Worte denn in ihrem ganzen Umfange bedeuten sollten. Er antwortete: »Alles, alles so machen, wie es die Leute hier haben wollen.« Hierbei überzeugte ich mich wieder von neuem, dass ich unter den Amerikanern als einzelner Mann nie mein Glück machen und finden würde, denn wolle ich das, so müsse ich erst ganz umgeschmolzen werden.

Wasmus führte mich nun in seine Wohnstube zu seiner Frau und bat mich dann, mit ihm zu frühstücken. Nun erzählte er mir noch einen anderen Grund dafür, warum er mich mit solcher Kälte aufgenommen habe. Es wären früher oft eingewanderte Deutsche zu ihm gekommen, welche Schulden oder sonst dumme Streiche gemacht hätten, denen er dann aus der größten Verlegenheit geholfen hätte, was ihm aber nur mit Undank vergolten worden wäre. Solches habe er auch bei mir vermutet. Hierauf erzählte er mir seine Erlebnisse während der 18 Jahre seines Aufenthalts in Amerika. Ich will sie hier aber nur ganz kurz wiedergeben. Er sei mit seiner Frau und zwei Kindern, weil die Seereise ihm sein ganzes Vermögen gekostet habe, arm ohne jedes Bargeld in Philadelphia angekommen. Nur noch Silberbesteck sowie einige wertvollere Kleidungsstücke hätten sie besessen. Wegen des kostspieligen Aufenthalts in Philadelphia aber, habe er ein Stück nach dem anderen von seinen Sachen verkaufen müssen, weil er auch bei aller angewandten Mühe keine Gelegenheit gefunden habe, in seinem Metier etwas zu verdienen. Die Not habe ihn endlich gezwungen, diese Stadt zu verlassen. Sein Wunsch wäre gewesen, nach Ohio zu reisen. Aber dazu hätte ihm das Reise-geld gefehlt. Dann habe er auf der Straße nach Lancaster einen Bauern getroffen und ihn gebeten, ihn nebst seiner Frau und Kindern bis zu seiner Wohnung auf seinem Wagen mitzunehmen, und derselbe sei auch gleich bereit dazu gewesen. Spät am Abend wären sie in des Bauern Wohnung angekommen, der sie alle mit Speise und Trank erquickt und gelabt und allen ein gutes Nachtlager gegeben habe. Am anderen Morgen hätten sie alle wieder eine herrliche Mahlzeit bekommen. Der Bauer aber, dem er beim Essen seine Geldnot geklagt hatte, habe großzügiger Weise keinen Fuhrlohn verlangt, sondern noch obendrein versprochen, sie alle noch eine halbe Tages-reise durch seinen Knecht und Fuhrwerk bis zum Haus eines seiner an der Straße wohnenden bekannten Bauern weiter transportieren zu lassen. Diesen Bauern habe er durch den Knecht bitten lassen, den Barbier und seine Familie eine Nacht zu beherbergen.

Als sie dort angekommen wären, hätte der Bekannte gefragt, ob Wasmus dreschen, Ställe ausmisten und derglei-chen Geschäfte verrichten könne und ob seine Frau das Spin-nen beherrsche und andere häusliche Geschäfte verstehe. Wasmus stimmte zu und so lud der Bauer sie ein, bei ihm zu bleiben. Er habe genügend entsprechende Arbeit und könne auch eine Wohnung anbieten. Als der Bauer hörte, dass Was-mus ein Barbier sei und nach Ohio zu reisen entschlossen sei, habe er ihm ernstlich davon abgeraten. Er meinte, mit diesem Handwerk könne er in Pennsylvania viel eher Erfolg haben als in Ohio. Wegen seiner Weiterreise nun verunsichert, hätte er, Wasmus, sich dann entschlossen, eine Zeit lang bei dem Bau-ern als Landarbeiter zu bleiben. Bald stellte er jedoch fest, wie anstrengend die Arbeit war und wusste, dass er dies nicht dau-erhaft würde machen können. So ging er nebenbei auf die Höfe und bot seine Dienste als Barbier an. Das entwickelte sich bald zu einem erfolgreichen Geschäft. Da riet auch der Bauer ihm, künftig auf diese Weise sein Geld zu verdienen und so zog er schließlich nach Gettysburg, um dort ein Barbiergeschäft zu betreiben. Gettysburg hätte vor rund 20 Jahren, als er dort hinkam, nur erst aus etwa 9 Häusern bestanden. Heute mag sie etwa die Größe Wolfenbüttels haben, ist aber freilich noch nicht so volkreich. Mit jedem Jahre aber wird sie größer. Sie ist nach dem Plane Philadelphias gebaut, hat sehr schöne Häuser und recht breite Straßen, die sie im rechten Winkeln durchschneiden.

Wasmus erzählte ferner, dass ihm damals die Gettysburger geraten hätten, dauerhaft in der schnell wachsenden Stadt zu bleiben. Diesen Rat habe er dann schließlich befolgt, denn auch die Gegend rings um die Stadt bevölkerte sich in den Jahren recht schnell und brachte Kundschaft. Hier in Gettysburg habe er binnen kurzer Zeit sich ein Kapitälchen gesammelt, sich dann ein Haus gekauft und bald nachher auch Gärten und Felder. Nach drei Jahren sei ihm seine gute treue Frau gestorben (bei diesen Worten kamen ihm Tränen in die Augen) und bald nachher auch die Tochter, ein blühendes Mädchen von 16 Jahren. Seinen noch einzigen Sohn habe er nach Baltimore bei einem Zuckerbäcker in die Lehre gegeben. Dieser hatte sich dort so wacker gehalten, dass ihn nach dem Tode seines Meisters dessen einzige Tochter geheiratet habe, was ihn zu einem reichen Mann gemacht habe. Er selbst habe als Witwer ohne Schaden seinem Hauswesen nicht vorstehen können und sich deswegen entschlossen, wieder zu heiraten. Seine jetzige Frau habe das große schöne Haus, in welchem sie jetzt wohnten, nebst einem schönen Garten und Ackerland mit in die Ehe gebracht. Auch Nachwuchs hatte sich nochmals eingestellt. Ihre Tochter mochte etwa fünf Jahre alt sein.

Allerdings hatte ich den Eindruck, dass er sich mit seiner Frau nicht eben gut verstand, obgleich er mir nichts davon sagte.

Nach dem Frühstück wollte ich mich Herrn Wasmus empfehlen. Da aber bat er mich dringend, bis nach Mittag bei ihm zu bleiben. Er hätte wegen meiner Absicht vielleicht noch nach Ohio weiterzureisen, noch viel Wichtiges mit mir zu sprechen. So erfüllte ich seine Bitte und blieb bis nach dem Mittagessen. Während dieser Zeit wandte Wasmus seine ganze Beredsamkeit auf, mir meinen gefassten Entschluss auszureden. Schließlich gelang ihm das tatsächlich. Ich fand am Ende seine Begründungen, warum er der Fortsetzung meiner Reise nach Westen widerriet, überzeugend und entschloss mich, wieder umzukehren nach Richmond.

Nach Tisch nahm ich von Frau Wasmus Abschied, er aber begleitete mich noch eine Stunde lang. Nun zeigte er mir erst seine Besitzungen in und nahe bei der Stadt. Es handelte sich um zwei Häuser, zwei Grundstücke für Häuser, die er früher für wenig Geld gekauft hatte, die aber jetzt im Preise mehr als zehnfach gestiegen sind, und 90 Acres Land, von welchen er die Hälfte bereits urbar gemacht und als Gartenland verpachtet hatte. Wasmus erzählte mir noch mancherlei und gab mir den Rat, an irgendeiner lebhaften Straße ein Haus zu mieten, Schnaps und Bier auszuschenken und Kuchen zu backen und anzubieten. Nach reifer Überlegung fand ich aber, dass weder ich noch meine Frau uns zu diesen Geschäften recht schicken würden. Gegen drei Uhr schieden wir voneinander; er ging wieder zurück nach Gettysburg und ich nach dem Städtchen Oxford zu.

7

Rückreise nach Moselem

Sonderbare Nacht in Oxford – Löbliche Sitten der Krankenversorgung durch Nachbarn – Bewachen der Toten zur Nachtzeit – Weiterreise über York, Wrightsville, Columbia, Mountville und Lancaster durch wunderschöne Landschaft – Schilder der Gasthäuser – Nachtquartier bei Quäkern – Gastfreie Aufnahme von englischen Pflanzern – Im Finstern durch einen dichten Wald – Nachtquartier in einem Bauernhause – Über Reading nach Moselem

Am 4. Mai abends nach dem Dunkelwerden erreichte ich auf der Rückreise Oxford und kehrte in dem erstbesten Gasthause ein. Da schon gespeist war, aß ich diesen Abend wieder allein. Alles war sehr still im Hause, obgleich außer den zum Hause gehörenden noch weitere Leute gegenwärtig waren. Alle waren recht ernsthaft, einige auch traurig. Der Wirt fragte mich, ob ich zu Bett zu gehen wünschte. Als ich das bejaht hatte, brachte er mich oben im Hause in ein großes Zimmer, wo wohl fünf Betten standen. In zweien schliefen bereits Leute und die übrigen waren noch leer. Als der Wirt mir meine Schlafstelle angewiesen hatte, entfernte er sich. Ich löschte nun das Licht aus und legte mich zu Bett. Kaum hatte ich mich niedergelegt, so hörte ich in einem Nebenzimmer mehrere Personen sprechen. Einige kamen auch bald nachher mit dem Lichte durch mein Schlafzimmer und gingen in ein anderes. Bald kamen wieder einige andere zurück, legten sich in die noch leeren Betten. Die Schlafenden wurden geweckt und begaben sich nun gleichfalls in das Nebenzimmer. So ging es die ganze Nacht hindurch. An Schlaf war nicht zu denken. Am folgenden Morgen bemerke ich, dass ein im Haus befindlicher Verstorbener diese nächtliche Unruhe verursacht hatte. Es ist nämlich in der dortigen Gegend löbliche Sitte, dass die Nachbarn während der Zeit, in der jemand im Krankenbett liegt, diesen pflegen. Stirbt der Kranke, so wird seine aufgebahrte Leiche von sämtlichen Nachbarn und anderen zur Nachtzeit bewacht. Den Grund dafür habe ich allerdings auch durch vieles Forschen nicht herausfinden können. Immer erhielt ich nur die Antwort: »Es ischt halt so K'prauch.«

Am 5. Mai früh um 6 Uhr setzte ich meine Reise weiter fort, denn mir war nirgends so wohl, wie in der freien Natur zwischen blühenden Getreidefeldern und Wäldern im Freien, wo ich die üppige Vegetation bewunderte – besonders bei stiller, schöner Witterung des Morgens und Abends in der Kühle. Mein Weg ging nun wieder nach York. Als ich mich in einem Wirtshaus bei einem Glas Cider an der Chaussee erholte, hörte ich, dass ich von York nur noch fünf Meilen entfernt sei. Als ich meine Reise fortsetzte, begegneten mir zwei junge Leute, die ich ansprach, weil ich an ihrer Kleidung sah, dass es sich um deutsche Einwanderer handelte. Es waren Bayern, einer ein Tischler, der andere ein Metzger. Sie wollten nach Cincinnati weiter, um dort ihr Glück zu suchen. Sie priesen die Gastfreundlichkeit der Amerikaner. Dazu sprachen Sie davon, dass sie seit ihrer Abreise von Philadelphia kaum irgendwo für überhaupt etwas bezahlt und die Hoffnung hätten, die ganze Reise bis Cincinnati kaum einen halben Dollar Reisekosten haben zu werden. Ich wünschte ihnen Glück dazu und ging meines Weges. Noch vor Abend erreichte ich York, hielt mich dort aber nicht auf. Am Abend spät kehrte ich in einem Gasthause am Wege ein, wo ich übernachtete. Am anderen Morgen ging es weiter in umgekehrter Städte-Folge wie auf der Hinreise: Wrightsville, dann Columbia und weiter in Richtung Lancaster. Zwischendurch kam ich durch das Städtchen Mountville. Gichtschmerzen in der rechten Hüfte und in den Knien nötigten mich, hier einzukehren, auszuruhen und mich etwas zu stärken. Gegen Abend erreichte ich Lancaster.

Beim Verlassen der Stadt verfehlte ich zunächst den richtigen Weg, was ich aber glücklicherweise nach noch nicht allzu viel vertaner Zeit und Kraft bemerkte. Zurück auf dem rechten Weg setzte ich meinen Marsch entschlossen fort, wenngleich mich immer wieder die Gicht plagte. Da es immer späterer Abend wurde, nahm ich mir vor, in das nächste Gasthaus, auf das ich treffen würde, einzukehren und dort zu übernachten. Obgleich es mehr und mehr dunkelte, verließ ich mich darauf, ein Gasthaus nicht verfehlen zu können. Solche standen erfahrungsgemäß stets dicht an der Straße und ließen sich an einem an zwei Pfosten aufgehängten, scheunentorgroßen Schild erkennen, auf welches ein Pferd, ein Ochse, ein Bär oder auch der Präsident oder eine andere in Amerika wichtige Person in Lebensgröße unübersehbar aufgemalt ist. Auch andere Gemälde waren auf solchen Schildern anzutreffen, wie z.B. die Sonne, der Mond, ein Kutschwagen mit Pferden bespannt, ein Pflug mit oder ohne Pferden, zwei goldene Schlüssel und noch manche andere Dinge. Ein solches Schild sieht man in großer Entfernung schon und man kann nicht leicht daran vorbei, ohne es zu bemerken. Auf diesem Wege aber ging ich wohl zwei Stunden in der Nacht, ohne ein Gastschild gewahr zu werden. Endlich kam ich vor ein großes schönes Haus, in welches mehrere gut gekleidete Manns- und Frauenpersonen gehen wollten. Diese fragte ich, ob man mich nicht beherbergen könne, weil ich schon vergeblich zwei Stunden im Finstern gegangen sei, in der Hoffnung ein Gasthaus anzutreffen. »Verschteh net!«, war die Antwort. Weiter fragte ich, ob ich nicht einen Trunk Wasser bekommen könne. »Verschteh net!«, war wieder die Antwort, die ich erhielt und ich musste weiter gehen. Nach einer weiteren halben Stunde etwa kam ich vor ein kleines Blockhaus und fragte, ob man mich nicht beherbergen könne. Mann und Frau versicherten, dass sie dies gern täten, aber es fehle da der Raum. Als ich hineintrat, um meinen Durst zu löschen und eine Pfeife Tabak anzuzünden, konnte ich mich davon überzeugen, was sie meinten. Die noch jungen Leute hatten 9 lebendige Kinder und nur zwei Betten. Auch war der Raum so klein, dass ich da nicht wohl übernachten konnte. Man versicherte mir, dass ich nicht fern von da ein Gasthaus treffen würde. Ich ging dann aber wohl noch eine Stunde lang und zwar durch einen stockfinsteren Wald. Mitten in diesem kam ich an einen Fluss, durch welchen der Fahrweg, dem ich gefolgt war, hindurchführte. Am Ausgange des Waldes – es war inzwischen 10 Uhr – fand ich dann endlich das Gasthaus. Hier kam ich unter lauter Quäker, die kein deutsches Wort verstanden. Auf meine Frage, ob man mich beherbergen könne, verstand ich ihre Antwort nicht, setzte mich nun aber in meiner Verzweiflung in der mit Gästen gefüllten Stube nieder und sprach: »Ei em hangri, kohlt iit.« Der Wirt verstand, dass ich hungrig sei und kaltes Essen verlange, fasste mich beim Arm und brachte mich in eine andere Stube, wo mir vorgesetzt wurde, was ich verlangte. Als ich mich gesättigt hatte, rauchte ich noch eine Pfeife Tabak und zeigte dann, dass ich müde sei und schlafen wolle. Man brachte mich oben im Hause durch mehrere große Zimmer, wo Betten standen, in ein kleineres, wo nur ein Bett stand, und zeigte, dass ich da schlafen solle. Ich schlief aber nur erst gegen Morgen ein, denn die ganze Nacht wurde es in diesem Haufe nicht ruhig. Am anderen Morgen, den 6. Mai, ließ ich mir ein Gläschen Rum und etwas Butterbrot geben, bezahlte meine Zeche und setzte um sechs Uhr meine Reise weiter fort. Ich marschierte dann bis nachmittags vier Uhr ohne mich aufzuhalten in eins fort. Dann aber verließen mich die Kräfte und ich musste mich ausruhen.

Bis hierher war ich beständig durch die blühendsten Gegenden gekommen, worin ich mich auch jetzt noch befand, nur mit dem Unterschiede, dass hier die Leute verstreuter wohnten und es mehr Wald gab. In der Ferne sah ich hohe Berge mit Wald, die sehr rau zu sein schienen, denn man konnte hier und da von ferne schon die großen mit weißem Moos bewachsenen Felsen sehen. Um fünf Uhr kam ich an diese Berge und musste eine gute Stunde lang immer bergan gehen. Ausblicke in eine herrlich eindrucksvolle Gebirgslandschaft waren der Lohn für die Anstrengung.

Dann ging ich weiter und freute mich, als ich in der Ferne ein Haus sah, worauf ich zueilte, um dort auszuruhen und Hunger und Durst zu stillen. In diesem Hause traf ich nur eine junge Frau, die mir mit freundlicher Miene zwar entgegenkam, aber als sie hörte, dass ich deutsch sprach, schien sie etwas verlegen zu werden. Ich bat um einen Trunk Wasser und etwas Brot. Als sie das nicht verstand, fragte sie: »Kähn ju net thak englisch gut?« »No!«, sagte ich, setzte aber gleich hinzu: »Water, bred.« Nun fragte sie: »Tu ju net drink seider?« »Ah! seider, seider!, jäs, jäs!«, sagte ich. Sie brachte mir nun eine große Flasche voll Cider und den herrlichsten Weißkuchen, Butter und Latwerge von Äpfeln (also Apfelmus), auch noch eine Flasche voll Branntwein, die ich aber gleich zur Seite setzte und mich dann der Cider-Flasche und des Kuchens bediente, woran ich mich recht labte und erquickte. Als ich mich gesättigt hatte und diese Frau, so gut ich konnte, fragte, was sie für Speise und Trank verlange, kam auch ihr Mann nach Hause, mit dem sie einige Worte sprach. Dieser war die Freundlichkeit selbst und beide gaben nun durch Kopfschütteln und andere Zeichen zu verstehen, dass sie nichts von mir verlangten, ja sie baten mich beide, bei ihnen die Nacht über zu bleiben, und zeigten mir ein Bett neben dem ihrigen, wo ich schlafen solle. Nichts bedauerte ich mehr, als dass ich mit diesen gastfreien, wackeren Engländern mich nicht besser unterhalten und ordentlich sprechen konnte. Als sie merkten, dass ich durchaus nicht bei ihnen übernachten wolle, bestand doch der Mann darauf, dass ich erst seinen Schnaps probieren solle, was ich denn auch tat. Es war der herrlichste Apfelbranntwein, den ich noch nirgends so gut in Amerika getrunken hatte.

Herzlich nahm ich von diesem Paare Abschied und erstaunte beim Weggehen über die prachtvollen Weizen- und Roggenfelder hier in diesem Bergtal und auch über die ungeheure Menge Obstbäume und ihren üppigen Wuchs. Wohl zwei Stunden ging ich noch, ehe es dunkel zu werden anfing. Ich wollte, wie fast immer, auch diesmal erst einkehren, wenn es ganz finster sein würde. Es wurde dunkler und dunkler, aber seit einer vollen Stunde schon hatte ich kein Haus gesehen und der Wald wurde immer dichter. Nach etwa noch einer Stunde blieb ich ein Weilchen still stehen und horchte, ob ich nicht etwa einen Hund bellen hören würden. Den hörte ich nicht, aber schwere Schritte eines Menschen. Als er näher kam, erkannte ich einen Feldarbeiter. Er erklärte mir, dass es in der näheren Gegend keine Gasthäuser gäbe, da hier nur selten Leute unterwegs wären. Eine Viertelstunde Weges weiter jedoch würde ich vor ein Haus kommen, in welchem eine Witwe wohne, bei der ich vielleicht Herberge bekäme. Es sei eine gute Frau. Nun sagte ich ihm gute Nacht, ging meines

Weges und nach einer Viertelstunde traf ich wirklich das Haus, das er mir bezeichnet hatte. Leider hatte die Witwe mit ihrem kleinen Kind Angst vor mir und wollte nicht öffnen. Sie sagte nur, ich möge nur noch eine kleine Strecke weiter gehen, bis zu dem nächsten Hause, wo ich sicher gern aufgenommen würde. Ich zog also weiter und nach einer kleinen halben Stunde erreichte ich nämliches Haus. Als ich kein Licht sah, klopfte ich an die Tür. Eine Frau sah oben aus dem Fenster und fragte, wer da sei, worauf ich ihr treuherzig berichtete, wie es mir ergangen war. Darauf sagte sie, sie habe schon vielen Reisenden auf eine Nacht Herberge gegeben und hielte dies für ihre Pflicht. Sie kam herunter, ließ mich ins Haus und rief ihre Tochter, sogleich das Licht anzuzünden, welche auch gleich mit dem Lichte in der Hand kam. Mit großer Freundlichkeit bereitete sie mir dann in wenigen Minuten ein gutes Abendessen nebst Kaffee. Die Tochter, ein wirklich sehr hübsches Mädchen, setzte sich in einen Winkel der Stube, während ihre Mutter sich mit mir unterhielt. Ich glaubte, dass sie müde sei. Die Mutter aber sagte, dass die Müdigkeit nicht die Ursache sei, weswegen das Mädchen sich in den Winkel setze, vielmehr höre sie gerne mit etwas Abstand den Gesprächen von Reisenden zu. Sie sei eben etwas schüchtern und verschämt. »Das ist doch eher eine gute Tugend junger Mädchen«, nahm ich das Wort. Die Alte sagte nun, dass sich ihre Tochter deswegen schäme, weil sie schon 20 Jahre alt und noch nicht verheiratet sei. Die Mutter erzählte nun, dass die älteste ihrer Töchter mit 16 Jahren und weitere zwei auch schon vor ihrem 18ten Lebensjahr geheiratet hätten. Es schien, dass den Mädchen dort auf dem Lande nur eine kurze Kindheit gegönnt war.

Ich freute mich herzlich, dass ich hier Unterkommen gefunden hatte, denn während ich meine Abendmahlzeit hielt und mit dieser Frau mich unterhielt, fing es draußen an, sehr stark zu regnen. Nach dem Essen rauchte ich, obgleich ich sehr matt und müde von der Reise war, noch eine gute Pfeife Tabak, währenddessen die Frau mich in deutscher Sprache wirklich ganz gut unterhielt. Sie erzählte mir auch, dass ihr Mann Wilhelm Strunk heiße und jetzt verreist sei. Sie berichtete auch, dass sie an diesem Platze nicht immer gewohnt hätten, sondern früher in der Gegend bei Bethlehem und Nazareth lebten. »Bei Bethlehem und Nazareth?«, fiel ich ihr ins Wort, »da wohnen ja die Herrnhuter. Ich bin neugierig, von diesem guten Volke, von dem ich früher viel Gutes gehört habe, auch hier etwas zu hören.« Meine Frau Strunk wollte diese Leute allerdings gar nicht loben, sondern versicherte, dass sie um der Herrnhuter willen dort weggezogen seien. Sie sagte mir unter anderem, dass die Herrnhuter zu stolz auf ihre Frömmigkeit seien und andere Leute verachteten, welche nicht zu ihnen gehörten. Ihre Gottesfurcht sei aber oft Heuchelei. Worauf sie mir zum Beweis einige Beispiele vortrug, die mich wirklich in meinem bisherigen festen Glauben an die Frömmigkeit dieses Volks etwas wankend machten. So sehr, dass ich meinen früher schon gefassten Vorsatz, Bethlehem und Nazareth, die nicht weit von meinem Wohnort entfernt waren, zu besuchen. Als ich meine Pfeife geraucht hatte, ging ich zu Bett, wohin mich Frau Strunk mit dem Lichte begleitete und nebst ihrer Tochter mir eine gute Nacht wünschte. Als ich am anderen Morgen, Sonntag, den 7. Mai, aus dem Bette aufstand, regnete es noch sehr stark. Es erschienen nun außer der Frau Strunk und ihrer 20-jährigen Tochter noch ihr 22-jähriger Sohn und ihre 80-jährige Mutter. Alle baten mich, bei ihnen zu bleiben, bis es bessere Witterung werden würde. Nun aß ich bei diesen Leuten noch das Frühstück und als es gegen 9 Uhr aufhellte und die Sonne schien, nahm ich hier Abschied. Für Kost und Logis verlangten diese Leute nichts.

Nun ging ich die Straße nach Reading zu, das ich dann gegen Abend erreichte. Dort kehrte ich wieder im Gasthaus »Zum Präsidenten« bei dem bekannten Bottmer ein und blieb dort über Nacht. Diesmal aber wimmelte das Gasthaus von Fremden, die dort logierten. Unter ihnen befanden sich viele neu eingewanderte Schwaben und Württemberger, größtenteils arme Leute, manche in zerlumpten Kleidern und mageren, blassen und kränklichen Gesichtern. Es war mir dies ein trauriger Anblick, weil der größte Teil von diesen Leuten weder Landgeschäfte noch ein Handwerk verstanden – also genau jene Arbeiten, für die vor allem Kräfte fehlten. Besonders Landarbeiter können in der Umgebung von Reading als Tagelöhner immer bald Unterkommen und Arbeit finden und verdienen dann dort an einem Tage mehr, als in ihrem Vaterlande in der ganzen Woche. Aber unter Zehnen von diesen jungen Einwanderern war auch nicht einer, der sich dazu schickte. Vielmehr waren mehrere von ihnen in Deutschland Handlungsdiener gewesen. Einige hatten als Schreiber gedient, mehrere waren in Comptoirs angestellt gewesen. Es gab unter ihnen sehr talentvolle junge Leute, denn mit einigen unterhielt ich mich einige Stunden lang und fand, dass es schade um sie war, dass ihre Talente und Wissenschaften in Amerika schlummern sollten, da solche dort im Moment gar nicht gebraucht werden. Zwei von diesen Bildungsbürgern haben mich später an meinem Wohnplatze in der Ortschaft Moselem besucht. Sie hatten einen Tornister von grobem Packleinen auf ihrem Rücken und handelten mit allerlei kleinen Waren. Sie klagten, dass ihnen das bei ihrer Wiege nicht gesungen sei. Der eine war nämlich der Sohn eines Justiz-Beamten und der andere der eines reichen Kaufmannes, beide aus dem Württembergischen. Der Erste war ein Katholik und wurde nach etwa einem Jahr Schulmeister an der neu erbauten römisch-katholischen Kirche in der Richmond-Township, eine gute Stunde von meiner Wohnung entfernt. Der Andere aber blieb ein Hausierer in der Berks-County.

Reading ist eine der größten Landstädte in Pennsylvania, sehr schön gebaut mit fast nur massiven Häusern aus Backstein. Sie liegt am Fuße eines sehr hohen und rauen Waldberges am Fluss Schuylkill, über welchen eine mit einem schönen Dache versehene, zweiwegige Brücke in die Stadt führt. Es verdient außerdem bemerkt zu werden, dass hier einst der große Versammlungsplatz war, wo die großen republikanisch gesinnten Helden unter einer großen Eiche den heiligen Eid der unverbrüchlichsten Treue schworen, einmütig für die Freiheit zu kämpfen und bis nach erfochtenem Siege einig zu bleiben und fest zusammenzuhalten, wie die Zweige dieses Baumes.

Morgens am 8. Mai nahm ich hier Abschied, nachdem ich den Schulmeister Deininger noch einmal besucht hatte. Diesmal nahm ich nicht den geraden Weg nach Moselem, sondern einen Seitenweg, weil ich in dieser Gegend mit einem Landwirt namens Daniel Kaufmann wegen eines Hauses und einiger Acres Land im Handel stand und noch einige Bekannte besuchen wollte. So kam ich erst abends um 11 Uhr zu Hause an. Meine Frau, die bereits zu Bette war, wollte mich nun nicht ins Haus lassen, weil sie nichts weniger glaubte, als dass ich schon wieder da sein könne. Es kostete mich Mühe, sie zu überzeugen, dass ich es wirklich sei, der eingelassen zu werden wünschte. Dort fand ich glücklicherweise nun alles in der Ordnung und so wieder, wie ich es verlassen hatte.

Die ganze Reise von mindestens 130 englischen Meilen von zu Hause bis Gettysburg und ebenso viele Meilen wieder zurück hatten mich nicht mehr als fünf Dollar gekostet. Freilich wäre sie weit teurer geworden, wenn ich nicht außerordentlich eingeschränkt gelebt und das Geld gespart hätte. Aber ich hätte auch noch viel billiger reisen können, wenn ich die Gastfreiheit der amerikanischen Landwirte oft in Anspruch genommen hätte, was dort bei allen Reisenden – zu Fuße besonders – eine hergebrachte Sitte ist. Daran aber hinderte mich teils eine angeborene Verlegenheit, teils aber auch und hauptsächlich meine Wissbegierde. Wenn man in einem Gasthause unter Menschen kommt, so kann man doch weit mehr über ein Volk erfahren als in einem Bauernhause.

8

Kirchendienste und kirchliche Feste

Arbeiten auf der Schulplantage im Sommer 1823 – Die Gemeinde gegen Pfarrer Knoske – Leichenbegängnisse, Heiraten, Taufen, Konfirmationen – Ablauf der sonntäglichen Gottesdienste – Die Wirkung der Freiheit auf das Kirchen- und Schulwesen – Versuch, eine Predigt zu halten – Religiöse Ansichten der dortigen deutschen Prediger – Bauart der Kirchen, Kirchhöfe und Versammlungsplätze

Nachdem ich mich von meiner Reise wieder erholt hatte, setzte ich meine Feld- und Garten-Arbeiten fort. Ich pflanzte noch Kartoffeln, baute Mais an und setzte meinen Garten in den besten Stand. Auch besserte ich die Umzäunungen der Felder auf der Plantage aus und machte Heu. Da die Heuwiesen ganz nahe bei den Gebäuden der Schule befindlich waren, konnten wir das Heu auf unserem Rücken unter Dach bringen. Als die Heuernte vorbei war, mähte ich das Wintergetreide, welches wir ebenfalls, sobald es trocken genug war, gleich vom Felde in die Scheune trugen. Von 10 Uhr morgens, bis drei Uhr nachmittags aber konnte man wegen zu starker Hitze keine Feld- und Gartenarbeit verrichten und musste im Hause bleiben. Ein sehr heißer Juni ist dort die Regel. Der Prediger Knoske, ein geborener Preuße, versicherte mir gelegentlich einer gemeinsam mit ihm abgehaltenen Begräbnisfeier, dass es auf den Westindischen Inseln, wo er eine Zeitlang gewesen war, nicht heißer sei. Dieser Knoske war Prediger in Kutztown, einer kleinen Stadt zwei Stunden von der Moselem-Kirche entfernt, und betreute dazu noch einige weitere Landgemeinden. Er war ein sehr feuriger Kanzelredner. Wegen seines Übereifers hatte er jedoch die Pfarre an der Moselem-Gemeinde, wo ich Schullehrer war, verloren. Bei einigen Gemeindemitgliedern war er aber unverändert beliebt. Deswegen verlangten auch noch manche Kranke seinen Besuch. Auch wurde er bisweilen noch zu Beerdigungspredigten gerufen. Dieses verdross nun den größten Teil der übrigen Gemeinde im hohen Grade, denn er war förmlich unter der Bedingung entlassen worden, nie wieder in irgendeiner Form in dieser Kirche zu predigen. Einst war ein armer Landarbeiter gestorben, der ausdrücklich verlangt hatte, dass Knoske ihm die Leichenpredigt halten solle. Da jedesmal, wenn Gottesdienst ist, die Kirchenvorsteher den Kirchenschlüssel aus dem Schulhause holen, die Kirche aufschließen und nach geendigtem Gottesdienste dieselbe wieder verschließen, so hatten sie auch in diesem Fall den Schlüssel geholt. Allerdings schlossen sie nicht die Kirche damit auf, sondern steckten den Schlüssel in die Tasche, um auch mir ein Aufschließen unmöglich zu machen. Dadurch war der Pfarrer Knoske dann genötigt, auf den Begräbnisgottesdienst in der Kirche zu verzichten. In einem späteren Trauerfall hatte man den Kirchenschlüssel an seinem Platze hängen lassen. Als die Leiche beerdigt werden sollte und ich sah, dass die Kirchentüren noch verschlossen waren, holte ich die Schlüssel und öffnete dieselben. Nun ging alles in die Kirche und der Gottesdienst wurde ungestört gehalten. Weil der Verstorbene ein angesehener Plantagen-Besitzer gewesen war, so schien man absichtlich diesmal eine Ausnahme zu machen und hatte deshalb dem Pfarrer Knoske den Zutritt in die Kirche möglich machen wollen. Einige Tage nachher kam aber ein Mitglied des Kirchenrates zu mir und fragte, wer mir die Erlaubnis gegeben habe, die Kirche aufzuschließen. Ich konnte mich des Lachens nicht verwehren und fragte den Vorsteher, ob es denn zum Aufschließen der Kirche kurz vor dem Gottesdienste noch einer besonderen Erlaubnis bedürfe. Worauf er antwortete, dass es ein für alle Mal beschlossen sei, Knoske solle darin nicht wieder predigen. Sie hätten ihn abgesetzt und ihm befohlen, nie wieder ihre Kanzel zu besteigen. Um das unerquickliche Gespräch zu endigen, entschuldigte ich mich damit, dass ich von der ganzen Geschichte nichts gewusst hätte. Einige Wochen darauf aber ließ dieses Kirchenratsmitglied seine Frau beerdigen und fand dabei Gelegenheit, sich an mir zu rächen. Er strafte mich nämlich für das Aufschließen der Kirche damit, dass er einen fremden Schulmeister bestellte, der das Singen und Orgelspiel bei dem Leichenbegängnis an meiner Stelle verrichten durfte. Dadurch ging mir dann das Honorar von einem Dollar verloren. Die Gemeindemitglieder haben das Recht, bei Leichenbegängnissen einen fremden Prediger wie auch einen anderen Schulmeister kommen zu lassen. Weil der Prediger der Moselem-Gemeinde volle 14 englische Meilen von da entfernt wohnte, so trat der Fall sehr oft ein, dass fremde Prediger zu Leichenpredigten bestellt wurden, doch ich als Kantor wurde nur dieses einzige Mal zurückgesetzt.

Keine Leiche wird in der Berks-County ohne Leichenpredigt begraben, wären es auch die ärmsten Leute oder kleine Kinder. Leichenbegängnisse fallen leider ziemlich oft vor. Die Toten lässt man nicht wie bei uns einige Tage über der Erde stehen. Schon am nächstfolgenden Tage nach dem Tode wird die Leiche gewöhnlich begraben. Bei einem Leichenbegängnisse kommen die Folger nicht nur aus der nahen Umgegend, sondern wohl aus einem sechs englische Meilen weiten Umkreise zusammen. Wie man einen Todesfall in so weiter Ferne in so kurzer Zeit erfahren kann, war mir anfangs unbegreiflich.

Schließlich erfuhr ich, dass die Landleute den Nachbarn diese Nachricht mit möglichst großer Geschwindigkeit zutragen oder zuschicken. Alle sind zu der dafür bestimmten Zeit in und um dem Leichenhause versammelt. Fast alle gehen daselbst erst zu Tisch. Weil sie aber wegen Mangel an Raum in der Regel nicht alle auf einmal essen können, so währt der Schmaus oft anderthalb Stunden. Wer gegessen hat, steht vom Tisch auf und dann nimmt ein anderer seinen Platz ein. Hat aber der Prediger, der gewöhnlich einer der an die Reihe Kommenden ist, gegessen, so geht er in das Leichenzimmer, wo die Leiche im offenen Sarge liegt, und hält eine rührende Trostrede an die im Kreise herumstehenden Verwandten des Verstorbenen. Nach Endigung dieses Geschäfts wird der Sarg auf eine vor der Tür unter freiem Himmel stehende Bahre gesetzt. Der Prediger gibt dem Schulmeister einige Gesangsverse, die dieser dann singen muss. Da nun aber selten jemand von den Umstehenden ein Gesangbuch hat, so muss in den meisten Fällen der Schulmeister allein singen. Nach dem Gesang hält der Prediger eine ziemlich lange Rede, worauf wieder gesungen wird. Dann wird der Sarg von dem Tischler zugeschraubt, auf den Wagen gesetzt und nach dem Friedhof gefahren. Vor den Friedhofstoren wird der Sarg erneut geöffnet und von den anwesenden Verwandten des Verstorbenen umringt. Worauf der Prediger wieder eine kurze Rede hält und abermals der Lehrer einen Vers singt. Der Sarg wird dann geschlossen und die Leiche mit Gesang zu Grabe getragen. Dort wird der Sarg zum allerletzten Blick auf den Verstorbenen geöffnet, endgültig zugeschraubt und ins Grab gesenkt. Nach einem kurzen Gebet bittet der Prediger dann, dass die Versammlung sich in die Kirche begeben möge. Da wird dann erst vermittelst der Orgel eine Trauermusik gespielt. Nach derselben besteigt der Prediger die Kanzel und kündigt an, welcher Gesang gesungen werden soll. Nach dem Gesang folgt die Predigt. Während des ganzen Gottesdienstes in der Kirche behalten alle männlichen Verwandten des Verstorbenen ihre Hüte auf den Köpfen. Am Schluss bittet der Prediger die Verwandten des Verstorbenen, dass sie nach dem Gottesdienste noch einmal auf eine Abendmahlzeit bei dem Gastmahlgeber einkehren möchten.

Der Schullehrer bekommt für seine Mitwirkung bei solchen Feiern in der Regel einen Dollar und bisweilen von großen Bauern wohl etwas mehr. Honorare bekam ich, außer denen für die Leichenbegängnisse, aber nicht. Bei Vermählungen und Kindtaufen wird der Schulmeister in der Regel nicht hinzugezogen. Proklamationen oder Aufgebote und hochzeitliche Gastmähler sind dort nicht üblich. Auch wird dort niemals ein verlobtes Paar in der Kirche, sondern fast immer in der Wohnung des Pfarrers vermählt. Braut und Bräutigam, begeben sich, gewöhnlich zu Pferde, des Abends spät oder früh morgens im Dunkeln dorthin und werden ohne weitere Zeugen vermählt. Oft geschieht dies auch ohne Vorwissen der beiderseitigen Eltern und Verwandten. Manchmal erfahren diese erst Monate später von der Heirat. Wenn der Sohn 21 und die Tochter 18 Jahr alt sind, sind sie nach den Gesetzen volljährig und genießen die Freiheit, die Eltern nicht mehr fragen zu müssen. Die Trauung darf auch der Friedensrichter statt des Pfarrers verrichten.

Die Kindtaufen werden größtenteils bei passender Gelegenheit verrichtet. Wohl selten wird ein Kind getauft, dessen Alter noch unter einem Jahre ist. Leute, welche entfernt von der Kirche wohnen, hatten schon drei oder vier Kinder, ehe sie eins davon taufen ließen. Bei Gelegenheit, wenn etwa der Prediger eine Verrichtung in ihrer Gegend hat, lassen sie dann die vorhandenen Kinder zugleich taufen, wovon ich oft Augenzeuge war. Manche Eltern verschieben die Taufe ihrer Kinder bis zur

Konfirmation derselben, etwa wenn diese 20 Jahre oder noch älter sind. Viele junge Erwachsene habe ich dort gekannt, die noch nicht getauft und nicht konfirmiert waren. Unter den Konfirmanden fanden sich gewöhnlich auch Männer und Frauen, die seit mehreren Jahren verheiratet waren und auch bereits mehrere Kinder gezeugt hatten, auch solche, die bis dahin nie in der Schule unterrichtet worden waren. An dem Tage der Konfirmation treten die Ungetauften kurz vorher aus der Reihe und lassen sich erst taufen.

Alle zwei Jahre einmal hält der Prediger Konfirmation in jeder seiner Gemeinden, zu welcher er die Konfirmanden sechs Wochen lang vorbereitet. Diese Vorbereitung ist sehr dürftig, denn die Hälfte der Konfirmanden kann kaum lesen und die übrigen gar nicht. Was sollen die Prediger mit solchen Menschen anderes anfangen, als dass sie ihnen die fünf Hauptstücke Luthers durch Vorsagen so ziemlich beibringen und sie darüber fragen. Auch lehren sie sie mehrere Sprüche aus dem dortigen Katechismus und erklären ihnen solche. Mehrere Male hatte ich Gelegenheit, dem Pfarrer Miller bei diesem Geschäfte zuzuhören. Wollte etwa der Prediger einen Konfirmanden wegen Untauglichkeit abweisen, so würde er dadurch die ganze Gemeinde gegen sich aufbringen und vielleicht sein Amt verlieren. Ein anderer Prediger würde dann den Zurückgewiesenen gern zur Konfirmation annehmen und das zugehörige Honorar einnehmen. Auch Pfarrer Miller führte, wenn ich mit ihm über kirchliche Angelegenheiten sprach, das Wort im Munde: »Freund! Man muss sich hier heutigen Tages in die Leute schicken!« Er tadelte auch das mich belastende, oben beschriebene Unwesen in der Schule nicht, sondern lobte oft die Mitglieder seiner Gemeinde und schilderte sie als recht brave, gute Leute.

Die Gottesdienste der Lutheraner und Reformierten (um die übrigen habe ich mich wenig bekümmert) sind sehr einfach. Weil die Prediger doch wenigstens jeden Sonntag in zweien ihrer Gemeinden predigen müssen und die Kirchen derselben oft sehr weit voneinander entfernt sind, so müssen sie eilen, dass sie mit diesen Geschäften fertig werden. Der Gottesdienst nahm deshalb gleich seinen Anfang mit dem Hauptlied, was nur höchstens aus fünf Versen bestand. Wie schon erwähnt, bringen die Leute in der Regel keine Gesangbücher mit zur Kirche, oft auch weil sie nicht lesen und schon gar nicht singen können. Zwar erinnerte Pfarrer Miller die Leute verschiedene Male daran und bat herzlich und dringend, dass doch die liebe Gemeinde Gesangbücher mit zur Kirche bringen möge, aber es hatte dies keinen weiteren Erfolg. Man kann es sich schon fast denken, dass auch der größte Teil derjenigen, welche die Kirche besuchten, fast ohne alle Andacht dasaßen. Oben auf den Priechen (Galerie) befanden sich größtenteils junge unverheiratete Mannsleute. Diese schnitzten während der Predigt Holz in lauter kleine Späne, um sich die Zeit zu vertreiben. Die jungen Ladies unten in der Kirche ließen während der Predigt und des Gesangs ihre Blicke umherschweifen und erzählten sich etwas von ihrem Kleiderstaat. Öfters ging auch ein ganzer Trupp von ihnen zur Kirche hinaus und kam dann nach einer Weile erst wieder herein. Manche Frauen hatten ihre Säuglinge auf dem Schoß, ließen solche, wenn sie wimmerten, auch wohl ein Weilchen auf der Hand tanzen, entblößten dann auch die Brust und säugten sie. Wenn das Geschrei der Kleinen gar zu arg wurde, dann bat Pfarrer Miller wohl, dass doch die Mütter mit ihren Kleinen sich ein wenig entfernen möchten, was sie dann auch taten und nach einigen Minuten ihren Platz wieder einnahmen. Pfarrer Miller war der einzige von den mir bekannten Predigern, der bisweilen gewisse Laster, die dort im Schwange waren, ernstlich rügte. Das nannten die Bauern dann »Zanken«. Sie pflegten dann nachher zu sagen: »Ter Miller hot schon wieder k'zankt. Er wird verflucht treischt! Er ischt tschunscht ä schmärt Prettiger, aber tos Zanke muss er sich noch abkewöhne.«

Das Kirchen- und Schulwesen hat sich besonders seit der Zeit, da die Freistaaten existieren, sehr verschlechtert. Zu jener Zeit, als England dort noch herrschte, stand es damit viel besser. Jede große Gemeinde hatte ihren eigenen Prediger, welcher auch die Aufsicht über die Schulen führte und solche zu Zeiten besuchte. Wenn es auch damals ebenso wie noch jetzt an gelehrten Predigern und geschickten Schullehrern fehlte, so herrschte doch Ordnung. Aus dem Munde älterer Personen habe ich allenthalben, wo ich danach fragte, gehört, dass damals in den bevölkerten Gegenden fast jeden Sonntag in jeder Kirche zweimal Gottesdienst gehalten wurde. Der Prediger predigte des Morgens und hielt des Nachmittags Kinderlehre. Die Eltern wurden durch zweckmäßige Mittel dazu angehalten, ihre Kinder sowohl zur Schule als zur Kinderlehre zu schicken, wenn sie es nicht von selbst taten. Seit den Zeiten der Unabhängigkeit scheint deutlich mehr Ausgelassenheit und Rohheit der Sitten in den Vereinigten Staaten von Nordamerika zu herrschen. Eine Ursache könnte der vernachlässigte Schulunterricht in Religion oder zumindest in einfachsten moralischen Grundsätzen sein.

Ehe ich nach Amerika ging, ward ich aufgemuntert, dort Prediger zu werden, wozu ich aber keine sonderliche Neigung fühlte, weil ich bereits gehört hatte, dass dort die Prediger von den Gemeinden abhängig sind. Meine Lieblingsidee war, den Ackerbau dort zu betreiben. Dieser Plan aber wurde, wie ich früher erwähnt habe, schon bei meinem Abschied aus dem Vaterlande beinahe und bald nachher ganz durch das Abtrünnigwerden meiner jungen Leute vereitelt. Es gereute mich schon bei Anreise in Amerika immer stärker, dass ich meine Empfehlungsschreiben nicht hatte auch zum Predigerfach einrichten lassen, was mir in der Heimat mehrere Male angeboten worden war. Ein Mecklenburger Mitpassagier auf der »Ocean« namens Ruge, der von einem Besuch seiner Eltern im Mecklenburgischen auf der Rückreise nach Amerika war, schilderte mir den dortigen Predigerstand weit besser, als er mir sonst wohl geschildert worden war. Er meinte, dass es für mich geratener sei, dies Fach zu wählen, und dass ich mit Leichtigkeit in dasselbe kommen könne. Auch Kapitän Fokkes war dieser Meinung. Hierauf begann ich, mehrere Predigten und andere kirchliche Vorträge zu verfertigen. Das fiel mir am Anfang doch recht schwer. Aber weil diese Arbeit nach meiner eigenen Meinung im Anfang ziemlich wohlgeraten war, so setzte ich sie eine Zeitlang fort und so ward sie mir mit der Zeit immer leichter. Allerdings war mir dann während meines Aufenthalts in Amerika die Lust zum Predigerfache schon wieder vergangen. Hauptsächlich weil ich nicht im Stande war, den dortigen Kirchenglauben aus reinem Herzen zu predigen und ein Heuchler nicht werden wollte. Doch wandelte mich immer wieder die Lust an, einmal vor einer amerikanischen Versammlung einen kirchlichen Vortrag zu halten. Ich sprach deshalb mit einigen Gemeindemitgliedern, welche meinten, dass wohl Niemand etwas dagegen einzuwenden haben würde. Dann sprach ich darüber auch mit dem Pfarrer Miller, welcher auch nichts dagegen einwandte und mir nur den Rat gab, die sämtliche Glieder des Kirchenrats deshalb noch einmal besonders um Erlaubnis zu ersuchen. Diese hatten mir aber schon versprochen, der Gemeinde bekannt zu machen, dass ich am nächsten Sonntage predigen würde. Nun lernte ich einen von den auf dem Schiffe verfertigten und niedergeschriebenen Vorträgen auswendig, und als ich eines Abends damit fertig war, ging ich bei hellem Mondschein in die Kirche, bestieg die Kanzel, hielt meinen Vortrag den leeren Stühlen. Als mir diese Probe, wie ich fand, recht gut gelang, freute ich mich auf nächsten Sonntag, an welchem ich eine große Anzahl Zuhörer erwartete. Zu meiner höchsten Befremdung kam aber zwei Tage vorher der älteste von den Kirchenvorstehern und zeigte mir an, dass ich doch nicht predigen solle. Nun fragte ich, was es für einen Grund gäbe, dass der Rat auf einmal wieder anderen Sinnes geworden sei. Er antwortete: »Mir habe ketenkt, es mache unserer Kirch Unehr.« »Und ich denke, Ihr seid die einfältigsten Menschen, die ich bisher kennengelernt habe«, war meine Antwort. Er ließ nach amerikanischer Sitte den Kopf hängen und schwieg. Einige Zeit nachher wurde mir erzählt, dass einige Prediger im dortigen Kreise meine Absichten dadurch vereitelt hätten, dass sie der Gemeinde den Rat gaben, mein Vorhaben nicht zu dulden, weil ich durch dasselbe viele in ihrem frommen Glauben irremachen würde. Dies war mir gut nachvollziehbar, denn ich war oft in Prediger-Gesellschaften gewesen, wo das Gespräch recht absichtlich auf religiöse Gegenstände und Meinungen gelenkt wurde, um zu erfahren, welchen Geistes Kind ich sei. Oft stritten sie mit mir und stellten seltsame Behauptungen auf, die ich ihnen dann sehr leicht widerlegen konnte, und zwar mit der Bibel selbst. Wenn sie dann gleich ihre Meinung nicht mehr verteidigen konnten, so schüttelten sie doch die Köpfe und wollten mir nur nicht geradezu Recht geben. Die größte Orthodoxie fand ich bisweilen unter den Predigern vorherrschend. Mit Fleiß hielten sie die Leute in Unwissenheit und Irrtum und statt verderblichen Aberglauben zu zerstören, wurden die Menschen durch manchen Prediger darin bestärkt. Der eine jagte seine Magd aus dem Dienste, weil sie eine Hexe sei, denn er fand seine Schere behext, die ihm seine Papiere entzweischnitt, ohne dass sie von einer Menschenhand berührt wurde. Der Andere sah seine gläsernen Geräte in der Stube unter den Balken Hüpfen und tanzen und jagte die Magd fort, die dies durch Hexerei bewirkt haben sollte usw.. Auch der Gespenster-Aberglaube trieb sein Unwesen noch sehr häufig unter den dortigen Geistlichen. Zweifellos fürchteten diese Leute, dass ich Gelegenheit suche, ins Predigeramt zu kommen, und ihnen zu Ihrem Nachteil als reformistischer Aufklärer auftreten würde. Bauern bestätigten mir dann auch, dass zwei Prediger sehr nachdrücklich auf den Kirchenrat eingedrungen wären, mich nicht predigen zu lassen. Pfarrer Miller, dem ich bald nachher diesen Vorfall erzählte, sagte mir nun auch, dass ihm der ganze Vorfall schon bekannt sei und er leider die Aussage der Bauern bestätigen müsse. Er erzählte mir ferner, dass diese beiden Prediger Stümper wären und schon länger gefürchtet hätten, dass ich mich aufs Predigen legen und sie dann durch mich die eine oder die andere ihrer Gemeinden verlieren würden. Er schlug mir vor, dass ich einmal für ihn in einer anderen seiner Gemeinden einen Vortrag halten könne. Doch nach den gemachten Erfahrungen lehnte ich dankend ab.

Die deutschen lutherischen und reformierten Kirchen, die ich sah, waren fast alle sehr schön gebaut und übertreffen bei weitem die in Deutschland. Wenn man bei uns neue Kirchen baut, so gibt man ihnen doch ziemlich einigermaßen jene Form der alten wieder, bei der dieselben Fenster dem unteren Raume und gleichzeitig auch der Galerie Licht geben müssen. Die Mauern sowohl der Stadt- als auch der Landkirchen in Pennsylvania sind alle wenigstens doppelt so hoch wie die deutschen. Sie haben entsprechend größere Fenster und sind entsprechend innen viel heller. Fensterblei ist dort überall außer Gebrauch. Die Scheiben sind alle mit Holz eingefasst.

Alle Fenster haben vier große Flügel, damit sie im Sommer geöffnet werden können. Alle Kirchen fand ich oben recht schön und oft sehr kunstvoll gewölbt. Altäre und Kanzeln aber waren einfach und ohne Verkleidung. In der Mitte der Kirchen steht in der Regel ein großer eiserner Ofen, in größeren Kirchen sogar zwei. Diese werden zur Winterzeit kurz vor dem Gottesdienste jedesmal glühend heiß gemacht, so dass es in der ganzen Kirche so warm ist, wie in einer wohlgeheizten Stube. Über den Öfen sind dicke eiserne Rohre angebracht, welche in den Schornstein führen, der oben über dem Gewölbe angebracht ist. Ungeachtet dessen, dass es in der ganzen Kirche recht warm war, so war doch der Ofen beständig mit Menschen umringt, größtenteils mit Frauen und Mädchen. Wenn eine Gruppe ihn verließ und in die Stuhlreihen ging, stand eine andere Gruppe auf und trippelte zum Ofen. Es kam durchaus vor, dass die Wärme Suchenden sich die Schuhe am Ofen auszogen, um sich die Füße zu wärmen. Am Schluss der Predigt kündigt der Prediger regelmäßig den Tag und die Stunde an, wann der nächste Gottesdienst seinen Anfang wieder nehmen soll. Ist der Gottesdienst zu Ende, dann drängt jeder und fast jede sich zum Ofen, um sich eine Zigarre anzuzünden.

Türme und Glocken haben die dortigen Kirchen auf dem Lande, oder wie man dort sagt, im Busche, in der Regel nicht, weil die Leute zu verstreut wohnen, als dass ihnen die Glocken nützen könnten. Mit dem östlichen Giebel grenzen die Kirchen an den Begräbnisplatz, der gewöhnlich mit einer schönen Mauer eingeschlossen ist. Die meisten Gräber sind mit schönen, aufrecht stehenden Marmorsteinen geziert, an welchen die Namen, das Alter und der Geburtsort der Verstorbenen zu lesen ist. Herzlich freute ich mich oft, wenn ich fand, dass manche Eingewanderte ein Alter von 80 bis 85 Jahren erreicht hatten. Die meisten Alten, deren Grabschrift ich las, waren aus der Pfalz gebürtig. Außer den Steinen waren die Gräber noch mit schönen Rosensträuchern bepflanzt. Dies gab dem Kirchhof an der Moselem-Kirche in Richmond ein besonders schönes Aussehen. Auch grünten die Gräber außerdem noch von Thymian, Salbei und anderen wohlriechenden Kräutern.

Außer dem Begräbnisplatze sind die Kirchen dort auf dem Lande alle mit einem großen Versammlungsplatz umgeben, auf dem viele Obstbäume wachsen. Unter diesen Bäumen finden während des Gottesdienstes die Pferde, Wagen und Schlitten Platz, auf welchen die Kirchengänger bis dahin gekommen sind. Diese Versammlungsplätze sind mit einer Planke oder einer anderen Umfriedung umgeben, damit, wenn sich etwa einmal ein Pferd losreißt, dasselbe doch nicht von dem Platze entkommen kann.

9

Merkwürdiger Beruf des Predigers

Beschwerlichkeiten des Predigeramtes – Bezahlung der Prediger und Bildung derselben – Mangel an Bildungsanstalten für Prediger und Schullehrer – Von der Leichtigkeit, ins Predigeramt zu kommen – Prediger und Schullehrer werden nicht förmlich in ihr Amt eingeführt – Predigersynoden und Widerstand gegen diese – Der Aufrührer Hans Gock – In den Städten gibt es noch mehr Religionseifer als auf dem Lande.

Das Predigeramt ist unbestritten eins der beschwerlichsten in den Vereinigten Staaten von Nordamerika. Besonders deswegen, weil die Prediger ihre Gemeinden und Kirchen, an welchen sie angestellt sind, äußerst selten in einem Kreise beieinanderhaben, sondern fast immer sehr weite Reisen von einer Gemeinde zur anderen machen müssen. Deswegen sind sie für gewöhnlich genötigt, die besten und teuersten Reitpferde zu halten. Diese können sie dann selten länger als zwei Jahre reiten, weil die Tiere nach dieser Zeit wegen ihres häufigen Einsatzes in der Regel dauerhaft entkräftet sind. Dies war bei meinem dortigen Prediger, dem Pfarrer Miller, öfters der Fall. Er hatte sechs Gemeinden zu betreuen, von welchen die kleinste 64 Familien stark war. Man denke sich die Strapazen dieses Mannes und seines Pferdes. Auch bei der schlechtesten Witterung müssen die Prediger ihre Dienstreisen zu kirchlichen Predigtanlässen machen. Es wird keine Entschuldigung gelten gelassen, außer die einzige, wenn die Wege so zugeschneit sind, dass durchaus kein Pferd durchkommen kann. Das aber müssen sie nachher mit einem schriftlichen Zeugnisse von einem glaubwürdigen Manne bescheinigen lassen. Die meisten von den dortigen Predigern sterben in ihren besten Jahren, diejenigen aber von ihnen, welche erst 50 Jahre erreicht haben und ordentlich abgehärtet sind, pflegen dann auch sehr alt zu werden.

Einige von den Predigern bedingen sich außer den üblichen, anlassbedingten Honoraren ein jährliches Grundgehalt aus. Die meisten aber tun dies nicht, sondern sind zufrieden mit dem, was jährlich in ihren Gemeinden für sie zusammengebracht wird. Jeder gibt hier nach Belieben seinen Beitrag. Ein Mitglied aus dem Kirchenrat hat alljährlich einmal das Geschäft, das Gehalt des Predigers in der Gemeinde einzusammeln und es nebst einem schriftlichen Verzeichnis, was jeder beigetragen hat, an den Prediger zu übergeben. Ein Prediger wie Konrad Miller, der sechs wohlhabende Gemeinden betreut, steht sich mit etwa 1000 Dollar jährlich recht gut. Die meisten Landprediger haben jährlich 500 bis 800 Dollar. Junge Anfänger aber, die nur eine oder zwei Gemeinden haben, stehen sich gemeiniglich mehrere Jahre schlecht. Manche von ihnen haben wohl kaum 200 Dollar. Solche helfen dann zur Aufbesserung ihrer Kasse überlasteten Kollegen oder arbeiten zusätzlich als Schullehrer.

Die Predigten werden alle aus dem Stegreif gehalten. Kein Prediger darf sich das Geringste seines Vortrages schriftlich notieren und während der Predigt ein geschriebenes Blatt sehen lassen, wenn er nicht das Vertrauen seiner Zuhörer verlieren will. Der Eingang und der Schluss der Predigten bestehen gewöhnlich aus sehr langen Gebeten. Man findet unter den Predigern hier und da einzelne gebildete Männer, die sich aber alle bequemen, den dort gewohnten und herrschenden Kirchenglauben zu predigen. Keiner wagt es, auch nur im Geringsten als Reformator aufzutreten. Alle meinen, sie müssen sich um des Brotes willen »in die Leute schicken«. Darum herrscht auch allenthalben die größte Orthodoxie. Mir schien, so lange in Pennsylvania kein Gesetz existiert, nach welchen hinlänglich gebildete Prediger und Schullehrer angestellt werden müssen, und so lange die Prediger und Schullehrer dort von der Willkür der Bauern abhängig sind, würde es nichts nützen, wenn auch alljährlich mehrere der gelehrtesten Prediger und die geschicktesten Schullehrer aus Europa dorthin geschickt würden. Gerade solchen gegenüber sind die Alteingesessenen misstrauisch und voll Argwohn. Ein solches Gesetz aber wird es aber wohl in Amerika nie geben, denn alle Kirchen und Schulen mit Grundstücken und Gebäuden sind Eigentum der Gemeinden und diese möchten deshalb auch alleine bestimmen, was dort gesagt wird.

Bildungsanstalten für junge deutsche Prediger und Schullehrer gibt es in Pennsylvania wohl nicht, auch nicht für die englischen. Junge Leute, welche Prediger werden wollen, erhalten stattdessen ihre Bildung und den Unterricht in den Wissenschaften dieses Lehramts bei einzelnen Predigern in Städten und auf dem Lande. Einige haben sich die dazu nötigen Vorkenntnisse in Sprachen auf dortigen Schulen erworben. Die meisten aber nicht. Sie studieren oft nur während einer Spanne von drei Monaten – besonders wenn sie eine gute Rednergabe haben – wie etwa dreiviertelstündige Reden flüssig und geschickt aus dem Stegreif vor einer versammelten Gemeinde halten. Viele von ihnen lernen dazu gleich im Anfang ihres Studiums die von ihren Lehrern verfertigten Predigten auswendig und sagen sie dann in der Kirche auf. Auf solche Weise können sie, wenn sie vier Wochen geübt haben, ihren Lehrern und anderen überlasteten Predigern schon behilflich sein und für sie predigen. Studieren sie bei einem Manne, der den Ruf hat, dass er ein guter Prediger ist und wissen sich dann bei den Bauern beliebt zu machen, so bekommen sie auch bald eine Pfarre. Machen sie es dann so, wie die meisten Prediger und heiraten eine reiche Bauerstochter, dann sind sie schon sicher, dass die Bauern von der Freiheit nie Gebrauch machen werden, sie zu entlassen. Vielmehr geht es nun viel leichter, bald noch eine und mit der Zeit mehrere weitere Gemeinden zu bekommen, wofür dann der Herr Schwiegervater und die ganze Verwandtschaft Sorge tragen. Für den Unterricht müssen die dortigen Studenten ihren Lehrern gewöhnlich 40 bis 60 Dollar bezahlen. Von der großen Einfachheit, dort ins Predigtamt zu kommen, habe ich in Amerika viele Beispiele kennen lernen können. Ich will darauf verzichten, sie hier in Einzelfällen zu beschreiben. Indessen soll in weiter westlichen Countys Pennsylvanias und in den neuen Staaten Ohio, Indiana und Illinois das Predigerwerden noch leichter gehen, denn dort übernehmen angeblich sehr viele ohne selbst die vorgenannte, einfachste Vorbereitung ihr Amt.

Offizielle Vorstellungen der Prediger und Schullehrer wie in Deutschland sind gar nicht üblich. Die Prediger können sich den Eintritt in ihr Amt noch durch die Antrittspredigt einigermaßen feierlich machen, aber die Schullehrer durch nichts Äußerliches. Wenn aber einer von den Bauern in den hohen Kirchenrat erhoben und aufgenommen wird, geschieht das immer vermittelst einer Zeremonie und Feierlichkeit. Ein solcher Herr stellt sich, nachdem die Wahl geschehen ist, vor den Altar, der Prediger hält eine sehr lange rührende Rede von der hohen Wichtigkeit einer solchen Person und überhaupt dem gesamten Kirchenrat, der insgesamt aus 12 Personen besteht. Dann tritt der Prediger vor ihn, legt ihm die Hand aufs Haupt, segnet ihn ein und betet lange und kräftig für das neue Mitglied. Der Kirchenrat besteht aus Bauern der Gemeinde. Ihre Titel sind folgende: Zwei Räte, zwei Vorsteher, zwei Baumeister, zwei Armenpfleger, zwei Älteste und zwei Rechnungsführer. Das alles scheint etwas übertrieben. Die tatsächlich anfallenden Geschäfte könnten auch zwei Personen recht gut verrichten.

Die Zahl alle Gemeinden in den gesamten Vereinigten Staaten beläuft sich auf wohl etwa achthundert. Viele in den entfernten, westlichen Gegenden haben noch gar keine Prediger und helfen sich, so gut sie können. Selbst in dem westlichen Pennsylvania ist dies noch häufig der Fall. Heinrich Koch, ein ehemaliger Bürger aus Braunschweig und Kaufmann von Beruf, jetzt in der Centre-County im westlichen Pennsylvanien lebend, besteigt z.B. oft die Kanzel und predigt in seiner Gemeinde. Ähnliche Beispiele vollständiger Laien sind mir dort noch viele bekannt, selbst von Handwerksleuten, die dort predigen. Vor ungefähr 15 Jahren noch wurden von der Kirchenregierung in Pennsylvania auch noch sogenannte Reise-Prediger in die entfernteren Gegenden geschickt. Der Fonds dazu wurde durch Kollekten in den Gemeinden gesammelt. Der Eifer für diese Unternehmung aber ist gänzlich erloschen. Es geschieht nicht mehr. Gleichwohl aber wurden die genannten Kollekten fortgesetzt, die die zentrale Kirchenregierung dann aber zu anderen Zwecken gebrauchte, hauptsächlich wohl, um die eigene Verwaltung zu vergrößern. Vielleicht hatte das Vorgehen gute Absichten. Nur ging es damit zu übereilt rasch zu Werke. Oft hörte man die Bauern murren: »Mir müsse so viel Kollekte zusamme pringe und an tie Synod käbe. Wo pleipt tos Keld? Reiseprettiger hot mer net mehr.«

Die Verärgerung schien hochzukochen. Auf einmal las man in allen großen Zeitungen folgende Bekanntmachung:

»Soeben hat die Presse verlassen und ist zu haben ein Buch, betitelt: Die Verteidigung der freien Kirche in den Vereinigten Staaten von Nordamerika. Von Karl Gock.«

Dann hieß es weiter:

»Bauern auf! Kauft dieses Buch und lest, was die Geistlichkeit mit Euch im Willen hat! Sie will Euch in das eiserne Joch schmieden, so wie es in meinem Vaterlande geschehen ist. Auf Bauern! Verhindert das deutsche Pabsttum! Verteidigt Eure Freiheit! Ihr werdet dies tun, sobald ihr meine Schrift gelesen habt, und ich will an Eure Spitze treten und mit meinem Blute die freie Kirche verteidigen…«

Dies wirkte wie ein elektrischer Schlag. Alle Bauern – und ich möchte wohl behaupten, alle Deutschen, welche lesen können – kauften das Gock'sche Buch. Nicht nur in ganz Pennsylvania, sondern auch nach den entferntesten Gegenden der Freistaaten, wo deutsche Gemeinden waren, wurde das Buch verbreitet. Gock war ein geborener Württemberger, der erst vor wenigen Jahren nach Amerika eingewandert war. Ein Mann von großer Beredsamkeit, aber auch, wie sich bald herausstellte, von schlechtem Charakter. Des Winters hielt er Schule, schrieb Bücher, z. B. Rechenbücher, und ließ sie drucken. Zur Sommerzeit fuhr er mit Pferd und Wagen im Lande umher und verkaufte sie dann. An dem obengenannten Werke »Die Verteidigung der freien Kirche« hat er viel Geld verdient, aber er war ein Verschwender und ging nicht einmal ordentlich gekleidet einher. Oft sah er aus wie ein Vagabund. Auch war er ein Betrüger, was ich und noch andere ihm beweisen können. Das genannte Buch habe ich gelesen, aber nicht selbst gekauft. Er bediente sich der gröbsten und beleidigensten Ausdrücke und Scheltworte und nahm mitunter zu offenbaren Lügen seine Zuflucht. »In der Ferne lügt sichs gut.«, sagt ein altdeutsches Sprichwort. Darum konnte auch Gock in Amerika die geistlichen Verfügungen und Einrichtungen, die in Deutschland stattfinden, ein »Pabsttum« nennen und sie als ein eisernes Joch schildern. Widerspruch war unwahrscheinlich, denn die meisten Amerikaner, die niemals in Europa waren, stellen sich nach meiner Erfahrung Europa und Deutschland als einen einzigen Hort der Sklaverei vor. Wie überhaupt die Bezeichnung »Sklaven« für die in Deutschland Lebenden eine gängige Bezeichnung der alteingesessenen Pennsylvanier war.

Die Gegner des Gock gaben sich alle Mühe, sowohl durch Reden und öffentliche Vorträge ihn zu widerlegen, als auch durch Schriften und Bücher eine andere Meinung in das Publikum zu bringen. Die Zeitungen waren mehrere Wochen lang voll von dieser Geschichte. Gocks Gegner beschuldigten ihn öffentlich, dass er ein Verbrecher, in Deutschland dem Gefängnis entronnen und nach Amerika flüchtet sei, was sie jedoch auch nicht beweisen konnten. Dadurch aber wurde Gock nur gereizt, noch ärger gegen seine Gegner zu Felde zu ziehen. Er schalt sie nun auch in den Zeitungen noch weit ärger als früher und gewann in der breiten Bevölkerung immer mehr Beifall. Sonderbare Ausdrücke verwendeten manche der Prediger in ihren Drohschriften gegen Gock. Der weiter oben schon genannte reformierte Pfarrer Dechant z.B. fing seine Schrift mit folgenden Worten an: »Gock, Gock! Nimm dich in Acht! Jetzt kömmt der Bär«. Dies hatte zur Folge, dass er nun allenthalben von den Bauern »Bär« genannt wurde, und ein Bauer ihn in einer großen Gesellschaft bat, sich deutlich darüber zu erklären, ob er ein Saubär oder ein Hundsbär sei. Gock antwortete in den Zeitungen auf alle Drohungen: »Euren Bären fürchte ich ebenso wenig, wie einst mein Ahne, der starke Simson, sich vor einem solchen fürchtete. Und ebenso, wie derselbe mit eines Esels Kinnlade tausend Philister schlug, so schlage ich Euch alle mit einem einzigen Gänseflügel zu Boden.« Weil die Bücher, welche gegen Gock geschrieben waren, nur von wenigen Bauern gekauft und gelesen wurden, so wurden Auszüge daraus gemacht, gedruckt und die Prediger lasen ihren Gemeinden solche bei Gelegenheit vor. Allein auch das wollte nichts helfen und blieb ohne den gewünschten Erfolg. Als dieser Unfug etwa sechs Wochen lang gedauert haben mochte, gab jede Gemeinde ihrem Prediger den folgenden Auftrag: »Prediger, entweder sage Dich von Deiner Kirchenregierung gänzlich los und halte es allein mit Deiner Gemeinde oder lege das Predigeramt nieder und erkläre Dich nach vier Wochen vor der versammelten Gemeinde, was Du in Sachen Freiheit der Kirche zu tun gedenkst.« Diejenigen Prediger, welche durch Heirat mit mehreren Gemeindegliedern in Verwandtschaft standen, entschlossen sich bald, sich von der zentralen Kirchenregierung loszusagen. Der schon genannte Pfarrer Hermann war in der Berks-County der erste, der den Schritt tat. Diese Lossagungen wurden zwar von den übrigen Kollegen sehr missbilligt. Als aber die Nachricht aus Ohio eintraf, dass dort bereits mehrere Prediger Amt und Brot verloren hätten, weil sie sich von Kirchenregierung nicht hatten lossagen wollen, so folgten die meisten dann doch dem Beispiele des Hermann und erklärten öffentlich vor ihrer Gemeinde, dass die Kirchenregierung damit abgeschafft sei.

Ein Kirchenvorsteher sagte, nachdem der soeben oben erzählte Streit zu Ende war, zu einigen Predigern: »Mögt ihr zußamme laufe, un konzittre, wie ihr immer pesser Gottes

Wort prettige wollt, tos isch uns ebbe viel. Apper mir lasse uns nicks vorschreibe, tenn mir ßint tie Mäschter der Kirch. Mir habe zu pefehle, un net ihr. Mir wolle unßre Freiheit pehalte un kä Sklove werde. Lauft immer zußamme, oper lasst es peim Alte!« In Hochdeutsch: Die Prediger können sich ruhig treffen, um zu besprechen, wie sie besser predigen können. Aus der Politik sollen sie sich aber heraushalten.

Schließlich sei noch bemerkt, dass in Pennsylvania überall – so auch unter den Deutschen – eine völlige Toleranz und Glaubensfreiheit herrscht. Ein jeder kann glauben, was er will. Zu einer anderen Kirche übergehen, seine Kinder in jeder beliebigen Kirche taufen lassen usw.. Alle Sekten werden geduldet. Man disputiert, aber verfolgt und hasst sich nicht wegen verschiedener Glaubensmeinungen. Alle christlichen Sekten, deren es dort eine große Menge gibt, und die beständig noch mehr werden, haben Deutsche unter sich. Die Deutschen in den Städten, besonders in den See-Städten und besonders in Philadelphia, zeigen allerdings viel mehr äußere Frömmigkeit und Religionseifer als die deutschen Landbewohner.

10

Aller Anfang ist schwer

Amerikanische Einwanderungspolitik – Über die Redemptionisten, Serwepubs, White Slaves und das System der Vertragsknechtschaft – Die »German Societies« – Welchen Personen und Klassen eine Einwanderung ersprießlich und welchem Alter und Stande sie nachteilig sein wird.

Wenn in Pennsylvania Schiffe mit Passagieren ankommen, so werden sie sechs Meilen vor Philadelphia an einem Lazarett angehalten und von einigen Ärzten untersucht, wie ich es eingangs schon für meine eigene Anreise beschrieben hatte. Finden sie bösartige Krankheiten auf dem Schiffe, so muss dieses in Quarantäne. Gefährliche Kranke werden in das Lazarett gebracht und dort auf Kosten des Schiffers verpflegt. Findet sich aber keine Ursache zur Quarantäne, so laufen die Schiffe in den Hafen von Philadelphia ein. Diejenigen Passagiere, welche vor der Einschiffung ihre Fahrtkosten bezahlt haben, können gleich nach der Landung hingehen, wohin sie wollen. Jeder darf sie auch beherbergen und keine Polizei darf das verhindern. Auch sind die Wirte verpflichtet, jeden Reisenden zu beherbergen und denen, welche nicht bezahlen können, dies unentgeltlich anzubieten. Außerdem müssen sie – zumindest für eine Nacht – ihnen noch außerdem freies Essen und Trinken geben. Auch bedarf niemand eines Reisepasse. Auch nicht, wenn er vorhat, alle Staaten kreuz und quer zu durchreisen. Von denjenigen Passagieren, die ihre Fahrtkosten nicht bezahlt haben, erhalten die Kapitäne ihre Bezahlung dadurch, dass ein Amerikaner sie in seine Dienste nimmt und die Fahrtkosten bezahlt. Solche Leute nennt man »Redemptioner« (von lateinisch redemptio = Loskauf). Die entsprechenden Dienstverträge werden von einer durch die Regierung besonders dazu autorisierten Person (der »Registrar«) in deren Wohnung geschlossen. Er erhält dafür einen Dollar pro Person von dem künftigen Dienstherrn. Es wird zu diesem Geschäft ein in Philadelphia ansässiger Mann gewählt, welcher der englischen und deutschen Sprache kundig ist. Seine Verpflichtung ist es, das Interesse beider Parteien nach Vorschrift des Gesetzes und der Billigkeit zu vermitteln, besonders aber dasjenige der beiden Vertragsparteien zu vertreten. Bei der Ankunft der Schiffe erhält dieser Registrar von einem »Interpreter« (das ist der Übersetzer), der zuvor die Schiffe aufgesucht hat, eine namentliche Liste aller auf den jeweiligen Schiffen befindlichen Passagiere mit Angaben zu Geschlecht, Alter und der verschiedenen Berufe und Qualifikationen.

Die Dauer der Dienstzeit in solchen Dienstverträgen liegt bei zwei bis vier Jahren, je nach Verschiedenheit der Fahrtkosten, des Alters, Geschlechts, der Gesundheit und Fähigkeiten der Ankömmlinge. Vier Jahre ist für einen Passagekostenbetrag der äußerste, gesetzlich zugelassene Zeitraum. Nur in außerordentlichen Fällen kann er auch verlängert werden; z.B. wenn Familien viele kleine Kinder haben, bei zu hohem Alter, Schwächlichkeit oder anderen Nachteilen. Kinder männlichen Geschlechts über vier Jahren zählen bis zum einundzwanzigsten, die weiblichen Geschlechts bis zum achtzehnten Lebensjahre zum Familienverbund. Die jüngeren Kinder werden bei der Ermittlung der Dienstzeit nicht mitgerechnet. Die Dienstpflichtigen erhalten nach gesonderten vertraglichen Regelungen Wohnung, Essen und Trinken, Kleidung und freie

Wäsche. Kinder erhalten jedes Jahr sechs Wochen Schule und am Ende der Dienstzeit zwei vollständige Kleidungsstücke, wovon eines neu sein muss. Außerdem bekommen die Burschen am Ende ihrer Dienstzeit 25 bis 30 Dollar bares Geld, wenn sie ihr Brotherr während der Dienstjahre kein Handwerk lehrt oder lehren lässt. Die Mädchen aber erhalten noch ein vollständiges Bett, eine Kommode, Haspel und Spinnrad, Flachs und Wolle sowie eine milchgebende Kuh.

Auch viele in Amerika geborene Kinder werden auf die beschriebene Art verdungen. In Pennsylvanien habe ich dies allenthalben gefunden. Sind die Kinder der Unbemittelten vier Jahre alt oder älter, werden sie unmittelbar wie oben beschrieben verdungen. An Nachfrage für solche Kinder durch Dienstherren mangelt es nicht. Die Gesetze verfügen außerdem zum Schutze der Redemptioner, dass niemand ohne seine Einwilligung nach außerhalb des Staates Pennsylvania verdungen werden darf. Mann und Frau dürfen nicht ohne beiderseitige Einwilligung und Kinder in der Regel nicht von ihren Eltern getrennt werden. Außer diesen Gesetzen gibt es keine anderen, wodurch dieselben die Einwanderungen unmittelbar begünstigten. Auch scheint die Regierung der Vereinigten Staaten überhaupt kein besonderes Interesse an Einwanderungen zu nehmen oder sie durch politische Maßnahmen anreizen zu wollen. Sie ist wohl der Meinung, dass es schon ausreichend geneigt zum Einwandern macht, wenn sie die Tore ihres Staates öffnet und einem jeden Ausländer, der sich in den Vereinigten Staaten niederlassen will, es möglich macht, Landeigentümer zu werden oder jedes andere beliebige Gewerbe zu treiben und durch einen recht einfachen Vorgang die amerikanischen Bürgerrechte mit all ihren Vorzügen erhalten zu können. Die Vereinigten Staaten scheinen inzwischen einen Punkt erreicht zu haben, wo ihre fortschreitende Macht, Größe und das Bevölkerungswachstum nicht mehr von fremder Einwanderung abhängig ist. Gleichwohl aber sind die Ausländer immer noch willkommen, der Mangel an Händen dauert fort und es würde in mancher Gegend schmerzlich empfunden werden, wenn auf einmal alle Einwanderung aufhörte. Dazu kommt aber noch eine andere amerikanische Besonderheit: Die Regierung der Vereinigten Staaten mischt sich grundsätzlich in vieles nicht ein, was in Deutschland ein Gegenstand der tätigsten Vorsorge der Regierungen ist. Es scheint eine amerikanische Staatsmaxime zu sein, aller menschlichen Tätigkeit den freiesten Spielraum zu lassen, ohne sie weder einzuschränken, noch zu befördern oder zu leiten und nichts zu übereilen. Alles möge von selbst entstehen, sich entwickeln, reifen und nach seinen inneren Gesetzen und nach den von außen einwirkenden Umständen verlaufen.

Außerdem können auch außenpolitische Rücksichten zu Grunde liegen, welche die Regierung abhalten, die Auswanderung durch große Begünstigung aufzumuntern: Teils die Besorgnis, die europäischen Staaten und Regierungen zu beleidigen und ihre Eifersucht zu erregen. Teils, dass von einer zu großen und plötzlichen Einwanderung von Europäern mit monarchischen Grundsätzen – oder doch verschiedenen Sitten – nachteilige Folgen für den Staat zu befürchten seien. Nachteilig insofern, dass die verschiedenen Bevölkerungsbestandteile sich womöglich nicht schnell genug zu einem Ganzen verbinden und die nationalen Sitten und die öffentliche Meinung nachteilig durch das Neue beeinflusst werden könnte.

Die Regierung der Vereinigten Staaten hat dem ungeachtet in einzelnen Fällen deutschen, schweizerischen, französischen und irländischen Interessengemeinschaften oder Kolonien, welche Ländereien für Ansiedelungen von ihr kauften, äußerst vorteilhafte Bedingungen bewilligt und dadurch bewiesen, dass es auch nicht ängstlich in diesen Punkten handelt. Man sollte als Einwanderer überhaupt im Grunde keine größere Begünstigung erwarten, als die europäischen Emigranten sie dort tatsächlich vorfinden. Es wäre von Regierungsseite der Vereinigten Staaten auch gar nichts weiter nötig zu tun, wenn von Emigranten-Seite mit etwas mehr Planmäßigkeit und Zusammenhang vorgegangen würde, wenn also z.B. bei der Einschiffung mehr Ordnung eingeführt würde und wenn vor der Einschiffung schon in Deutschland sich die einzelnen verstreuten Familien oder Individuen, welche bisher einzeln, ohne Ordnung und aufs Geratewohl den Häfen zuströmen, Gruppen bildeten und einen erfahrenen Führern an ihrer Spitze setzten. Gut wäre auch, wenn Organisationen existierten, welche von der Regierung sich Landstriche abtreten ließen und darauf dann Kolonien gründeten, welche den einzelnen, verstreut und unorganisiert dort ankommenden Individuen zunächst Aufnahme böten. So etwas fehlt besonders den deutschen Einwanderern. Einzelne Privat-Unternehmer und große Güterbesitzer, welche einen großen Teil der Ankommenden an sich ziehen könnten, gibt es zwar, aber in zu geringer Anzahl. Wohl für die Hälfte der Einwanderer ist ihr Start in der neuen Heimat aber nicht genug geregelt und zu sehr der Willkür und Zufällen unterworfen.

Es gibt jetzt in den Vereinigten Staaten vier deutsche Gesellschaften (»German Societies«): Die erste in Philadelphia, die zweite in Lancaster, die dritte in New York und die vierte in Baltimore. Allein der Zweck derselben beschränkte sich bisher nur auf die Unterstützung einiger der Hilfsbedürftigsten und Linderung ihres Elends bei der Landung sowie auf unmittelbare, meistens aber sehr laue und oft genug unwirksame Vertretung gegen Beeinträchtigungen und Misshandlungen. Die

Gesellschaft zu New-York scheint überhaupt nur wenig zu leisten und hatte auch wenig Gelegenheit dazu, noch weniger die zu Baltimore. Den beiden zu Philadelphia und zu Lancaster – so sehr auch von Zeit ihrer Stiftung an ihre Bemühungen Lob und Dank der Deutschen verdienen – reichten doch ihre Mittel nicht hin. Ihre Fonds sind zu gering, um dem zu großen Bedürfnis abzuhelfen. Die englischen und irländischen Gesellschaften nehmen sich der Anliegen ihrer Landsleute sehr viel tatkräftiger an.

Millionen Menschen könnten in jenem gesegneten Lande Amerika Raum, Glück und Wohlstand finden. Ein Jeder, welcher ein kleines Kapital dorthin bringt oder sich mit der Hände Arbeit ernähren will und kein Taugenichts, kein Säufer, Spieler oder sonstiger Verschwender ist, kann sicher sein, es zu finden. Die Nachfrage nach Arbeitern lässt nicht nach, sondern vermehrt sich jetzt wieder, seitdem der Bau der vielen künstlichen Wasserwege und die Schiffbarmachung mancher Flüsse so viele tausend Menschenhände in Pennsylvania erfordert. Doch bei der ungewöhnlich großen Anzahl der deutschen Emigranten, welche z.B. im Jahre 1817 größtenteils erst spät im Winter in Philadelphia landeten, mussten sich die Kanäle wohl eine Zeitlang verstopfen. Der traurige Zustand, in welchem diese Leute bei Ankunft sich befanden, schadete auch nicht wenig ihrer schnellen Unterkunft. Zudem klagte man in Philadelphia allgemein über die größere Immoralität der seit mehreren Jahren Ankommenden und war entsprechend gegen sie eingenommen. Zwar wurden täglich eine Anzahl Emigranten von den Registratoren verdungen. Aber viele andere haben lange in großem Elende auf den Schiffen warten müssen, bis die Reihe an sie gekommen ist. Ein anderer Teil der Leute musste zwischenzeitlich in Notunterkünften untergebracht werden. Auch die Spitäler füllten sich, in welchen dann nicht wenige gestorben sind. Mehrere hatten von der Mildtätigkeit der Einwohner eine Zeitlang gelebt, aber der Respekt vor dem Gesetz ging verloren. Der ursprüngliche Ehrgeiz zum Neuanfang im gelobten Land war erkaltet und das dafür mitgebrachte Geld nicht hinreichend gewesen. Bei dieser Lage der Dinge und der sich täglich vergrößernden Not dieser Menschen hatte sich die »German Society« im Monat Dezember bewogen gefunden, eins ihrer Mitglieder zu beauftragen, den Zustand auf den Einwandererschiffen zu untersuchen und darüber Bericht zu erstatten. Hierauf hatte dann die »German Society« noch in demselben Monat eine Petition an das in Harrisburg sitzende Parlament des Staates von Pennsylvania überreichen lassen. Diese sollte bewirken, dass bessere und wirksamere Gesetze zu Regulierung der Einwanderung erlassen werden sollen. Insbesondere auch ein Gesetz, nach welchem die Kapitäne in Zukunft Kaution zu leisten hätten für alle Passagiere, die sie einführen würden, damit sie dem Staate und besonders auch der Ankunftsstadt, wie es zuletzt der Fall gewesen war, nicht wieder zur Last fielen. Eine solche Verfügung hätte allerdings die Einwanderung in der bisherigen Form für die Zukunft erheblich erschwert. Ob diese spezielle Initiative erfolgreich war, habe ich nicht erfahren. Auf jeden Fall aber gab es später neue Gesetze, in welchen neue Bestimmungen bezüglich der Verpflegung und der Ordnung auf den Transportschiffen festgesetzt worden sind.

Ich komme nun aber nochmals auf die oben genannten Arbeitsverpflichtungen zurück. Was diese Art sich zu verdingen anlangt, so ist es nicht recht, in derselben Sklaverei zu sehen, denn ihr liegt ja ein freiwilliger Vertrag zugrunde. Doch aber wirft sie einen Schatten auf das Ansehen der deutschen Einwanderer, weil die Umstände dieser Verdingungen nicht immer von Missbräuchen und Gesetzwidrigkeiten frei sind und diese Art Dienstverhältnisse so in einen schlechten Ruf geraten. Der übliche Ausdruck für die Verdingungen in den mehr südlichen Staaten heißt nicht »bind as servants«, sondern »kaufen und verkaufen«. Dort ist es dann allerdings auch tatsächlich üblich, Verdungene als »white slaves« zu bezeichnen. In Pennsylvania habe ich solchen Ausdruck nie gehört. Die Stadt- und Landleute sprachen: »Tos isch mä Serwepub, oder mä Serwemädel.« Diese Methode, sich zu verdingen, bleibt jedoch, so lange andere Arbeitsmöglichkeiten fehlen, der einzige und sicherste Weg für den Start. Selbst bei Unternehmungen und Kolonisierungen im Großen würde sie nicht ganz entbehrlich werden, weil dadurch nur ein verhältnismäßig kleiner Teil der Handwerker – zumindest am Anfang – Unterkunft finden würde. Es ist ein großer Fehler derjenigen jungen Emigranten, die ihre Überfahrt bezahlt und noch etwas Geld in Händen haben, dass sie unentschlossen, was sie beginnen sollen, sich zu lange in den Seestädten aufhalten und ihr Geld erst verzehren, ehe sie eine Arbeit suchen. Erst wollen sie sich von der Reise zur See und den ausgestandenen Beschwerden derselben erholen. Dann aber bewirkt das dortige Klima eine Trägheit und Unlust zum Reisen und sie schieben dies so lange auf, bis die Not sie dazu zwingt. Reisen sie endlich, so will es ihnen oft weder hier noch dort gefallen. Sie suchen Arkadiens Gefilde, die sie sich in Deutschland hatten träumen lassen und finden sie nicht. Schließlich zwingt sie die Not, sich zu verdingen und sie müssen sich an die Arbeit gewöhnen, die ihnen im Anfang nicht schmecken wollte. Viele derjenigen jungen Leute, welche für ihre Fahrtkosten gleich nach der Ankunft für zwei oder drei Jahren verdungen werden, kommen im Vergleich dazu besser zurecht und erreichen früher ihr Ziel, weil sie sich während ihrer Verdingungszeit noch etwas Geld verdienen konnten und dann im Stande sind, nach derselben sogleich ein selbstständiges Gewerbe anzufangen. Während der Zeit ihrer Dienstpflichtigkeit haben sie Gelegenheit, die Sprache, Gebräuche und das Verschiedene in allen Gewerben zu lernen und erwerben sich die nötigen Lokalkenntnisse. Falls einer Landmann ist, kann er für bares Geld oder auf Kredit mehrere Morgen Land kaufen, auf welchem er sich ansiedelt – mit der sicheren Aussicht bei Fleiß und Ökonomie den Wert seines Eigentums mit jedem Jahre wachsen zu sehen. Fast alle, welche vor 10 oder 12 Jahren als »Redemptioner« dort anlangten, sind jetzt wohlhabend. Jeder junge Mann, der Landarbeit versteht, findet, wenn er will, in Pennsylvania auch Gelegenheit, als Tagelöhner unterzukommen und zur Sommerzeit täglich einen Dollar nebst Essen und Trinken zu verdienen. Der Handwerker verdient noch mehr. Denn alle Handarbeit wird dort gut bezahlt. Es ist daher gar nicht verwunderlich, dass manche Menschen dort binnen kurzer Zeit wohlhabend und auch reich werden. Manche aber kommen tatsächlich auf keinen grünen Zweig. Nach allem, was ich aber erfahren habe, ist die Behandlung der Leute während ihrer Dienstzeit in Pennsylvania und den angrenzenden westlichen Staaten in der Regel menschlich und gut. In Fällen, wo sie das nicht ist, gibt es den Weg der Klage bei einem so genannten »Sollicitor« (eine Art Anwalt) der »German Society«, was meistens Erfolg hat. Häufiger sind die Klagen von Seiten der Dienstherren gegen die Dienenden, indem häufig Beispiele vorkommen, dass diese sich durch Entlaufen ihrer Verbindlichkeit zu entziehen suchen.

Es ist sehr gut nachvollziehbar, dass mehr Landleute als Handwerker gesucht werden, weil fast alle Bauernsöhne auch ein Handwerk lernen. Dennoch aber findet fast jeder Handwerksmann auch auf dem Lande, die Bäcker ausgenommen, bis jetzt immer noch guten Verdienst. Welche Klasse von Handwerkern vorgezogen wird, von welchen zu viel oder zu wenig seien, bestimmen in jenem sonderbaren Lande, wo alle Gewerbetätigkeit unabhängig und frei von aller Einschränkung durch Gilde oder Zünfte und auch jeder Einwirkung von Seiten der Regierung ist, allein Angebot und Nachfrage. Da zeigt sich`s dann, dass alle Arbeiter und Handwerker der groben oder einfachen Art, deren Arbeitsprodukte von unmittelbarer Notwendigkeit sind und nicht als Manufakturwaren eingeführt werden können, in vorzüglichem Ansehen stehen. Sie finden leicht Gelegenheit zu Verdienst und Arbeit. Dahin gehören z.B. Maurer, Zimmerleute, Wagner, Tischler, Böttcher, Schmiede, Schlosser, Schuhmacher, Weber, Schneider. Angehörige aller Gewerbe hingegen, welche ihrer Natur nach sich mehr oder weniger den feinen Künsten oder Manufakturen nähern, oder deren Produkte mehr Gegenstand des Luxus sind, finden nicht so leicht ihr Glück. Solche Dinge können bei der Höhe des Arbeitslohns oft günstiger aus dem Ausland eingeführt werden.

Junge Leute von 14 bis 20 Jahren werden wohl am meisten gesucht, vorzüglich aber Mädchen. Niemand, der ledig und ohne Familie und über 50 Jahre alt ist, sollte sein Vaterland verlassen, wenn er keine Mittel hat, in Amerika ein besseres Schicksal zu gründen, als jene Art, sich zu verdingen. Bei Personen weiblichen Geschlechts, wenn sie unverheiratet sind, ist das Alter von 30 Jahren schon fast zu hoch. Das Alter ist überhaupt ein großes Hindernis. Doch hört man, dass bisweilen Personen von 70, ja 80 Jahren dort landen. Dies ist die größte Torheit und sollte durchaus vermieden werden.

Von den deutschen Einwanderern blieb bislang wohl immer der größte Teil in Pennsylvania. Hauptsächlich deswegen, weil sie dort Landsleute, Bekannte oder auch Verwandte finden und auch wegen der größeren Leichtigkeit der Sprache, die dem Deutschen noch recht verwandt ist. Etliche gehen auch westlich nach den Staaten Ohio, Indiana oder Illinois, den Ohio hinab, bis an den Mississippi. Manche kommen auch wieder zurück und siedeln sich dann in Pennsylvania an. Viele in die weiter westlichen Staaten Verdungenen, die ihren Bekannten in Pennsylvania Nachricht gaben, versicherten, dass es ihnen dort wohlergehe. Besonders in Ohio gäbe es alles im Überfluss außer Bargeld. Tagelöhne werden deshalb mit Getreide bezahlt. Ohio zählt den Berichten nach zu den fruchtbarsten Staaten der Union. An manchen Plätzen gibt der Boden die Aussaat des Weizens mehr als hundertfach wieder. Der Boden des Ohio-Staates ist fast überall wellenförmig und mürbe wie Asche. Man pflügt dort fast überall ohne eiserne Pflugscharen und fährt mit Wagen, deren Räder nicht mit Eisen beschlagen sind. Schmiede finden dort nicht leicht Arbeit. Bemerkenswert ist schließlich der Reichtum an Fischen und Wildbret wie wilde Puter und Fasanen. Sie halten sich in so großer Menge in den Wäldern auf, dass man sie mit Prügeln erlegen kann. Die dortigen Einwohner essen allerdings lieber Schweinefleisch. Mancher Bauer hält dort hunderte Schweine, weil sie ihn kein Futter kosten, sondern sich freilaufend im Walde fett fressen können.

11

Hinweise zu Landerwerb und Ansiedlung

Welche Staaten für die Einwanderer zu empfehlen sind – Das Fehlen von Beratung für die Einwanderer – Deutsche Einwanderer bleiben lieber in bereits besiedeltem Gebiet, statt in die unbekannte Wildnis aufzubrechen – Die Einteilung des Landes in Countys, Townships und Sektionen.

Die Vereinigten Staaten von Nordamerika schreiten auf dem Wege ihrer Vergrößerung und Macht unaufhaltsam mit großer Schnelligkeit voran. Ihre Grenzen dehnen sich durch Verträge mit den Indianern nach Westen immer weiter aus. Ungeheure Strecken des herrlichsten und fruchtbarsten Landes im rohen Zustand der Natur warten noch auf Menschen, die sie in fruchtbare Gefilde umwandeln sollen. Auch die ungeheure Strecke längs der Küste des atlantischen Meeres ist noch bei weitem nicht in dem Verhältnis angebaut und bevölkert, wie es die meisten europäischen Staaten sind. Raum findet sich auch da noch für viele Millionen fleißiger und glücklicher Menschen und für Einwanderungen auf Jahrtausende. Die westliche Richtung hält man für die, welche die Natur dem Deutschen vorschreibt, weil das dortige Klima dem seinigen fast gleichkommt. Doch kann sich ja der Mensch an jedes Klima gewöhnen. Ich möchte behaupten, das Klima in Pennsylvania sei gesunder als das unsrige, wenn man dort ebenso mäßig lebt, wie bei uns in Deutschland. Will der Auswanderer aber westlich gehen, so sind die Ufer des Ohio,

Wabash und Miami besonders für seine Niederlassungen zu empfehlen. Doch der Deutsche, und ganz besonders der Niedersachse, ist ja zu sehr an das gesellschaftliche Leben gewöhnt, als dass man ihm raten sollte, einzeln in die Wildnis zu gehen, auch wenn er die größten Reichtümer der irdischen Welt sich dort erwerben könnte. In zahlreicher Gesellschaft von Landsleuten mag der Gang ins wilde Unbekannte vielleicht vorstellbar sein, aber dazu eignet sich der niedersächsische Landmann auch nicht unbedingt, weil er zu misstrauisch und wankelmütig, auch zu unentschlossen und furchtsam ist.

Viel günstiger sähe es aus, wenn es Unternehmer gäbe, die im Stande wären, ganze Kolonien von Deutschen in jene genannten westlichen Gegenden zu führen, damit sie sich dort ihr Paradies schaffen können. Die Gelegenheit dafür ist vorhanden. Die Natur hat dort dazu das ihrige getan. Das Klima und der Boden sind für eine Ansiedlung sehr gut geeignet. Der amerikanischen Regierung sind solche Unternehmer willkommen und sie tut das ihrige, große Unternehmungen zu unterstützen. Es fehlt an weiter nichts, als dass der deutsche Einwanderer – besonders aber eine erforderliche Leitfigur für eine große Kolonie – sich was einige Punkte betrifft, möglichst schon vor der Auswanderung in einen Amerikaner verwandelt. Das ist eine schwierige, aber auch eine sehr wichtige Aufgabe. Dazu gehört, dass diese Leitfigur schon unterwegs mit ihren Leuten aus einer Schüssel isst und aus einem Becher mit ihnen trinkt und sie überhaupt mehr als Freunde, denn als Untergebene behandelt. Damit können die Einwanderer anfangen, sich frühzeitig den in Amerika üblichen Umgang der Herrschaften mit dem Gesinde anzueignen. Ferner wäre einem solchen Unternehmer noch besonders zu raten, dass er nur wenig oder gar keine ledige Personen, sondern möglichst nur Familien in seine Kolonie aufnimmt. Bei ihnen ist mehr

Treue zum Dienstherrn zu erwarten als bei den Ledigen. Außerdem sollte der Unternehmer nicht aufs Geratewohl jeden, der sich anbietet, sondern nur ehrliche Leute in seiner Kolonie aufnehmen, sie alle vereidigen lassen und gerichtsfeste Verträge mit ihnen schließen. Ohne die Befolgung der genannten Punkte würde vermutlich jeder Anlauf, dorthin eine Kolonie von Niederdeutschen zu führen unfehlbar scheitern, wie die Erfahrung lehrt. Weiterhin wäre für einen Erfolg des Unternehmens zu raten, dass Agenten vorausgeschickt werden, die einen zur Niederlassung geeigneten Platz aussuchen, sich von der Regierung der Vereinigten Staaten eine entsprechende Strecke Landes abtreten und ausmessen lassen und alle nötigen Vorbereitungen für die Niederlassung auf dem Grundstück vorher erledigen.

Außer Pennsylvania und den westlichen Staaten Ohio, Indiana und Illinois eignet sich auch der südliche Teil des Staates New-York zu Niederlassungen für die Deutschen. Unter den vorteilhaftesten Bedingungen wird dort fortwährend gutes und günstig gelegenes Land Ansiedlern zum Verkauf angeboten. Wer gleich bezahlen kann, kann den Acre des besten, aber noch unkultivierten, rohen Weizenlandes für einen Dollar kaufen, selbst da, wo sich das Getreide sehr vorteilhaft verkaufen lässt. Im westlichen Pennsylvania wurden im Winter 1825 auf einer Versteigerung 15.000 Acres Waldland, jedes Hundert für 73 Cents verkauft, weil niemand mehr bieten wollte und der Versteigerer den Auftrag hatte, den Meistbietenden es zuzuschlagen. Das Privatland ist zurzeit in Amerika allenthalben wirklich spottbillig, ausgenommen in der Nähe großer Städte oder schiffbarer Flüsse, wo es aber auch sehr im Preise gesunken ist. Natürlich richtet sich der Preis des Landes auch nach den Getreidebedürfnissen und Getreidepreisen. Fast alle Bauern haben mehr eigenes Land, als sie kultivieren können, denn in den Zeiten der hohen Getreidepreise vor mehreren Jahren kauften sie ungeheuer viel Land an, um damit zu spekulieren. Viele liehen dazu große Kapitalien von den Banken, wo es ihnen immer gern zu sechs Prozent Zinsen ausgezahlt wurde. Keiner ahnte die mit Ende des Krieges in Europa kommenden, niedrigen Getreidepreise. Viele konnten nun wegen des Preisverfalls die Zinsen nicht aufbringen und büßten nicht nur ihr gekauftes Land ein, was nicht den fünften Teil des Wertes mehr hatte als zu der Zeit, in welcher sie es mit großer Begierde an sich kauften, sondern ihre Güter wurden ihnen durch Gerichtsbeschluss verkauft – oft für den zehnten Teil ihres Wertes. Viele verloren ihr sämtliches Vermögen oder doch einen ansehnlichen Teil desselben, nur dadurch, dass sie sich für ihre Freunde und Nachbarn verbürgt hatten. So ging Treue und Glaube verloren. Viele griffen zu üblen Mitteln, um wenigstens einen Teil ihrer Güter zu retten. Sie gingen zu der Obrigkeit und schworen, ihr Besitz sei keine 15 Dollars mehr wert. Tatsächlich reicht das in Pennsylvania manchmal aus, um sich um die Zahlung von Schulden zu drücken.

Die Zeitungen sind jede Woche voll von Bekanntmachungen, dass Plantagen und Land für das Höchstgebot verkauft werden sollen oder müssen. Der einzelne Deutsche, wenn er auch nur im Besitz eines kleinen Kapitälchens ist, findet dort regelmäßig Gelegenheit, auch kultiviertes Land nebst Wohnung und Wirtschaftsgebäuden günstig zu kaufen. Ich will ein paar Ursachen nennen, wodurch die günstigen Kaufgelegenheiten außer den gerichtlichen Versteigerungen entstehen: Zum einen gibt es – wie bereits erwähnt – in Philadelphia und anderen Städten reiche Leute, die in jenen Zeiten, wo die Getreidepreise sehr hoch lagen, ganze Strecken Landes mit Spekulationsabsichten kauften, von denen sie sich dann unter Wert wieder trennen mussten, um nicht alles zu verlieren.

Auch trifft man aber immer wieder reiche und wohlhabende Bauern, denen ihre Plantagen bei der Vergrößerung ihrer Familien und arbeitsfähigen Kinder zu klein werden. Dann verkaufen sie, um sich größere Grundstücke zuzulegen. Weitere wollen auch einfach nur in eine andere Gegend Pennsylvanias oder in den Staat Ohio ziehen und verkaufen deswegen ihre Besitzungen.

Es ist dem Deutschen gar nicht eigen, sich darin unternehmend zu zeigen, dass er in die Wildnis geht, sich dort ansiedelt und Waldstrecken lichtet. Er bleibt gar zu gern in der Nähe seiner Landsleute. Man findet nur schwer ein Beispiel, dass ein Deutscher so weit westlich gegangen wäre, dass er mit den Indianern in Berührung hätte kommen können. Er war es bisher nicht, der die Grenzen dort weiter rückte und die Länder dort zuerst urbar machte. Es waren die alteingesessenen Amerikaner selbst, besonders solche aus den nördlichen Staaten. Diese Menschen scheinen besonderen Pioniergeist zu haben. Sie sind mehr vertraut mit der Natur des Bodens, sind beharrlich und ausdauernd beim Überwinden von Schwierigkeiten. Sie lichteten zuerst die Waldstrecken und siedelten sich darauf notdürftig an, verließen sie aber bald wieder und zogen weiter, um von Neuem damit zu beginnen. Wenn der Deutsche bisher neues Land urbar machte, so wählte er dazu lieber Gegenden, die schon mehr angebaut waren, und wo die Nähe von früheren Niederlassungen von Deutschen ihm einen lebhaften gegenseitigen Verkehr und somit Erleichterung und Unterstützung versprach. Er folgt lieber der Spur seiner Vorgänger nach, wird der nächste Besitzer jenes nur halb kultivierten Eigentums und verbessert es. Er liebt es und verlässt es in der Regel nicht wieder, um noch weiter westlich zu gehen.

Die Vereinigten Staaten umfassen jetzt alle Länder Amerikas, außer Südamerika und den Britischen Besitzungen (Canada). Alle künftigen Niederlassungen müssen ihre Souveränität anerkennen, sich als Teile derselben betrachten und ihren Gesetzen sich unterwerfen, obgleich innerhalb derselben allen einzelnen Kolonien und Korporationen der höchste und freieste Spielraum gelassen ist. Die Indianer oder richtiger Uramerikaner, deren Zahl mit jedem Jahre abnimmt – ihre Zahl wird noch auf ungefähr 300.000 geschätzt – ziehen sich von den Ländern, die sie durch Verkauf und Verträge an die Vereinigten Staaten abtraten, nach Westen zurück. Keiner außer der Regierung der Vereinigten Staaten hat das Recht, von ihnen Land zu kaufen. Die Masse des noch nicht veräußerten, rohen Landes, welches sich in den Händen der Regierung der Vereinigten Staaten befindet, dasjenige nur gerechnet, worauf die Ansprüche der Indianer erloschen sind, ist ungeheuer groß. Es beläuft sich auf über 600 Millionen Acres und liegt in den Staaten Ohio, Indiana, Mississippi, Georgia, Louisiana, Illinois und in den Territorien Michigan, Northwest, Alabama und Missouri. Die ungeheuren Strecken des noch unkultivierten Landes, welches sich noch in den alten Staaten befindet, sind bereits veräußert und gehören größtenteils Korporationen und Privatpersonen.

Das öffentliche Land ist in Townships und Sektionen eingeteilt. Eine jede Township ist eine Fläche von sechs englischen Quadratmeilen und enthält 36 Sektionen. Eine jede Sektion ist eine Quadratmeile groß und enthält 640 Acres. Die Sektionen sind nummeriert von 1 bis 36. Die Nr.16 im Mittelpunkt ist gewöhnlich zur Gründung und Unterhaltung einer Schule für die »Township« (Sektionsgebiet) bestimmt. Die drei anliegenden Nummern sind der Regierung zur beliebigen Disposition in einer späteren Zeit vorbehalten. Eine angemessene Anzahl

Townships bilden ein County und eine gewisse Anzahl Countys ein Territorium, in welchem ein Landamt oder Bureau errichtet ist. Dort werden die Landverkäufe geschlossen und die Eigentumskartierungen und Feldbeschreibungen zur öffentlichen Einsicht niedergelegt. Die Landämter stehen unter der Direktion des General-Landamtes in Washington, in welchem die Patente über die Landkäufe ausgefertigt und von dem Präsidenten der Vereinigten Staaten unterschrieben werden. In den genannten Landämtern kann aber niemand weniger als eine Viertelsektion kaufen. Ein Viertel der Kaufsumme wird gewöhnlich gleich bezahlt und das übrige zu festen Terminen innerhalb von vier Jahren. Bei gleich vollständiger, barer Bezahlung erhält der Käufer 8 Prozent Rabatt. Abgaben bezahlt er erst nach fünf Jahren, nach dieser Zeit kann er auch erst das volle Bürgerrecht erhalten, wenn er ein Fremder ist. Das soll für den Anfang an Unterrichtung zum Vorgehen beim Landkauf und zur Bildung der Staaten in Amerika genügen.

12
Bemerkungen zu Ackerbau und Gewerbe

Das Urbarmachen des Landes – Der Anfang des Ackerbaues – Chancen der Gewerke und Berufe

Das Verfahren, rohes Waldland urbar zu machen, ist eigentlich sehr einfach und viel leichter, als man sich es in der deutschen Heimat vorstellt. Man schlägt die Mehrzahl der Bäume, die nicht allzu dick sind, ein oder zwei Fuß hoch über der Wurzel ab und schafft sie weg oder verbrennt sie auf der Stelle. Das Zweigholz wird jedes Mal gleich verbrannt. Die dicksten Bäume fällt man nicht, sondern man schält unten rund um den Stamm die Borke eine gute Handbreit ab. Geschieht dies um Weihnachten oder Neujahr, so ist das ausreichend, um den Baum zu töten. Geschieht es aber später, so darf man es nicht beim Rindeabschälen bewenden lassen. Wenn der Baum nicht wieder ausschlagen und fortwachsen soll, so muss man mit der Axt einen Ring hauen, der so tief ist, dass er durch das weiße Splintholz kommt. Dann stirbt der Baum sicher ab und schlägt im nächsten Frühjahr nicht wieder aus. Hier und da lässt man auch einen dicken Walnuss-, Hickory- oder Kastanienbaum unbeschädigt stehen, teils wegen seiner Früchte, hauptsächlich aber deswegen, damit später das auf den Feldern weidende Vieh unter seinen Zweigen Schatten finde.

Das Urbarmachen von Waldgebieten ist in Amerika mit weniger Kraft- und Zeitaufwand zu schaffen als bei uns. Ein geschickter und erfahrener Holzfäller kann einen Acre Waldes innerhalb von 8 Tagen soweit von Holz befreien, dass die Erde gepflügt werden kann. Das liegt vor allem an Folgendem: Die dortigen Waldbäume haben nicht wie bei uns in Deutschland die Eigenschaft, ihre dicken Wurzeln auch auf der Oberfläche des Bodens weit umherzuschlängeln, sondern fast alle Wurzeln liegen tief unter der Oberfläche des Bodens. Auch haben die dortigen Wälder keine Stümpfe von abgehauenem Unterholze. Außer dem Baumwurzelholz gibt es kein anderes Holz im Boden, das das Urbarmachen erschweren würde. Ferner sind die Wälder dort nicht so häufig von Grasflächen unterbrochen wie bei uns, so dass man sich ganz ungestört mit dem Umhauen und Wegschaffen der Bäume befassen kann.

Das geradeste und beste des gefällten Holzes verwendet der neue Siedler zum Baue eines Blockhauses und zur Einzäunung seiner Ländereien. Ein solches Blockhaus für den ersten Bedarf ist mit Hilfe der Nachbarn, die dazu in der Regel sehr bereitwillig sind und es unentgeltlich tun, das Werk einiger Tage. Ist das Holz von dem Lande weggeschafft, so wird gleich zwischen den stehengebliebenen Stümpfen und Bäumen gepflügt. Oft ist das nicht einmal nötig und der Boden ist so locker, dass es hinreicht, ihn hie und da nur mit einer Hacke für die Einsaat zurechtzumachen. Besonders oft ist das in Ohio der Fall. Die dortigen Pflüge eignen sich besonders für das Pflügen zwischen den Stümpfen, denn sie haben vorn kein Gestell wie die unsrigen. Mit diesem Pflug kann man auch kleine Winkel ordentlich umpflügen. Die Oberfläche des neuen Ackerlandes besteht gewöhnlich aus einer Lage von fünf bis sieben Zoll hoher, recht schwarzer Erde, auch da, wo der Boden steinig oder sandig ist. Diese Oberfläche ist unglaublich fett und fruchtbar. Man sollte das neue Land deshalb zunächst nur an hohen Bergen mit Weizen oder Roggen bestellen, denn auf

Ebenen oder in Tälern würde diese Frucht zu stark ins Stroh wachsen. Auf den neuen Äckern wächst im Übrigen keine Frucht besser und ist keine ergiebiger als das Welschkorn (Mais). Ein Acre bringt oft über hundert Bushel (1 »bushel« entsprechen ca. 36 Litern) in einer Ernte. In dem ersten Jahre ist der Ertrag seiner Arbeit dem Siedler schon völlig zu seiner Subsistenz hinreichend, wenn er sich nur Mühe und Arbeit nicht verdrießen lässt. In manchen Gegenden kann dem Ansiedler dann noch Jagd und Fischerei zustattenkommen, und ich glaube, dass im Allgemeinen doch der neue Siedler dort dreimal besser lebt als hier in Deutschland der gewöhnliche kleine Kotsasse.

Das kleine Vieh bekommen die Siedler gewöhnlich von den Nachbarn zum Geschenk. So ist es dort Sitte und Brauch. Das größere Vieh können sie für einen niedrigen Preis kaufen. Die Tiere finden sowohl im Sommer und auch im Winter ihre Nahrung im Walde. Pferde braucht man im ersten Jahr noch nicht. Die Nachbarn pflügen das Land umsonst. Im zweiten Jahre erweitert und verbessert der Neubauer seine Wohnung, fährt mit der Urbarmachung und Einzäunung seines Landes fort. Nach Ablauf von drei bis höchstens vier Jahren hat der Siedler, wenn er ein fleißiger, ordentlicher Mann ist, seine geringen Auslagen wieder gewonnen. Der Wert seines Eigentums aber hat sich mindestens vervierfacht. Jede Familie, die von Deutschland nach Amerika auswandert und mehrere arbeitsfähige Mitglieder hat, kann mit einem kleinen Kapital in wenigen Jahren zu einem ansehnlichen Grundeigentum gelangen. Auch findet sich beständig Gelegenheit, kleine und große Plantagen in Pacht zu nehmen, und es sind mir mehrere Beispiele bekannt, dass Leute auch auf diesem Wege wohlhabend und reich geworden sind. Jeder deutsche Bauer, der dorthin auszuwandern gedenkt, sollte treue und zuverlässige Gehilfen von hier mitnehmen, sonst wird er scheitern, denn es ist viel zu kostspielig, amerikanische Arbeiter einzustellen.

In Amerika kennt der Landbebauer keine Herren- und Frondienste, keinen Zehnten, keine monatlichen Kontributionen und überhaupt keine Abgaben an den Staat. Er bezahlt jährlich einmal seine Land- und Armentaxe und dann ist er fertig. Diese Steuern sind Gemeindeabgaben und werden für die Bedürfnisse der Ortschaft erhoben. Ihre Höhe ist unbedeutend. Die Beträge liegen oft nicht über jährlich fünf Dollar pro 100 Acres.

Außer seinem Hauptgewerbe hat jeder Siedler auch die Freiheit, jedes beliebige Nebengewerbe zu betreiben, ohne Abgaben dafür zu bezahlen. So haben z. B. große Bauern auf ihrer Plantage oft eine Branntweinbrennerei. Der dort erzeugte Korn- und Apfel-Branntwein, wird dann an die Gastwirte im Lande verkauft und in die Städte geschickt. Wer eine Gastwirtschaft betreiben will, hat weiter nichts dazu nötig, als dass er sein Haus dazu einrichtet und vor dasselbe ein großes Schild hängt. Für Handelsgeschäfte gilt dasselbe. Die Handwerker sind dort frei von allen Zünften und Gilden. Man weiß nichts vom Einschreiben und Freisprechen der Lehrlinge, nichts vom Gesellen- und Meisterwerden. Statt dass wie hier bei uns ein Lehrling mehrere Jahre lang lernen und den Lehrmeister obendrein noch bezahlen muss, gibt dort der Meister dem Lehrling jährlich oft 30 Dollars und noch mehr und dazu auch noch freie Kost, Bett und Kleidung. Jeder, sei er Eingeborener oder Fremder, hat das Recht, zu betreiben, was ihm beliebt, auch hinzuziehen und zu wohnen, wo er will. Niemand, sei er Eingeborener oder Fremder, reich oder arm, bedarf von der Polizei eines Passes, wenn er reisen will. Dergleichen Verfügungen sind dort gänzlich unbekannt. Jeder Reisende darf logieren, wo er will. Auch darf jeder Einwohner ungehindert jedem Reisenden Herberge geben. Jeder Wirt muss dies sogar tun – zumindest für eine Nacht selbst dann, wenn der Reisende kein Geld für die Übernachtung hat. Das verfügen die Gesetze so, wie ich bereits an anderer Stelle erwähnte.

Die Erfahrung zeigt allenthalben, dass die Freiheit in den Vereinigten Staaten von Amerika den Fleiß des Landmannes und das Gewerbe des Handwerkers mehr als in irgendeinem anderen Lande belohnt und segnet. In den Staaten lebt der große und kleine Bauer, ja selbst mancher Tagelöhner das leibliche Wohl betreffend besser als hier in Deutschland die Reichen. Der Handwerker kann von einem Viertel seines Verdienstes besser leben als sein Berufsgenosse in Deutschland vom ganzen. In den westlichen Gegenden kann der Handwerker in einem Tage mehr verdienen, als er in der ganzen Woche verzehrt, wenn er kein Verschwender ist. Im Allgemeinen verdient er jeden Tag eineinhalb Dollar. Einige Gewerke, wie z.B. Schneider und Schuhmacher können es, weil sie stückweise arbeiten, bis auf zwei Dollar pro Tag und noch mehr bringen. Maurer, Zimmerleute, Tischler, Radmacher werden besonders gesucht. Der Tagelöhner verdient in Pennsylvania zur Sommerzeit einen Dollar und des Winters etwas weniger. Deutsche Tagelöhner, Dienstknechte und Dienstmädchen schätzt man besonders. Gute deutsche Dienstknechte verdienen jährlich von 80 bis 120 Dollars und die besten Mägde auch beinahe so viel. Das ist auch eine der Ursachen dafür, dass so manchen Auswanderern, die in der Ferne der westlichen Gegenden der Vereinigten Staaten eine Kolonie zu führen gedachten, ihre Pläne scheiterten: Allzu oft, ehe sie die Reise durch den Staat Pennsylvania vollendet hatten, waren ihnen die Leute entweder alle, oder doch fast alle, untreu davongelaufen und hatten in diesem Staat eine Stelle angenommen. Wie ich oben schon beschrieb, gilt es Vorkehrungen zu treffen, um Kolonisten-Gemeinschaften zusammenzuhalten. Dann kann der Weg weiter westlich trotz der Versuchungen zu einem Erfolg werden, denn es gibt in den westlichen Staaten immer noch ungeheuer große, unbesiedelte Gebiete. Sie bieten fleißigen und geschickten Menschen beste Möglichkeiten für den Aufbau von Glück und Wohlstand.

Die in mancher Hinsicht so sehr großen Vorzüge der Vereinigten Staaten von Amerika, also der allgemein dort herrschende Wohlstand, das leichtere Gedeihen der menschlichen Tätigkeit, das sehr leichte und weit bessere materielle Leben bei weniger Arbeit, die Abwesenheit aller Nahrungssorgen und aller Besorgnisse für das Schicksal der Kinder, die Möglichkeit früh zu heiraten, die niedrigen Steuern, die bürgerliche Freiheit und die Sicherheit vor Kriegen sind wichtige Beweggründe und Verlockungen für europäische Auswanderer. Dagegen müssen aber immer auch die Wagnisse in Betracht gezogen werden: Die Beschwerlichkeiten und Gefahren der lange dauernden, weiten Reise, dann auch die vielen Hindernisse, welche aus der Unbekanntheit jenes Landes und der dortigen Sprache entspringen, auch die Ungewohntheit der dortigen Sitten, Gebräuche und schließlich die ganze Gemüts- und Geistesart der Einheimischen, die viele neu ankommende Europäer zumindest zu Anfang als grob und ungeschliffen, manchmal auch als übertrieben stolz empfinden können.

13

Warnung an Empfindsame

Wenig Bedarf an Schreibstubenarbeitern – Heimweh des alten Bauern Schaper – Brief an mich von Heinrich Koch – Grobe Sitten bei Volksvergnügen wie »Vendue« und »Frolick« – Rachsucht, Unehrlichkeit, Betrügereien, aber kein Diebstahl – Fluchen und Schwören – Begrüßungssitten – Trunkenheit

Alle diejenigen, welche Lust haben, einzeln nach Amerika auszuwandern, die aber weder ein Handwerk, noch Ackerbau verstehen und sich überhaupt nicht mit grober Handarbeit ernähren können, sondern bloß durch Talente ihr Glück machen wollen, warne ich hiermit ernstlich, sich durch eine Auswanderung nach Amerika nicht unglücklich zu machen. Solche Leute werden scheitern, wenn sie nicht zumindest das Englische fertig und richtig sprechen und schreiben können. Ohne die Sprache zu beherrschen, ist es zwar nicht ausgeschlossen, aber doch sehr unwahrscheinlich, irgendwann und irgendwie ein Unterkommen und Brot zu finden. Und selbst wenn, so wird man doch mit dem Mangel auf absehbare Zeit nicht recht froh und zufrieden leben können. Oft geraten solche Leute, wenn sie ohne Mittel sind, in die traurigste Lage. Auch wer als Kaufmann arbeiten will, wird nur schwer Aussicht auf Erfolg vorfinden. Sehr viele talentvolle Jünglinge aus diesem Gewerbe sind mir bekannt geworden, um die es schade war, dass ihre Begabungen jahrelang ungenutzt dort schlummern sollten. Manche waren von durchaus vornehmer

Herkunft und schließlich doch durch die Not gezwungen, in den Städten kleine Waren einzukaufen, solche in einen Tornister zu packen und damit im Lande umher zu laufen, um sie zu verkaufen. Dabei verdienten sie kaum genug Geld, sich notdürftig durchzuhelfen. Von den Bauern, bei welchen sie, um Geld zu sparen, Nachtquartier nahmen, mussten sie oft bittere Worte hören, wie z.B.: »Tu pischt kroß und schtark. Tu kanscht schaffe! Kanscht tu net tresche, pluge, Fenze (Zäune) mache? Ich will tir k'nug zu schaffe kebe un kut pezale.« Manche von diesen verhinderten Kaufleuten lernen dann doch ein Handwerk, wozu sich immer Gelegenheit findet. Manche bequemen sich auch, Bauerngeschäfte zu lernen. Andere werden Schulmeister und nach einiger Zeit, wenn sie Talent dazu haben, auch Prediger. Überhaupt sind die meisten Prediger in Pennsylvania vorher Schullehrer gewesen. Oft machte ich allerdings die Erfahrung, dass Leute, die aus einem bäuerlichen Umfeld in ihrem Vaterlande gekommen waren, dieses nie leugnen können und selbst bei allem erreichten Überflusse in materieller Hinsicht, doch ihres Lebens nicht eigentlich recht froh werden. Ich habe sehr alte Leute kennengelernt, die in glücklichem Wohlstand lebten und eine ganze Reihe von Kindern und Kindeskindern um sich her sahen, die ebenfalls wohlhabend waren. Und doch hatten diese Alten ein recht herzliches und sehnliches Verlangen nach ihrem Vaterlande. Eine Geschichte dazu will ich hier kurz erzählen:

Nicht weit von mir entfernt in der Township Alabama wohnte ein alter, reicher Bauer mit Namen Schaper. Er war 87 Jahre alt und gebürtig aus der Gegend bei Frankfurt am Main. Seine Kinder waren ebenfalls reich und wohlhabend geworden und kümmerten sich liebevoll um den Alten. Trotzdem hatte dieser Mann einen unbeschreiblichen Trieb und ein unwiderstehliches Verlangen, in sein Vaterland zurückzukehren. Er hatte von meinen Überlegungen zur Rückkehr nach Deutschland erfahren, schickte mir einen Eilboten und ließ mich bitten, zu ihm zu kommen. Ich ging zu ihm, fand ihn beim Ofen, in einem beschlagenen Sessel schlafend. Nun ging ich wieder aus seiner Stube und sprach mit seinen Kindern, die mir sagten, dass wohl aus der Reise des Alten nichts werden könne, weil er ja viel zu schwach sei. Doch bat mich seine Tochter, trotzdem wenigstens mit ihm zu sprechen. Sie weckte ihn und ging wieder hinaus. Nun trat ich zu ihm. Er war ein Mann von sehr großem und starkem Körperbau mit silberweißem Haar, dem aber der Kopf bereits bebte. »Junger Teutscher, pischt tu ter, ter nach Teutschland reise will?«, sagte er zu mir. Als ich dies mit »Ja« geantwortet hatte, sprach er: »Willscht mich Net mitnehme?« »Ich glaube beinahe nicht, dass dies euer Ernst ist«, sagte ich, »denn ihr scheint mir bereits zu schwach zu einer solchen Reise zu sein.« Er ließ den Kopf hängen. Nun ging er zur Stubentür, machte diese leise auf und sah nach, ob etwa jemand vor derselben horchte. »Kuck!«, sagte er dann, »wenn tu mich nach mein Vaterland pringscht, tann keb ich tir tausend Dollar! Tie kanscht tu toch wohl net leichter vertiene!« Lachend sagte der alte Mann dies und dabei funkelten ihm die Augen und seine blassen Wangen färbten sich rot. Noch viele Male wiederholte er seine Bitte und erzählte mir, dass er in Amerika viel Glück gehabt und seine Kinder alle gut versorgt und erst vor kurzer Zeit fast sein ganzes Vermögen unter sie aufgeteilt habe. Für sich aber habe er viertausend Dollar noch behalten, damit er unabhängiger von seinen Kindern sei. Seit Kurzem habe er sich vorgenommen, wieder in sein Vaterland zu reisen und demjenigen, der ihn dorthin begleiten und sich um ihn kümmern wolle, tausend Dollar zu geben. Seine Kinder wollten dies aber aus allen Kräften verhindern, da sie das Geld zu erben gedächten. Ich merkte bald, dass ich mich aus dieser Familienangelegenheit heraushalten musste und sagte Adieu. Noch mehrere Fälle von altgewordenen Deutschen, die ihr Vaterland nicht vergessen konnten und sich wieder zurückwünschten, könnte ich anführen, doch dieser möge als Lehrbeispiel genügen. Aber außer Heimweh gibt es weitere Gründe, warum sich Ausgewanderte manchmal nach Deutschland sehnen. Betroffen sind davon besonders oft Angehörige von Schreibstubenberufen, wenn sie erfahren müssen, dass es für ihr Können in Amerika keinen rechten Bedarf gibt. Als Beispiel will ich einen Text hier anführen, der so sinngemäß von dem im neunten Kapitel schon genannten Heinrich Koch an mich geschickt wurde:

Mill-Hall Post-Office 7. Februar 1825

Mein teurer Landsmann,

Mit hohem Vergnügen empfing ich Ihr mir so wertes Schreiben, datiert auf den 18. Dec. 1824. Allein es erweckte in mir zugleich auch höchst unangenehme Empfindungen, abermals einen Landsmann von mir unglücklich zu wissen. Jeder gefühlvolle Mensch ist hier unstreitig in Sibiriens Verbannung, und nur der Tod wird uns daraus befreien, der mir jederzeit willkommen sein würde, da es mir täglich unerträglicher wird, unter diesen Menschen hier zu leben. Oh, wäre ich doch jetzt in meiner Lage roh und dumm wie das Vieh, ich würde mich glücklich schätzen. So aber kann ich es nicht. Ich versprach in meinem ersten Brief, Sie teurer Freund, zu besuchen, um ihre nähere Bekanntschaft zu machen. Allein dieses süße Glück, an der Brust eines Freundes meine Leiden auszuweinen, hat mir das Schicksal versagt. Da ich 11 Monate krank gelegen und von schlechten Menschen um meine ganze Habe gebracht und noch dazu in Schulden gestürzt worden bin, so erfordert es meine Pflicht, hier so lange zu stehen, bis alles bezahlt ist, indem ich lieber Alles, nur meine Ehre nicht verlieren möchte. (Doch über dieses, bitte ich, sorgen Sie sich nicht, da ich zum Glück im Vaterlande Vermögen besitze, das hier Verlorene wieder zu ersetzen.) Oh, mein geliebtes Vaterland, unser beider Wiege, unser Hoffen und Wünschen! Wann werde ich dich wiedersehen? Ach, vielleicht niemals! Fremde Sitten und Gebräuche, unbekannte Gesetze, widernatürliche Neigungen umgeben mich und fremde Erde wird mich einst decken. Wie gern würde ich, wie in der Bibel der verlorene Sohn reuevoll heimkehren. Was hält mich zurück? Die Schande, das Vaterland verlassen zu haben, um ein glücklicheres aufzusuchen, welches aber wohl, wie sich jetzt zeigt, nur in einer ungezügelten Idee lag, aber tatsächlich nicht zu finden ist. Täuschung und bitteres Gefühl, Ihr haltet mein unglückliches Herz mit kalten schweren Ketten gefesselt und ich vermag dieselben nicht zu zersprengen, noch Euch Ungeheuer zu besiegen. Nichts bleibt mir übrig als kalte, nutzlose Philosophie und Zurückziehung von der Welt in meinen besten Jahren. Meinen von der Krankheit geschwächten Körper heilt die Natur. Was soll aber den ebenfalls geschwächten Geist heilen, der hier nirgends Nahrung findet, keine wissenschaftlichen Bücher, keine Unterhaltung außer Religion. Aber ach, selbst von ihr sind die Begriffe hier empörend und zurückschreckend.

Für Ihre Mühe, mir damals eine Schulstelle ausgerichtet zu haben, statte ich Ihnen meinen verbindlichsten Dank ab. Allein diese Nachricht kam zu spät und es war mir unmöglich, davon Gebrauch zu machen, da ich an meinem jetzigen Orte bereits engagiert war. Das ist allerdings mit vielen Unerquicklichkeiten verbunden. So predige ich alle Sonntage, da ich aber nicht wider meine Überzeugung falsche Sätze und Aberglauben predigen kann, so habe ich dabei viel Verdruss und ein ständiges Ringen mit der Gemeinde. Das größte Verderben ist aber, dass hier die Menschen nicht wollen, dass ihre Kinder in den Schulen durch einen vernünftigen Unterricht zu vernünftigen Menschen gebildet werden sollen. Aber genug davon, leben Sie wohl, lieber Freund, der Herr sei mit Ihnen und mit mir bis ans Ende. Ich verbleibe mit inniger Hochachtung

Dero Freund
H. L. Koch.

Zur Erklärung der Niedergeschlagenheit des Briefschreibers will ich schließlich an dieser Stelle noch ein paar handfestere Geschehnisse aus dem Alltag Alteingesessener in Pennsylvania darlegen. Denn Auswanderungslustige sollten auch jene Seiten der Menschen im erwählten Gastlande kennen, mit denen sie sich womöglich schwertun.

Der Grad der sittlichen Kultur von Menschen zeigt sich besonders bei ihren Vergnügungen und hier vor allem bei Bällen, auf dem Lande in Pennsylvania »Frolicks« (von fröhlich) genannt. Gesellschaftliche Veranstaltungen von ähnlicher Bedeutung sind auch die Auktionen (»Vendue«). Bei den Frolicks besteht die Musik aus einer oder zwei Geigen, die oft 15 bis 20 Tänzer auf einmal in Bewegung setzen. Diese Geiger spielen etwa drei bis höchstens vier unterschiedliche Stücke und das die ganze Nacht hindurch. Der Tanz aber kommt einem wie nur ein wildes Durcheinanderlaufen ohne alle Regeln vor. Sowohl Burschen als Mädchen gehen wohlgekleidet mit der brennenden Zigarre zum Balle, und so tanzen sie auch. Die Alten schießen nach der Scheibe, woran auch die Jugend teilnimmt, bevor der Tanz beginnt. Es wird entweder um einen Hirsch, einen fetten Ochsen oder um sonst etwas geschossen, wobei ich die außerordentliche Geschicklichkeit der Amerikaner im Schießen bewundert habe. Ehe eine solche Frolick – oder auch eine Vendue – beginnt, wird besonders davon gesprochen, wer auf derselben »fechten« will, denn das gehört zu den Hauptvergnügen, wenn zwei körperlich ungefähr gleichstarke sich balgen, raufen, stoßen und treten. Das nennt der deutsche Amerikaner ein »Fechten«, so wie er auch den Kampf der Tiere immer ein Fechten nennt. Da hört man dann die Leute sprechen: »Tu, Tschann, Pitt, Salm, hoscht net kehört, wer auf ter Fralk fechte wird?« Oder: »Tu, Jonathan, Pensch, Apraham, wer wird ans Klaser auf ter Ventu fechte?« »Ey, ich zweifl, ter Pill Merkel un ter Tscho Teischer. Tos sind ä Paar schtarke Kerle, ßel habe schon oft k'fochte...«

Auf einer Vendue wird so viel Whisky zum Besten gegeben, als die Leute nur trinken wollen, auch öfters Rum, den man »Tramm« nennt, und Cider. Die Venduen werden in den Zeitungen bekannt gemacht und es versammelt sich dabei gewöhnlich eine ungeheure Menge Menschen aus der Nähe und Ferne; die wenigsten, um etwas zu kaufen, die meisten aber um zu saufen oder, was noch ärger ist, um Freudenhäuser zu besuchen. Ein weiter Teil aber geht hauptsächlich darum zu Frolick oder Vendue, um sich dort an irgendeinem zu rächen, der ihn irgendeinmal beleidigt hat. Und mit dem er in Feindschaft steht. Sie bestellen sich ganz förmlich dahin, um, wie sie sagen, »es auszumachen«, nämlich durch einen Zweikampf. Sie greifen sich an, nachdem sie sich durch eine gute Portion hitziger Getränke erst Mut gemacht haben, anfangs mit Worten, als ob sie scherzten, daraus wird ein kleines Handgemenge, aber immer noch als Scherz anzusehen, bis einige derbe Ohrfeigen oder Stöße mit den Füßen erfolgt sind. Darin besteht dann die Eröffnung des Angriffs. Nun erst fordert einer den anderen heraus, gewöhnlich mit den Worten »hoscht Luscht zu fechte?« »Ey ich tenk ah!«, sagt der Andere.

»Wolle mir propire?«, sagt der Erste. »Ey ich tenk ah!«, erwidert der Andere. Nun trinkt jeder noch ruhig ein gutes Glas Rum und nach amerikanischer Sitte, ein Glas Wasser hinterher. Dann ziehen sich beide die Jacken aus, setzen ihre Hüte ab, binden sich die dicken Halstücher aus und gehen aufs Freie. Die ganze große Gesellschaft folgt ihnen dahin und schließt einen Kreis. Nun attackieren sich beide zunächst wieder wie vorhin, fassen sich vor die Brust, um erst zu probieren, wer am festesten steht. Dies gibt den umstehenden Bauern eine Veranlassung zu Wetten, ob der Tschann oder der Tschäck Sieger wird. Ohrfeigen oder Stöße mit den Füßen, die der Eine oder der Andere von den beiden Fechtern zuerst austeilt, erbittern den Anderen und nun werden beide erst recht wütend, raufen, schlagen, stoßen, kratzen und beißen sich. Das geht oft so heftig, dass sie kaum noch zu erkennen sind, denn die Gesichter und Hände sind oft ganz mit Blut gefärbt und die Kleidungsstücke und Hemden in Fetzen zerrissen. Finger und Ohren beißen sie sich bisweilen ab, treten sich Beulen und Brüche und verderben sich nicht selten gar die Zeugungsteile oder das Augenlicht. Unterliegt auch der eine Fechter im Duell, so bekommt er doch von seinem Sieger noch Püffe und Stöße und wird sonst gemisshandelt, bis er ruft: »Knuck! Knuck!« Bis dahin sehen die Umstehenden das Schauspiel ganz ruhig an. Sobald aber der Ausruf »Knuck!« (Genug) gehört wird, dann wird der Besiegte in Schutz genommen, falls ihn sein Überwinder nicht von selbst verlässt, was jedoch in den meisten Fällen geschieht. Oft, wenn beide Kämpfer so ziemlich ohne Hauptbeschädigung davon gekommen sind und sich der Überwundene wieder neuen Mut angetrunken hat, hält er es für einen Zufall, dass er unterlag, und redet seinen Überwinder von neuem an mit den Worten: »Wolle mir noch einmal propire?« »Tos isch mir ebbe viel« (das ist mir gleichviel, oder einerlei), sagt der Andere und die Balgerei beginnt noch einmal. Oft fechten so bei einer Frolick zwei oder drei Parteien. Ist einer dabei so sehr beschädigt, dass er den Arzt braucht, welches nicht selten der Fall ist, dann bezahlt gewöhnlich der Verursacher die Heilungskosten willig. Ich erinnere mich auch nicht, dass eine Klage aus einer solchen Prügelei jemals vor den Court (Gericht) gekommen wäre, weil ein Prozess vor dem Court ungeheures Geld kostet. Der Anwalt (Lawyer) nimmt oft dafür, dass er jemanden mit einigen Worten einen Rat erteilt, vier bis fünf Dollar. Jeder, der bei dem Court einen Prozess führen will, muss bei dem Friedensrichter beweisen, dass er hinlängliches Vermögen hat, oder er muss einen sicheren Bürgen stellen oder seine Sache gleich auf der Stelle beschwören. Vor dem Court kommt einer Partei der erste Termin auf 20 bis an 40 Dollar, oft auch noch mehr. Ein einziger Prozess kann den reichsten Bauer um sein sämtliches Vermögen bringen, was tatsächlich auch mitunter vorkommt.

Die Rachsucht habe ich nirgends so grenzenlos gefunden, wie in Pennsylvania unter dem Landvolke. Wer einen Feind hat, der sehe bei Zeiten zu, wo er bleibt, und weiche ihm aus, bis in einen anderen Kreis, sonst wird sich derselbe früh oder spät furchtbar an ihm rächen. An Versöhnung ist gar nicht zu denken. Der Feind oder der Beleidigte rächt sich noch nach vielen Jahren, wenn er nicht früher Gelegenheit dazu findet. Geraten zwei miteinander in einen Prozess, so hört man von beiden die Worte: »Aner von uns päte muss zu Krund, ich oter tu!« Beispiele sind mir bekannt geworden, dass die Nachbarn das Vieh auf der Weide vergiftet oder auch auf manche andere Art den größten Schaden sich zugefügt haben. Die Besserdenkenden schweigen aus Menschenfurcht zu den ärgsten Schandtaten still, damit die Niederträchtigen nicht Rache an ihnen üben.

Des Unerfreulichen gibt es noch mehr. So sind Betrügereien und falsche Eide an der Tagesordnung. Treue und Glauben sind fast ganz außer Gebrauch gekommen. Die abscheulichsten Beispiele habe ich davon erfahren und gesehen, wobei mich Grausen und Entsetzen überfiel. Der Eid hat dort sein heiliges Ansehen verloren, wovon die Art zu schwören freilich auch mit eine Ursache ist. Denn es wird dem, welcher schwören soll, nicht wie bei uns vorher eine Warnung vor dem Meineide vorgelesen, sondern nur kurz das, was er beschwören soll; dann gibt man ihm das Neue Testament in die Hand und sagt: »Küsst`s Puck!« Das Küssen des Buches ist also die ganze Formel des Eides. Mehrere Male bin ich Augenzeuge dabei gewesen und habe selbst einmal einen Eid dort vor Gericht ablegen müssen. Wie kann der Eid nun einem Menschen heilig sein, und wie kann er einem solchen Menschen Ehrfurcht einflößen, der wohl in seinem ganzen Leben noch nicht einmal gehört hat, was der Eid ist, und was er bedeutet, weil er in seiner Kindheit nicht in der Religion unterrichtet wurde? Kommen diese Menschen in den Fall, wo sie sich durch einen falschen Eid irdische Vorteile verschaffen oder ihre Gläubiger betrügen können, so tun sie es ohne alles Bedenken. Schrecklich zeugen die vielen Beispiele davon, die mir dazu dort bekannt geworden sind.

Beim Kaufen und Verkaufen im Handel und Wandel muss man stets die größte Vorsicht gebrauchen und besonders da, wo Verträge geschlossen werden, alles schriftlich und mit großer Überlegung und Vorsicht abfassen. Es darf nicht die geringste Ausflucht mehr möglich sein, ja nicht das Geringste auf Treue und Glauben, sonst wird man betrogen, denn ein bloßes Wort gilt bei den meisten nichts. Was einer in der einen Stunde beteuert hat, das leugnet er in der nächsten wieder ab, sobald es ihn gereut, es beteuert zu haben. Ich selbst habe die unglücklichsten Erfahrungen dieser Art gemacht. Bei dem dort überall herrschenden, ungeheuren Wuchergeiste, der Sucht andere zu übervorteilen und bei den unzähligen Prellereien und Betrügereien muss man sich höchlich wundern, dass dagegen Diebstähle anderer Art weit seltener sind als bei uns in Deutschland. Nie habe ich dort von einem Diebstahl durch Einbruch in ein Haus etwas gehört. Feld- und Garten-Diebstähle sind nur äußerst selten. Wagen und Pflüge nebst ihrem sämtlichen Geschirr und auch andere Gerätschaften lässt der Bauer ohne Bedenken in seinen Feldern – oft auch sehr weit entfernt von einer Wohnung – übernachten. Hof-, Haus- und Garten-Gerätschaften wie Spaten, Harken, Sensen, Äxte, Beile, Ketten und dergleichen lässt man Tag und Nacht außerhalb des Hauses stehen, liegen und hängen. Alle Handwerksleute, welche außerhalb der Wohnung arbeiten, lassen ohne Bedenken alle Gerätschaften und Werkzeuge auch des Nachts dort liegen, wo sie arbeiten. Sogar an lebhaften Straßen habe ich gefunden, dass Zimmerleute und Maurer, wenn sie Feierabend machten und nach Hause gingen, alle ihre Handwerksgeräte da übernachten ließen, wo sie gearbeitet hatten. Sogar die zum Trocknen außerhalb des Hauses im Freien aufgehängte Wäsche lässt man öfters die Nacht über hängen, ohne sie zu bewachen. Nie habe ich auch von einer Diebesbande etwas gehört und eben so wenig von einem Straßenraube. Als Ausnahme sind Pferdediebstähle und das Entwenden von Holz direkt aus den Wäldern zu nennen. Davon las ich gelegentlich in den Zeitungen.

Und dann ist da noch das leichtfertige Fluchen und Schwören. Ich habe es nirgends ärger gefunden, als in manchen Gegenden Pensylvaniens unter dem deutschen Landvolke. Sie übertreffen darin bei weitem noch den deutschen Schiffsmatrosen. Sie haben sich dasselbe so angewöhnt, dass manche unter ihnen ohne alle Veranlassung keine zehn Worte sagen können, ohne einen Fluch oder Schwur auszustoßen, ohne es selbst zu bemerken. Nicht nur Erwachsene, sondern auch kleine Kinder, sobald sie sprechen können, fluchen und schwören auch sie: »Kuck, ich will vertammt sein. Kuck, ich will tie Kränk kriege! Bei Kott! So wahr Kott lept! Kuck, mich tschull der Teufel hole! Tu tschullst tie tausend Kränk kriege, tu verflucht Pitsch, Ebber!« So hört man schon kleine Kinder bei ihren Spielen fluchen, schwören und schelten. Und dies fällt niemandem auf. Man ist es gewohnt und glaubt, es gehöre mit zum Leben, wie Essen und Trinken. Man weiß leider in den meisten Fällen nicht das Anständige von dem Unanständigen, das Schlechte von dem Guten gehörig zu unterscheiden, weil diese Menschen in der Jugend nicht in Schulen gehörig gebildet wurden und den Religionsunterricht ganz entbehrten. Häusliche Erziehung kann kaum stattfinden und wo sie ist, da ist sie schlechter noch als gar keine. Wer selbst ohne Erziehung und Unterricht aufgewachsen ist, kann auch seine Kinder nicht vernünftig erziehen. Die größten Unanständigkeiten und Widerwillen erregendes Benehmen überall. Das Rülpsen z.B. bei und nach dem Essen ist eine der unschönsten Gewohnheiten. Die unangenehmsten Empfindungen muss es einem verursachen, wenn man eine körperlich schöne und schmucke junge Lady rülpsen hört, als brüllte eine große Schildkröte, abwechselnd mit einem unangenehmen Gezische durch das Aussaugen der Speisen aus den Zähnen, gefolgt von genüsslichem Gähnen mit weit aufgesperrtem Munde, sodass man einen Ball hineinwerfen könnte. Ähnliche Unanständigkeiten könnte ich noch eine große Menge erzählen, doch aus dem Genannten kann man schon genug ersehen und auf andere schließen.

Auch die Begrüßungssitten sind für die neu ankommenden Deutschen sehr ungewohnt: Der Gruß besteht allenthalben in den Worten: »Wie kehts?« Beim Abschied heißt es: »Färwell!« Auf das »Wie kehts?«, wird erwidert: »ßo, ßo« und auf das »Färewell« wieder »Färwell«. Unsere Art zu grüßen und sich zu empfehlen ist dort gänzlich unbekannt. Wer davon Gebrauch macht, dem wird nichts darauf erwidert. Nachbarn, Verwandte, gute Freunde und Bekannte grüßen sich selten oder gar nicht. Ich habe gesehen, dass Erwachsene und verheiratete Kinder aus entfernter Gegend ihre Eltern und Geschwister besuchten, die sie seit geraumer Zeit nicht gesehen hatten. Sie kamen in die Stube, ohne ein Wort zu sagen, gingen zum Ofen und zündeten die Zigarre an, nahmen einen Stuhl und setzten sich nach dortiger Art auf denselben. Oft erst nach Verlauf einiger Minuten fragte der Tät oder die Mamm (Vater oder Mutter): »Na, pischt ah mal nüper kumme?« Antwort: »Jäs, ich hob ketenkt, ich wollt mal nüper laufe.« Nach einer guten Weile fragt die Mamm: »'s isch wohl schier kut laufe?« Antwort: »Jäs, der Weck isch schmahrt. Ich hob pisweile ortentlich ksprunge.« Eine solche kalte Zurückhaltung und Unbelebtheit kommt jedem deutschen Neuling in Pennsylvania anfangs ganz abscheulich vor. Ich kann schwer beschreiben, wie mir jedes Mal zumute war, wenn mehrere Menschen zu mir ohne Gruß in die Stube kamen und sich oft so unhöflich betrugen. Besonders wenn es Leute waren, von welchen ich mehr erwartet hatte. Einmal versammelte sich in meiner Wohnstube des Sonntags vor dem Gottesdienste eine Anzahl Menschen. Ein junger Prediger, der den Gottesdienst versehen wollte und sich erst bei einer brennenden Zigarre mit den Leuten unterhielt, setzte sich auf meinen Tisch und nach kurzer Weile lag er auf demselben mit Stiefeln und Spornen, so lang er gewachsen war. Es ärgerte mich, dass auch dieser sich so etwas erlauben konnte. Von den Bauernburschen war dies schon öfter geschehen, auch hatte ich es bisweilen in Bauernhäusern und sehr oft in Gasthäusern gesehen, aber von einem Prediger hatte ich mir so etwas nicht möglich gedacht.

Um schließlich das Thema der Gewöhnung bedürfenden Gepflogenheiten zu enden, muss noch auf das Laster der Trunkenheit eingegangen werden. Nirgends habe ich es so arg und in solchem Maße gefunden, als dort, ganz besonders bei den einfacheren Leuten. Je mehr sie verdienen, desto mehr bringen sie wieder durch. Einen, höchstens zwei Tage arbeiten sie. Und drei oder vier Tage lang schwelgen sie dann wieder in Wirtshäusern, bis alles wieder durch die Gurgel ist. Es waren mir Leute bekannt, die jährlich wohl 500 Dollar verdienten und dabei doch nie etwas übrig hatten, weil alles versoffen und durchgebracht wurde. Nicht selten trifft man 15 bis 20 solcher Leute in Wirtshäusern beieinander an, die alle betrunken und binnen drei Tagen gar nicht nüchtern geworden sind, bis der Geldbeutel leer ist. Dann erst fangen sie wieder an zu arbeiten. Den furchtbaren Hang zum Trinken sieht man auf dem Lande auch sehr deutlich bei gemeinschaftlichen Arbeiten z.B. zur Erntezeit, wo ein Bauer oft 50 bis 60 Arbeiter zugleich im Felde hat. Man kann erleben, dass gegen Mittag dann wohl ein Drittel der Männer bereits bewusstlos und nicht mehr arbeitsfähig im Felde umherliegt. Nachmittags um drei oder vier Uhr ist dann vielleicht gerade noch ein Drittel arbeitsfähig. Diese Leute müssen dann oft früher Feierabend machen, um die Bewusstlosen unter Obdach zu bringen. Den ganzen Tag wird Branntwein und Wasser getrunken, weil die Bierbrauerei noch sehr wenig getrieben wird, und eben deswegen der Bauer seinen Leuten so viel Branntwein gibt, wie jeder trinken will.

Die vorausgehend gegebene Beschreibung des moralischen Zustands der Alteingesessenen mag etwas zu düster geraten sein. Auch gewöhnt man sich an all diese Dinge und als neu Eingewanderter hat man auch die Aufgabe, einen Betrag zu leisten, um sie zu ändern. Ich habe das nicht geschafft und konnte deshalb nicht in Amerika glücklich werden. Sicher wäre es gelungen, wenn ich nicht als Einzelner den Neubeginn versucht hätte. In einer Gruppe ist das Bestehen in der Fremde viel einfacher. Im folgenden Kapitel beschreibe ich dazu Beispiele von erfolgreichen Kolonisten.

14
Kommune Rapp und andere Kolonisten

Rapps erste Kolonie »Harmonie« in der Nähe von Pittsburgh – Beschreibungen zum Aufbau und zur Organisation der Kolonie – Daten zum wirtschaftlichen Erfolg – Tagesablauf in der religiösen Kolonie – Verkauf der ersten Kolonie und Neustart weiter westlich am Fluss Wabash – Frederick Conrad Haller

Wollen die Angehörigen einer Nation als Siedler in Amerika in ein solches Ansehen kommen, wie sie erhoffen, so muss vor allem dafür gesorgt werden, dass die Auswanderer nach den Vereinigten Staaten sich nicht mehr wie bisher in allen Gegenden der Staaten zerstreuen und vereinzelt herumtreiben. Nur von der Auswanderung ganzer Gemeinschaften, in welchen nur arbeitsfähige, fleißige, ehrliche und treue Menschen – am besten größtenteils Familien – aufgenommen werden, lässt sich etwas Großes und Vorzügliches mit Recht erwarten. Denn was vereinter Wille, gemeinsame Kräfte und verständiges Zusammenwirken selbst bei am Anfang geringen Mitteln in kurzer Zeit in jenem Lande zu leisten vermögen, davon gibt es etliche gute Beispiele.

Wohl eine der wichtigsten Kolonien von allen in den Vereinigten Staaten ist eine deutsche, die den Namen »Harmonie« führt und einen gewissen Georg Rapp zum Stifter hat. Die Gesellschaft, an deren Spitze er steht, ist eine Art religiöse Sekte und stammt ursprünglich aus dem Württembergischen, wo sie sich im Jahre 1785 bildete. In diesem Lande war damals die lutherische Religion vorherrschend und niemand durfte sich anmaßen, an ein anderes Religionssystem zu glauben, als das, welches von den angesetzten Lehrern der lutherischen Religion gepredigt wurde. Rapp aber wagte es dennoch. Vor allem behauptete er, die Religion sei zu einer reinen Maschine der Macht zur Unterdrückung des Volkes verkommen und Luthers eigentliche Auffassung von den Lehren Jesu Christi als Weg zum ewigen Leben würde gar zu sehr vernachlässigt. Rapp bekam bald viele Anhänger, welche eine Gesellschaft bildeten. Nun wurden sie aber verachtet und verfolgt und weil sie nicht in die herrschende Kirche wechseln wollten mit Geld- und Gefängnisstrafen belegt. Aber sie blieben dennoch unerschütterlich und obgleich die Verfolgungen zunahmen, vermehrte sich die Zahl ihrer Gesellschaftsmitglieder immer mehr. Unter solchen Umständen seufzten sie allerdings zunehmend nach Befreiung. So wünschten sie sich in einem Teile der Erde niederzulassen, wo ihnen ungestörte Religionsfreiheit gegeben würde. Es wurden Vorschläge gemacht, ihnen ein Stück Land in Frankreich einzuräumen und endlich auch in ihrem eigenen Lande. Aber Rapp sagte: Gott hat mir Amerika gezeigt und gesagt: »Dies ist das Land, wo Du mir dienen sollst und meinen Namen bekennen.« Also beschloss die Gesellschaft einstimmig, nach Nordamerika zu gehen. Rapp und einige andere wurden bestimmt, vorauszureisen und eine passende Gegend zur Niederlassung in jenem Lande zu suchen. Im Jahre 1803 trafen die Abgeordneten glücklich in Philadelphia ein und begaben sich sogleich auf die Reise nach Westen, wo sie einen Platz einige Meilen nördlich von Pittsburgh in der Butler-County auswählten und ihren Freunden Nachricht von der erfolgreichen Suche gaben. 1804 segelte die ganze Gesellschaft auf drei Schiffen von Amsterdam ab. Eins derselben landete in Baltimore und die übrigen beiden in Philadelphia, wo sich Rapp befand, sie in Empfang zu nehmen. Von da hatten sie eine beschwerliche Reise von mehr als 300 Meilen über Land zu machen. Im November begaben sich zunächst 40 Familien von ihnen nach dem Westlande und errichteten, der späten Jahreszeit ungeachtet, neue Häuser von Fachwerk, worin sie den Winter über wohnten.

Im nächsten Frühjahr (1805) folgten 50 andere Familien, welche nun die Gesellschaft auf 90 Familien brachten. Im Februar 1805 bildeten sie förmlich eine Kolonie, deren Verfassung sie auf die Worte in der Apostelgeschichte, Kapitel 4, Vers 32 gründeten: »Die Menge der Gläubigen aber war ein Herz und eine Seele. Auch sagte keiner von seinen Gütern, dass sie sein wären, sondern es war ihnen alles gemein.« Unter dieser Verfassung erbauten sie eine Stadt und nannten sie zur Verewigung ihres einmütigen Sinnes und ihrer brüderlichen Liebe »Harmonie«. Sie fuhren von nun an fort, ihre Arbeiten in brüderlicher und gemeinschaftlicher Verbindung mit großem Erfolg zu verrichten. Dies zeigt das in den folgenden Jahren beständige Wachsen und Gedeihen der Ansiedlung. Hier nur in kurzer Form die geschaffenen Bauten und Einrichtungen:

1805: 46 Bauernhäuser, eine große Scheune, eine sehr ansehnliche Mahlmühle.
1806: Zweistöckiges Wirtshaus, eine weitere große Scheune, eine Ölmühle, eine Blaufärberei, eine Gerberei, eine Scheune 100 Fuß lang.
1807: Ein Lagergebäude, eine Sägemühle, eine Brauerei.
1808: Ein Versammlungshaus und einige andere Gebäude und Viehställe, eine weitere große Scheune und eine Brücke über den Connoquenessing-Fluss.
1809: Eine Walkmühle, eine Hanf-, eine Öl- und eine weitere Mahlmühle, zwei Warenlagerhäuser mit Weinkeller darunter.

1810: Eine Krämpelmaschine und zwei Spinnmaschinen für Wolle, um Tuch von Merino-Wolle zu weben, eine weitere Scheune, ein mehrstöckiges Gebäude als Fabrikhaus für 20 Webstühle mit Räumen für die Schule im zweiten Stock.

In diesen Jahren wurden rund 1000 Acres Land urbar gemacht, als Getreide- und Kartoffelacker und als Weideflächen. Angebaut wurden vor allem Kartoffeln, Hafer, Roggen, Gerste, Weizen, Mais, Flachs, Hanf, Mohn als Ölfrucht und anderes mehr. Das Getreide wurde in größeren Mengen auch zur Herstellung von Branntwein verbraucht. Außer den Erzeugnissen des Bodens hatten sie noch zudem in großen Mengen Manufakturwaren hergestellt und verkauft wie z.B.: Schuhe, Stiefel, Sättel, Schmiedearbeit, Tuch usw.. Die Gemeinde besaß zudem vier Schmieden für die gewöhnliche Arbeit und eine Nagelschmiede. Die Herstellung aller Waren gelang immer besser. An Güte, Menge und Vielfalt nahm das Angebot an Erzeugnissen des Landbaus und des Handwerks ständig zu und fand reißenden Absatz bei den Kunden der Kolonie.

Des Morgens nach Sonnenaufgang wurden die Glocken geläutet und eine Viertelstunde nachher war jeder an seiner Arbeit. Alles war Munterkeit und Tätigkeit. Die Brücke über den Connoquenessing-Fluss, an welchem die Stadt liegt, war prächtig mit Blumen verziert. Ist man über diese Brücke, so sah man zur Linken eine Wiese, die mit viel Mühe entwässert wurde und nun in einen vortrefflichen Weideplatz verwandelt worden war. An ihrem östlichen Ende lag ein Lustgarten, genannt das Labyrinth, und ein botanischer Garten. Das Labyrinth war ein sehr geschmackvoller Blumengarten mit verschiedenen Baumhecken durchwirkt, welche so eingerichtet waren, dass man sich leicht darin verlieren konnte, ehe man zu

einem kleinen Tempel gelangte, der in der Mitte des Laby-
rinths lag. Der Garten und der Tempel dienten als Sinnbilder.
Das Labyrinth stellte die Schwierigkeit vor, nach Harmonie zu
gelangen. Das Äußere des Tempels, der die Harmonie selbst
versinnbildlichte, war rau, um zu zeigen, dass er von weitem
betrachtet grau und ohne Reiz ist. Inwendig aber fand man
ihn freundlich und schön vor, um zu zeigen, wie schön die
Harmonie ist, wenn man ihren Segen erst einmal erkannt hat.
Der botanische Garten war mit den wertvollsten Pflanzen und
Kräutern wohl versehen und fesselt die Aufmerksamkeit eines
jeden Gartenkenners.

Gerade der Brücke gegenüber am Ufer des Flusses lagen
mehrere Häuser für Tuchfärberei und Walken. An der Nord-
seite des Flusses erhebt sich eine beträchtliche Anhöhe, von
welcher herab der Besucher einen großen Teil der Besitzungen
dieser Kolonie mit ihrer Stadt, den Feldern und Viehweiden
überblicken konnte. Die Gemeinde besaß auch eine große
Herde Schafe. Schon 1812 hatten sie 1000 Stück und planten
für die Zukunft mit 3000. Die Schafe waren auf drei Gruppen
verteilt. Die erste Gruppe bestand aus Tieren mit Merino-Ab-
stammung. Die zweite Gruppe bestand aus Kreuzungen und
die dritte aus gemeinen Landschafen. Diese Herden waren
drei Hirten überantwortet, die jede Nacht in beweglichen Hüt-
ten oder Schäferkarren bei ihnen schliefen. Auch ein Wächter
aus der Stadt war während der Nacht bei ihnen. Auf den Woll-
böden waren beständig 8 bis 12 Frauen beschäftigt, die Wolle
für die am Fluss aufgebaute Krämpelmaschine zu sortieren.
Von dort wurde die Wolle nach dem Spinnhause in der Stadt
gebracht, wo gegen 10 Spinnmaschinen im Gange waren.

An den Scheunen war ein Obstgarten, etwa 25 Acres groß,
wohl versehen mit veredelten Obstbäumen. Gleich hinter den

Scheunen gab es eine Hanfbreche. Sie wurde von Pferden getrieben und arbeitet äußerst wirkungsvoll. In der Nachbarschaft stand das Brauhaus, welches ein sehr bequemes Gebäude war, hinter dem ein Hopfengarten mit sehr üppig gedeihendem Hopfen lag. Das Dunkelbier (Porter), welches dort gebraut wurde, stand dem in England nicht im Geringsten nach, welches Engländer selbst bezeugten. Die Weinberge waren an einem Berge befindlich, wo man eine Menge Terrassen sah, die auf steinernen Mauern ruhten. Eine Meile östlich davon entfernt kam man in ein sehr gut angebautes, schönes Tal, durch welches der kleine Fluss Connoquenessing fließt. Hier hatte die Gemeinde ein steinernes Haus erbaut, worin sich eine Mehl-, eine Hanf-, sowie eine Öl- und eine Walkmühle und eine Krämpelmaschine befanden. In der Ölmühle pressten sie vor allem Öl aus Kürbiskernen, welches ein sehr gutes Öl und auch Futter für das Rindvieh ist. Die sehr reichlich mit Getreide, Flachs, Hanf und Klee bedeckten Felder dieser Gemeinde waren prächtig anzusehen. Eine Strecke von der Stadt entfernt hatte die Gemeinde eine große Ziegelbrennerei und nicht weit davon entfernt lag der Begräbnisplatz, welcher mit einer guten Umfriedigung versehen war. Man fand darauf keine Grabsteine, weil die Gesellschaft entsprechend ihrer Sitte die Gräber nur mit Blumen bepflanzte. Auch Imkerei wurde betrieben. Die Bienenhäuser waren einem großen Busch - und Blumenwerke gegenüber angelegt, welches nahe vor dem Ausflug der Bienen befindlich war, welche ebenso fleißig sind und ein ebenso gutes Gedeihen haben, wie ihre Eigentümer.

Die erste Stadt Harmonie lag an der Südseite des Connoquenessing-Flusses und das Eigentum der Gemeinde erstreckte sich rund um dieselbe herum und umfasste insgesamt ungefähr 9000 Acres. Die Stadt war nach einem regelmäßigen Plane angelegte. In der Mitte lag ein freier Platz, drei Straßen liefen östlich und westlich, drei südlich und nördlich, welche sich in rechten Winkeln durchschnitten. Die Stadt war in Grundstücke (Lots) von jeweils ¼ Acre eingeteilt. Jede Familie besaß ihr eigenes Haus und eigene Grundstücke mit ein paar Milchkühen und so viel Schweinen und Federvieh, wie sie halten wollten. Was sie sonst noch an Lebensmitteln und Kleidungsstücken benötigten, lieferte die Gemeinde. Ihr Arbeitslohn allerdings wurde nicht an sie, sondern in die gemeinschaftliche Kasse gezahlt. Jede Familie war also wirklich, insoweit es häusliche Angelegenheit betraf, von anderen unabhängig. Gleichzeitig waren alle zu einem Körper verbunden und sicherten ihren gemeinschaftlichen Arbeiten einen unfehlbaren Erfolg. Nach genau diesen Grundlagen wurde nach dem Verkauf der ersten Stadt Harmonie auch die zweite erbaut und belebt. Ich gehe darauf später genauer ein.

Die Basis der Gemeinde ist Religion und alle ihre zeitlichen Verhältnisse sind danach eingerichtet. Der größere Teil derselben ist in der protestantischen Religion erzogen und ihre religiösen Regeln sind mit derselben ziemlich übereinstimmend. Man drückt die Grundsätze, welche die Gemeinde zusammenhalten so aus: Liebe zu Gott; Wohlwollen gegen die Menschen; Reinheit des Lebens und Gütergemeinschaft. Man betrachtet den Prediger als von Gott berufen. Seine Gebete und Reden hält er aus dem Stegreif. Ist er unpässlich oder abwesend, so versammelt sich die Gemeinde dennoch und unterhält sich über religiöse Gegenstände. Der Prediger wird in der Verwaltung seiner religiösen Angelegenheiten von Ältesten und Diakonen unterstützt, welche von der gesamten Gesellschaft gewählt werden.

Sonntags versammelt sich die Gemeinde mittags um 12 Uhr in der Kirche zum Gottesdienst. Er dauert ungefähr anderthalb Stunden. Eine andere Versammlung halten sie des Abends um sechs Uhr, und außer den sonntäglichen Versammlungen haben sie noch zweimal in der Woche des Abends religiöse Zusammenkünfte. Es gibt kein Beispiel, dass diejenigen, welche gesund und fähig sind, die Kirche zu besuchen, sie vernachlässigt hätten. Es macht ihnen die größte Freude, sie zu besuchen, und das sittliche Betragen der Gemeinde ist tadellos. Man findet unter ihnen keine lasterhaften Gewohnheiten, man hört kein Fluchen, Schwören und Lügen, man bemerkt nirgends eine Ausschweifung. Zu Betrügereien, welche in der bürgerlichen Gesellschaft leider so häufig erlebt werden müssen, haben sie keine Versuchung. Als Individuen bedürfen sie keines Geldes und fürchten keinen Mangel. Die von religiösem Leben bestimmten Tage enden mit dem ersten Ruf des Nachtwächters: »Wiederum ist ein Tag dahin und ein Schritt getan näher zu unserem Ende. Unsere Zeit fließt dahin und die Freuden des Himmels sind unsere Vergeltung.« Er wird stündlich wiederholt bis morgens um 3 Uhr. Dann lauten die Verse: »Wiederum ist die Nacht dahin und der Morgen gekommen. Unsere Zeit fließt dahin und die Freuden des Himmels sind unser Lohn.«

Die weltlichen Geschäfte werden auf die Weise guter Kaufleute geleitet. Für jeden Betriebszweig sind Verwalter angestellt, welche unter der Generaldirektion der Gesellschaft stehen. Rapp besorgt die Aufsicht über die Manufakturen und führt die Generaldirektion über alle Geldangelegenheiten und kaufmännischen Geschäfte.

Als sich diese Gesellschaft in Pennsylvania im Butler-County 30 englische Meilen von Pittsburgh entfernt niederließ, bestand ihr ganzes Vermögen nach Abzug der Reisekosten aus ungefähr 20.000 Dollar. Sie wurden durch Landankauf und durch die Kosten, sich in der Zeit zu ernähren, solange sie die Früchte ihrer eigenen Arbeitsamkeit noch nicht genießen konnten, bald erschöpft. So ohne Geld und Kredit erduldeten sie eine Zeitlang große Entbehrungen, welche die Folge hatten, dass mehrere ihrer Mitglieder, abgeschreckt von den Beschwerlichkeiten, sich von der Gesellschaft absonderten und im Staate Ohio niederließen, um für ihr eigenes Glück zu sorgen. Da sie das, was sie in die gemeinschaftliche Kasse geworfen hatten, zurückverlangten, verursachte die Wieder-aufbringung des Kapitals der Gesellschaft einige Schwierig-keiten. Doch wurden sie bald beseitigt und die Gesellschaft setzte nun mehrere Schriftstücke auf, welche von denen unter-schrieben werden mussten, die ihr beizutreten wünschten. Dadurch glaubte man, allen Unannehmlichkeiten dieser Art für die Zukunft vorbeugen zu können. Nach diesen Verträgen wurde geregelt, dass jene, welche sich von der Gesellschaft zurückzuziehen wünschen, berechtigt sind, alles, was sie in die gemeinschaftliche Kasse warfen, zurückzuverlangen, jedoch nur in Raten und ohne Zinsen. Jeder kann der Gesellschaft bei-treten. Der Akt der Aufnahme ist einfach. Der Beitretende zeigt seine Absicht an und wird auf einen Monat zur Probe ange-nommen, während welcher Zeit er in dem Wirtshaus lebt. Gefällt es ihm dann und will er sich nun nach den Grundsät-zen ihrer Sittlichkeit einrichten, so wird er unverzüglich als Mitglied aufgenommen und ist zu allen Vorzügen der Gesell-schaft berechtigt. Einen religiösen Eid muss er nicht ablegen. Ist er reich, so deponiert er sein ganzes Vermögen in die gemeinschaftliche Kasse. Ist er arm, so leidet er keinen Mangel, alle seine Bedürfnisse werden aus dieser Kasse befriedigt.

Aus dem Jahre 1811 gibt es eine Schätzung des Vermögens der Kolonie. Sie gibt einen Eindruck von dem Reichtum, der in den sechs Jahren ihres Bestehens entstanden war:

9000 Acres Land mit den urbaren Ländereien. Wert: 90.000$
Vorrat von Lebensmitteln für 800 Personen. Wert: 25.000$
Mühlen, Maschinen und öffentliche Gebäude. Wert: 21.000$
Wohnhäuser. Wert: 18.000$
Pferde, Rindvieh, Schweine und Federvieh. Wert: 10.000$
1000 Schafe. Wert: 6.000$
Vorräte von Inventar und Handelswaren. Wert: 50.000$

Das sind also zusammen stattliche 220.000 Dollar gewesen. Ein wirklich großer ökonomischer Erfolg in der kurzen Zeit.

Im Jahre 1814 indessen entschied sich Rapp, den ganzen Besitz (mit stattlichem Gewinn) zu verkaufen und mit dem größten Teil der Gesellschaft ca. 600 Meilen weiter landeinwärts an den Fluss Wabash zu ziehen. Dort kaufte er 24.000 Acres Land und erbaute mit seinen Leuten darauf eine neue Kolonie. Sie ist dort noch weit schöner aufgeblüht als im Butler-County und führte ebenfalls den Namen »Harmonie«. Im letzten Jahr meines Aufenthalts in Pennsylvania las ich in den Zeitungen, dass Rapp auch die dortige Kolonie für eine ungeheure Summe Geldes wieder verkauft habe und den dritten Neustart im Staate Ohio an der Grenze zu Pennsylvania erfolgreich unternommen habe.

Außer der vorausgehend ausführlich beschriebenen Kolonie von Rapp ist mir noch eine weitere dieser Art bekannt geworden, die ebenfalls aus Württembergern besteht. Ihr Führer ist der ehemalige württembergische Regimentsrat Dr. Frederick Conrad Haller, der vor mehreren Jahren mit einer württembergischen Gruppe von etwa 50 Familien nach Pennsylvania kam und sich mit einigen von ihnen unweit Williamsport (Lycoming-County) in einem Tal niederließ, das sie »Blooming Grove« (Blumengarten) nannten. Haller ist in dieser Gesellschaft Prediger, Schullehrer, Richter und Arzt. Auch diese Kolonie hat ein vorzügliches, glückliches Gedeihen, wenn sie auch nicht so groß ist wie die von Rapp.

Es gibt in den Vereinigten Staaten auch blühende Kolonien, die von nicht in Deutschland entstandenen Religionsgemeinschaften gegründet wurden. Eine der Bekanntesten sind vielleicht die Amischen aus der Schweiz. Ich will aber auf diese und die anderen Gruppen hier nicht weiter eingehen. Genug zeigt das Beispiel von Rapp, was ich früher schon mehrere Male gemahnte: Ansiedlung in Amerika für den Einzelnen ist schwer. In einer Gemeinschaft aber hat Fleiß und Anstrengung die schönsten Aussichten auf Belohnung und Erfolg.

15
Deutsche Sprache in Pennsylvania

Der Rolle der Deutschen beim Aufbau des Staates Pennsylvania –
Das Verschwinden der deutschen Sprache – Auswüchse der Presse-
freiheit allgemein – Deutsche Zeitungen

Der Staat Pennsylvania verdankt sowohl seine schnelle
Bevölkerung wie auch sein bisheriges Gedeihen besonders
auch den Deutschen und der bisherigen, fortwährenden Einwanderung derselben in diesen Staat. Die ersten, welche sich
unter William Penn dort niederließen und die Stadt Germantown mit erbauten, die etwa fünf Meilen von Philadelphia entfernt liegt, stammten aus Deutschland. Viele weitere Deutsche,
vor allem Pfälzer, wurden um dieselbe Zeit und bald nachher
durch eine Handel treibende Gesellschaft veranlasst, nach
Pennsylvania zu folgen. Diese Pfälzer veranlassten wieder
viele ihrer Landsleute, aber auch Württemberger und Schwaben, sich nach dem neuen Lande einzuschiffen. Hieraus erklärt
es sich, dass der deutsche Dialekt dort fast allenthalben pfälzisch und schwäbisch ist. Hochdeutsch hört man fast gar nicht,
denn Eingewanderte, welche ein solches sprechen, gibt es dort
nur sehr wenige. Das mag wohl die größte Ursache davon sein,
dass die deutsche Sprache nicht mehr die öffentliche und herrschende ist und sich immer mehr verliert. Gelegentlich, wenn
ich auf Reisen in Gasthäuser kam, wurde ich gefragt: »Wo
pischt tu tenn her?« »Aus Deutschland«, war meine Antwort.
Darauf wurde dann gewöhnlich erwidert: »Tu magscht mir jo

ä Teutscher sein. Tu kannscht jo noch net Teutsch schpreche.«
Die Auswanderung aus der Pfalz, dem Württembergischen
und dem Schwabenlande nach Pennsylvania dauerte seit jener
ersten Auswanderung unter Penn fast beständig fort. Über die
Hälfte der Bewohner Pennsylvanias besteht aus Deutschen
und deutschen Abkömmlingen. Sie sind in allen Countys (früher »Grafschaften«), woraus dieser Staat besteht, verteilt. Die
größte Anzahl befindet sich soweit mir bekannt in den Kreisen
Northampton, Lebanon, Lancaster, Berks, Dauphin, York,
Adams, Columbia, Cumberland, Montgomery, Northumber-
land, Centre, Franklin, Bucks und Huntington. Die Sprache
dieser Deutschen ist aber allenthalben mit sehr weniger Ausnahme einzelner Personen nur ein Mischmasch vom Pfälzer-
sowie Schwabendeutsch und Englisch, ohne dass diese Menschen das wissen. An all den Plätzen, wo die deutsche Sprache
ganz zuerst und allein gesprochen wurde, geht sie am ersten
und schnellsten unter und ist vielfältig schon ganz erloschen,
so z.B. in Germantown und Lancaster, wo noch vor 20 Jahren
fast kein einziges englisches Wort gehört wurde. Vor 20 Jahren
fand der Engländer, welcher in Pennsylvania reiste und die
deutsche Sprache nicht verstand, sehr große Schwierigkeiten,
sich verständlich zu machen, besonders auf dem Lande. Aber
das hat sich auffallend geändert und in manchen Gegenden
dieses Staats geht es dem deutschen Einwanderer jetzt eben so,
wie damals dem Engländer. Im Inneren des Landes gibt es
zwar noch Gegenden, wie z.B. die Berks-County, wo noch
deutsch gesprochen wird, weil die Gelegenheit, das Englische
zu erlernen, dort nicht so allgemein ist. Doch wird auch dort
dem Landmanne immer nötiger, seine Kinder die Landessprache lehren zu lassen, teils wegen des Verkaufs seiner Produkte,
teils deswegen, weil jetzt alle gerichtlichen Verhandlungen in
Englisch stattfinden. Es kann auch niemand Jurist werden, der
die englische Sprache nicht vollkommen versteht.

Der deutsche Auswanderer vergisst seine Muttersprache nicht, solange er lebt, auch seine Kinder lernen sie noch sprechen, aber freilich schlecht, und da, wo die Gelegenheit ist, Englisch zu lernen, hat man großen Widerwillen gegen das Deutsche. In den Städten, besonders in den Seestädten, geht die Umwandlung des Deutschen ins Englische mit raschen Schritten voran. Wer da erst ein wenig Englisch quackeln kann, schämt sich des Deutschen und will es nicht mehr sprechen. Die Gebildeten unter den Deutschen daselbst, besonders diejenigen, die in Deutschland geboren sind, in Amerika aber Glück und Wohlstand gefunden haben, sind ihrer Muttersprache am meisten abhold. Sie wollen sie durchaus nicht mehr sprechen, ja sie schämen sich nicht selten ihrer Abkunft. Selbst bei Kindern zeigt sich ein sehr großer Widerwille gegen alles, was deutsch ist. Auch die deutsche Gesellschaft in Philadelphia verdient in dieser Hinsicht ihren Namen nicht mehr, denn alle ihre Verhandlungen werden jetzt in der englischen Sprache abgemacht. Es gibt freilich noch Ausnahmen. In Philadelphia existieren einige Vereine, deren Zweck es ist, dafür zu sorgen, dass das Deutsche nicht untergehe, sondern dass die Jugend neben der englischen Sprache auch die deutsche lerne, damit solche erhalten werde. Allein selbst die Mitglieder dieser Vereine sprechen unter sich auch beständig Englisch. In Philadelphia hängt ein Teil des Lehr- und Prediger-Standes noch fest an der deutschen Sprache. Aber es ist ein ungleicher Kampf, den das Deutsche gegen das Englische in der Sprache und das Amerikanische in Sitten und Charakter führt. Die deutsche Sprache mit ihrem starken Dialekt in Pennsylvania, ist auch gar nicht geeignet, ihr den Anhang unter den Gebildeten zu sichern und ihr Ansehen zu erhalten. Sie kann sich gegen das Englische nicht behaupten. Die Fortschritte in der Schönheit, die das Deutsche in Deutschland seit 40 Jahren gemacht hat, sind gänzlich unbekannt, die wenigen ausgenommen, die in dieser Zeit dorthin neu eingewandert sind. Es ist damit weit mehr rückwärts- als vorwärtsgegangen. Die Sprache verwandelt sich immer mehr in eine mit der englischen Sprache vermischte Mundart und wird wohl schließlich in derselben völlig aufgehen.

In Pennsylvania werden jetzt noch, so viel mir bekannt ist, 20 deutsche Zeitungen herausgegeben. Die in Philadelphia waren gleichfalls eingegangen, doch seit drei Jahren wird auf zahlreiches Verlangen wieder eine solche herausgegeben. In der Stadt Reading, 50 Meilen von Philadelphia entfernt, gibt es eine deutsche Lesegesellschaft; vielleicht die einzige in Amerika. Diese Gesellschaft besteht schon seit vielen Jahren und bekommt die Bücher ziemlich regelmäßig aus Deutschland, so dass sie immer genug zu lesen hat. In dieser Stadt, in welcher noch der stärkste Sinn für das Deutsche angetroffen wird, werden wöchentlich zwei deutsche Zeitungen herausgegeben, die eine von dem Buchdrucker Ritter, genannt »Der Adler«, die andere vom Drucker Sage, genannt »Der Weltbote«. Die Buchdrucker sind dort meistens auch die Herausgeber der Zeitungen, auch die Verleger mancher anderer Schriften. Die Bücher, welche sie drucken, werden in ihren Druckereien auch eingebunden. Die deutschen Zeitungen, welche hier erscheinen, sind in den Vereinigten Staaten vielleicht die besten in Deutsch. Dennoch aber muss man sich eine gute Zeit dort aufgehalten haben und sich mit den verschiedenen Bemerkungen zu manchen Dingen und auch mit den oft sonderbaren Ausdrücken und Redensarten der amerikanischen Deutschen erst einigermaßen bekannt machen, um ihren Sinn vollständig zu verstehen.

Nichts war mir aber beim Lesen der dortigen Zeitungen auffallender, als die Gemeinheit, dass die Menschen dort Artikel veröffentlichen, mit denen sie sich wechselseitig abscheulich pöbelhaft blamieren und schelten dürfen. In den abscheulichsten Ausdrücken macht einer des anderen Lasterhaftigkeit, wenn er von ihm beleidigt wurde, dem Publikum bekannt, wobei er sich der ärgsten Schimpfwörter bedient. In der nächsten Zeitung erwidert der so Beschimpfte das Kompliment gewöhnlich, aber pöbelhafter. Auch ist es gar nichts Besonderes, die Obrigkeit, ja die Landesregierung öffentlich zu tadeln. Die ärgsten Spottreden über dieselbe kann man öfters in öffentlichen Blättern lesen. Auch Zeitungsschreiber, wenn sie, was politische Gegenstände betrifft, in ihren Meinungen voneinander abweichen, bedienen sich bisweilen der ärgsten Schimpfwörter. Oft ist es nur ein einziges Wort, welches der eine so, der Andere anders versteht, die Ursache des Gezänks. Nicht selten streiten sie sich um des Kaisers Bart. Pressefreiheit ist ein großer Segen, aber, gleich den besten Arzneien, wird sie beim Missbrauch zum tödlichen Gift. Der Herausgeber eines öffentlichen Blattes nimmt eine wichtige Stelle in der bürgerlichen Gesellschaft ein. Seine Ansichten werden weit verbreitet und haben einen großen Einfluss auf die öffentliche Meinung. Es ist nicht genug, dass er selbst bei der reinen Wahrheit bleibt, sondern es ist auch seine Pflicht, Sorge zu tragen, dass kein anderer vermittelst seines Blattes Lügen verbreitet. Auch sollte die Wahrheit stets in geziemender Sprache bekannt gemacht und nichts in eine Zeitung eingerückt werden, was das Publikum nichts angeht.

16
Kleidung, Essen, Trinken, Hofwirtschaft

Bekleidung – Gastfreiheit – Tafelsitten – Brotbacken – Kaffeetrinken – Tabakrauchen – Getränkepreise – Mangel an Bierbrauern – Obsternten – Äpfel und Apfelprodukte – Viehzucht, Schlachtsitten, Wurstmachen – Überfluss an Nahrungsmitteln – Anzahl des Viehs – Der Amerikaner bleibt Herr seiner Besitzungen, solange er lebt – Gleichgültigkeit der dortigen Deutschen gegen ihre neu eingewanderten Landsleute

Die Kleidung der Amerikaner entspricht, so viel ich gesehen und erfahren habe, der bei uns als bürgerlich angesehenen. Man kann nicht so wie bei uns den Landmann an der Kleidung von dem Städter unterscheiden. Weder die Arten der hiesigen Bauernkleidung, noch die der einfacheren Leute in unseren Städten sieht man dort. Auch die Damen in den Städten können von den Frauen der reichen und wohlhabenden Bauern fast nichts voraushaben als etwa das besser gelockte und frisierte Haar. Deshalb sieht man auch jede in der Stadt neu aufkommende Mode der Kleidung nach wenigen Wochen ebenso weit im Inneren des Landes von Bauernfrauen und ihren Töchtern tragen und dann auch wenig später von den Dienstmägden der Bauern. Diese Letztgenannten kleiden sich dort wie bei uns die vornehmen Damen, worüber ich oft besonders an Kirchentagen und bei Festlichkeiten staunte. Den Prediger auf dem Lande kann man nicht an seiner Kleidung von den Bauern unterscheiden, selbst in der Kirche nicht bis zu dem Augenblick, da er vor den Altar oder auf die Kanzel tritt. Die Ursache ist, dass Landprediger keinen Kragen, die Bauern aber zum Teil auch schwarze Kleider tragen, die denen des Predigers sehr ähneln.

Von den üppigen und köstlichen Tafeln der Amerikaner ist beiläufig schon öfter die Rede gewesen, auch von der Gastfreiheit der dortigen Bewohner. Das gewöhnliche Roggenbrot ist allenthalben so fein und klar, wie das Weizenbrot bei uns in Deutschland. Es übertrifft alles, was ich sonst irgendwo kennengelernt habe. Die Ursache für diese gute Qualität ist wohl die bessere Güte des dortigen Getreides und womöglich auch die bessere Beschaffenheit der dortigen Mühlen. Kaufbäcker und Backhäuser gibt es nur in großen Städten, denn auf dem Lande wie auch in den Landstädten versteht jede Hausfrau nebst ihren Töchtern und Dienstmägden, nicht nur Brot und Kuchen gewöhnlicher Art, sondern auch anderes Backwerk jeder Art selbst zuzubereiten. Wenigstens einmal in jeder Woche wird in jedem Hause einer amerikanischen Familie der wohlhabenden Klasse auch Weißbrot, mehrere Arten Kuchen u. dgl. gebacken. Der Kaffee wird nicht wie bei uns besonders, sondern während der Mahlzeit getrunken. Außer Teller, Messer und Gabel wird jedem auch eine Tasse mit Kaffee vorgesetzt. Man isst und schlürft Kaffee wechselweise. Vom Einweichen des Weißbrots in Kaffee weiß der Amerikaner nichts. Statt Milch trinkt man nur süßen Rahm zum Kaffee. Das Tabakrauchen ist überall Mode, sowohl bei Manns- wie auch bei jungen Frauenspersonen und selbst bei Kindern. Wenn junge Mädchen zum Tanze gehen oder einen Spaziergang machen, so gehört das mit zu ihrem Schmuck, dass sie eine brennende Zigarre im Munde haben. Oft sah ich Kinder auf der Straße bei ihren Spielen, jedes mit einer brennenden Zigarre. Dreijährige Knaben rauchen schon wie alte Männer.

Eine Feuersbrunst aber habe ich als Folge davon während meines Aufenthalts in Amerika auf dem Lande nicht erlebt.

Die Getränke sind vier- bis sechsmal teurer als bei uns in Deutschland und auf dem Lande oft unverantwortlich verfälscht. Bier ist unter allen das verhältnismäßig teuerste und schlechteste und zur Sommerszeit zudem fast nirgends zu haben, denn Bierbrauer gibt es nur sehr wenige. Die wenigen, die es gibt, verstehen kein ordentliches Bier zu brauen. Bierbrauer aus Deutschland würden dort große und einträgliche Geschäfte machen und vielleicht den Landbewohnern wohltätig werden, weil dadurch sicher das unmäßige Branntweinsaufen gemindert würde, denn der Amerikaner trinkt, so viel ich gehört habe, eigentlich gern Bier. Für ein kleines Gläschen Bier zahlt man oft doppelt so viel wie für ein Glas Whisky. Der Cider ist zwar das beste, gesundeste, und – weil jeder Bauer sich ihn aus seinem vielen Obst selbst bereitet – auch für ihn das billigste Getränk, doch ist der Cider bei vielen Amerikanern nicht so beliebt, wie man es denken sollte. Der Amerikaner liebt zu sehr seinen Branntwein, den viele auch selbst herstellen, vielfältig auch aus Äpfeln. In der Erntezeit trinken sie fast alle Branntwein mit Wasser.

Auf jeder Landwirtschaft findet man ein großes Feld mit Apfelbäumen, welche wie nach der Schnur gepflanzt sind und 10 bis 15 Schritte voneinander entfernt stehen. Sie geben dem Landwirt alljährlich eine reiche Ernte an Äpfeln, woraus viele Tonnen voll Saft gepresst werden. Von diesem Safte – nachdem er gehörig gegoren dann Cider genannt wird – verkauft der Landwirt das meiste an die Städter, auch an die Kaufleute und Gastwirte auf dem Lande. Die Kaufleute in den Seestädten schicken ihn in großer Menge nach Südamerika, Ost- und Westindien, auch häufig nach Europa. Aus den nicht völlig reif gewordenen und schlechteren Äpfeln brennt der Landwirt Branntwein. Von diesem Branntwein, der die Eigenschaft hat, als Zusatz den Apfelsaft sehr lange klar und süß zu erhalten, werden auf jedes Barrel Saft ein bis drei Gallonen Branntwein gegeben. Ein Barrel hält 32 Gallonen. Der so mit Branntwein vermischte Cider heißt dann »Cideroil«. Statt mit Apfelbranntwein kann man den frischen Cider auch mit Rum, Branntwein oder Genever vermischen, von welchen man weniger braucht. Will man diesem Getränk einen stärkeren Weingeschmack geben, so legt man einige gequetschte recht reife Weintrauben in das Fass. Die Äpfel werden erst auf einer eigens dazu verfertigten Mühle zu einem Brei gemahlen. Die Mühle wird gewöhnlich von einem Pferde in Bewegung gesetzt. Ist man mit dem Mahlen fertig, so kommt der Brei, der bis dahin in Tröge und Bottiche getan war, in eine speziell für diesen Zweck gebaute Kelter. Man legt erst eine Lage Stroh so, dass dasselbe umher in die Höhe steht. Darauf schüttet man ungefähr eine Viertelelle hoch von dem Brei, biegt das auswärts stehende Stroh einwärts über denselben und legt eine neue Lage Stroh darauf. Auf diese folgt dann wieder Äpfelbrei und das Stroh wird wieder eingebogen. Das Ganze wird drei- bis viermal wiederholt. Dann wird gepresst. Den Cider lässt man erst in die unter die Presse gesetzten Bottiche laufen, worin dieser sich setzt. Dann gibt man ihn in Fässer, in denen er einige Tage gärt. Hierauf zapft man ihn auf wohl ausgespülte und mit heißem Wasser abgekochte Fässer, ohne sie zu verspunden, damit der Apfelwein noch einige Tage lang nachgären kann. Dann erst kann man sie verspunden. Dieser Saft kann gleich frisch getrunken werden. Er schmeckt süß und angenehm. Ist er aber mit Branntwein vermischt und ein gutes halbes Jahr alt, so trinke ich ihn lieber als jeden Wein. Es ist ein vorzügliches Getränk. Aus Äpfeln kochen die Amerikanerinnen auch ganz vortreffliche Apfelbutter (Latwerge genannt). Sie schälen zur

Zeit des Cider-Machens im Herbste eine große Menge Äpfel, schneiden sie entzwei und befreien sie von den Kernen und ihren Gehäusen. Diese Apfelschnitzen werden in Apfelsaft 12 bis 18 Stunden lang gekocht und während des Kochens gerührt wie bei uns das Zwetschenmus. Diese Apfelbutter kann mehrere Jahre lang aufbewahrt werden und wird mit dem Alter immer besser. Sie wird auf das Brot geschmiert und übertrifft an Geschmack und Güte bei weitem unser bestes Zwetschenmus. Für den Fall, dass auch bei uns irgendjemand, der Obst in Menge erntet, Lust hätte, das Cidermachen selbst zu probieren, habe ich aus Amerika ein kleines hölzernes Model mitgebracht, wonach jeder geschickte Zimmermann im Stande sein sollte, die dortige Apfelmühle und Presse im Großen nachzumachen.

In Amerika geraten besonders die Äpfel und Pfirsiche besser als hier in Deutschland, Birnen und Zwetschgen dagegen nicht so gut. Von den Raupen wird das Obst dort nicht zerstört, obgleich zur Zeit des Frühjahrs besonders die Äpfelbäume oft ganz mit Raupennestern überzogen sind und von Raupen wimmeln, so dass man denken sollte, sowohl Laub als Blüten würden von ihnen gänzlich zerstört werden. Nach kurzer Zeit fand ich sie in ihren Nestern aber fast alle tot, ohne dass sie dem Laube sonderlich Schaden getan hatten. Den Grund dafür habe ich nicht finden können. Die Nachtfröste im Frühjahre schaden dem Obste dort nicht so leicht wie hier und auf Bergen und Anhöhen gar nicht. Aus diesem Grunde legt man die Obstgärten, oder besser Obstfelder, wenn möglich am besten dort an. Plätze von 10 bis 20 Acres Land sind oft ganz mit Apfelbäumen bepflanzt. Das Land, auf welchem diese Bäume stehen, wird ebenso wie das übrige mit Getreide und anderen Früchten bestellt, die auch sehr gut geraten, nur mit dem Unterschiede, dass sie etwas später reif werden.

Der Amerikaner auf dem Lande hält eine sehr starke Viehzucht und schlachtet sehr viel von demselben zum Bedarf in seiner Haushaltung, denn er hält keine Mahlzeit ohne mehrere Sorten Fleisch auf dem Tische zu haben. Es wird gewöhnlich in Butter gargeschmort. Das Fleisch der dortigen Schweine ist ganz vorzüglich wohlschmeckend und übertrifft das unsrige bei weitem. Die Ursache wird wohl die Art des Futters sein, zu dem besonders auch das Welschkorn (Mais) gehört. Auch die Eier des dortigen Federviehs übertreffen aus eben der Ursache des guten Futters die unsrigen an Güte und Wohlgeschmack. Sonderbar ist es, dass man dort keinen rohen Schinken, Speck, Mett-, Knack- und Blutwürste, und auch kein Schweineschmalz zum Brot isst. Das Schmalz wird zwar beim Backen des Weißbrots verbraucht und auch häufig statt des Öls auf den Lampen verbrannt. Das Rinderfett wird aber nur zum Kochen der Seife und zu Kerzen verbraucht. Wenn der Amerikaner Schweine schlachtet, so lässt er alles Blut ungenutzt. Dreimal habe ich Schweine schlachten lassen und den Schlachter nie bewegen können, mir eine Blutwurst zu machen. Aufgefordert habe ich ihn jedes Mal dazu, aber jedes Mal war seine Antwort: »Sir, wer kann Plut fresse? Tos wär jo kreulich!« Zum Wurstmachen hat der Schlachter ein blechernes oder zinnernes Instrument, beinahe wie unsere Klistierspritzen. Ein solches Instrument, wie es in Deutschland die Schlachter zum Wurstmachen gebrauchen, kennt man nicht und darum weiß man auch nichts von Schlack- und Mettwürsten. Man macht stattdessen eine große Menge Schmorwürste. Wenn diese aufgezehrt sind, schlachtet man wieder von neuem.

Auf einer mittelgroßen Landwirtschaft von etwa 100 bis 150 Acres Landes hält man ungefähr vier Pferde. Der Amerikaner kann bei gleich viel Land völlig mit der Hälfte dieser Tiere bestehen, die bei uns nötig sind, weil er seine Länderei alle nahe vor der Tür hat und keine herrschaftlichen Dienste verrichtet. Man hält ferner 20 bis 30 Stück Rindvieh, von welchen ungefähr 10 oder 12 milchgebende Kühe sind, dazu 30 bis 40 Stück Schweine. Außerdem in der Regel 20 bis 30 Stück Schafe, die nicht gemolken werden und deshalb größer als die unsrigen werden, denn die Lämmer saugen so lange, bis sie von selbst aufhören. Zudem gibt es für Schafe Weide im Überfluss. Das Schafffleisch isst der Amerikaner auf dem Lande nicht. Es ist auch nicht so wohlschmeckend wie das unsrige. Er hält sie nur, um so viel Wolle zu gewinnen, wie er für seinen Haushalt bedarf. Schafe, die er nicht mehr benötigt, verkauft er an die Städter, die das Schafffleisch durchaus schätzen, nicht zuletzt um der Gesundheit willen. Federvieh hält der Landwirt in sehr großer Menge, manchmal wohl an die 200 Stück Hühner, denn ein gebratenes Huhn muss fast täglich mit auf seinem Tische sein. Welschhühner (Puter) hat er wohl 100 Stück oder doch nahe daran, Perlhühner (Chinahühner genannt) etwa 20 bis 30 Stück. Gänse hält er 15 bis 20 Stück, nur um der Federn willen, denn vor dem Fleische derselben hat er einen Ekel. Zur Zierde hält er in der Regel auch mehrere Pfauen. So ist es in den bevölkerten Gegenden Pennsylvanias, besonders in der Berks-County, wo ich gewohnt habe. In anderen Gegenden mag es anders sein.

Es ist auf dem Lande nicht Sitte, dass die Eltern einem von ihren Kindern die Wirtschaft übergeben und abtreten und sich ein Altenteil schriftlich zusichern lassen. Äußerst selten tritt ein solcher Fall ein. Es gibt aber mehrere Beispiele dafür, dass der Landwirt seinen Kindern die Plantagen verpachtet, in eine Stadt zieht und ein sorgenfreies Leben von der Pacht führt. Eigentümer von seinen Gütern aber bleibt er auch in diesem Fall, so lange er lebt. Wenn er stirbt, dann bekommen seine Kinder alle den gleichen Anteil an der Hinterlassenschaft des

Alten. Die sämtlichen Besitzungen werden geschätzt. Jenes von den Kindern, das die Güter in Besitz nimmt, muss den Anderen ihren Anteil bar auszahlen, oder die Besitzungen werden an Fremde verkauft und die Erben teilen sich den Erlös. Das Heiraten in die Höfe mit einer Summe Geld ist nicht Sitte. Nach Geld und Gütern wird, so viel ich erfahren habe, beim Heiraten nicht gefragt. Eheleute finden sich ganz nach der eigenen Neigung und so hat die Zukunft der Höfe eine gute und tragfähige Grundlage.

17

Wohnen, Haushaltung, auf dem Felde

Gebäude und Wohnungen – Hausgeräte – Liebe zur Reinlichkeit – Verstreut liegende Höfe statt geschlossener Ortschaften – Die Einrichtungen der Höfe – Feldfrüchte und Viehzucht – Fruchtbarkeit des Ackerbodens – Leben auf dem Hof

Das Alltagsleben und die in ihm benötigten Gerätschaften sind in Amerika in vielen Merkmalen anders als die unsrigen. Auch die Wohnhäuser und Wirtschaftsgebäude sind von den unsrigen durch äußere und innere Einrichtung und Bauart sehr verschieden. Viele Haus-, Hof-, Garten- und Feldgerätschaften der dortigen Landleute stehen zwar den unsrigen an zweckmäßiger Einrichtung noch nach, aber einige sind ihnen auch voraus. Die Öfen in den Wohnzimmern z. B. übertreffen mit ihrer vorteilhaften Einrichtung die besten der unsrigen, die ich noch je gesehen habe. Ein anderes Beispiel sind die Sitzmöbel. Man hat dort eine Art hölzerner Stühle, bei welchen der Sitz aus einem einzigen Stücke Holz besteht, welches so ausgearbeitet ist, dass man ganz vorzüglich bequem darauf sitzt und welche dennoch so leicht sind, dass man zwei Stück derselben bequem in jeder Hand tragen kann. Ein vornehmer Kaufmann in Hamburg hatte sich ein halbes Dutzend solcher Stühle von Philadelphia mit herüberbringen lassen, die ich bei der Ausladung des Schiffs in Hamburg gesehen habe. Weiterhin sind die vorteilhaft ausgebildeten Pflüge und die zweckmäßigen Äxte zu erwähnen. Beide übertreffen die bei uns in

Deutschland verwendeten Formen. Es gibt, wie gesagt, auch Gerätschaften, bei denen die Amerikaner noch nicht den Stand der Entwicklung in Europa erreicht haben. Der neu Eingewanderte tut jedoch gut daran, die Amerikaner darauf nicht aufmerksam zu machen. Sie mögen es nicht, von den gerade neu im Gastland Angekommenen Ratschläge erteilt zu bekommen.

Die meisten alten Gebäude in Pennsylvania, wie Wohnhäuser, Scheunen und Ställe, sind Blockgebäude. Die Wohnhäuser sind von beschlagenen langen, geraden schönen Bäumen aufgeblockt und die Fugen zwischen den Bäumen mit Steinen, Backsteinen, Holzstücken und Kalk ausgefüllt. Manche solcher Häuser sind auch auswendig mit sauberen Dielen beschlagen, schön gefärbt, gemalt und marmoriert und haben das Aussehen massiver Gebäude. Die Scheunen und Ställe der alten Art sind aber nur von runden, unbeschlagenen Bäumen aufgeblockt, ohne die Fugen und Zwischenräume auszufüllen. Die neuen Häuser der Bauern aber sind fast alle massiv, von Steinen und Backsteinen aufgeführt und sowohl in- als auswendig sehr schön. Besonders gilt das für die teils Palästen gleichenden Wohnhäuser der großen, wohlhabenden und reichen Landbewohner. Der Häuser Schönheit von außen, so wie ihre Nettigkeit im Inneren und die bequeme Einrichtung derselben setzte mich nicht selten in Verwunderung und Erstaunen. Alle Häuser haben durchgängig schön gedielte Fußböden, die jeden Sonnabend fast sämtlich vermittelst einer großen Bürste, Seife und heißem Wasser gesäubert werden und beständig hagelweiß und fast spiegelblank sind. Die Zimmer findet man häufig auch sehr geschmackvoll vermalt und, wie ich früher bereits bemerkt habe, Fußböden und Treppen mit schönen, bunten, wollenen und baumwollenen Teppichen belegt. Die kleinsten Bauernhäuser stehen den größten, was

Reinlichkeit betrifft, in nichts nach. Auch in diesen ist alles sauber und nett. Schmutz ist überhaupt den Amerikanerinnen der größte Schimpf von der Welt. Was aber ihre Kleidung und Wäsche betrifft, so möchte ich ihre Liebe zur Reinlichkeit und Akkuratesse als fast übertrieben ansehen, denn alles ist im höchsten Grade sauber und nett und das Waschen, Bügeln und Plätten findet kein Ende. Ist das Kleid einen Tag über am Leibe gewesen, so muss es schon wieder gewaschen und geplättet werden.

Möchten doch manche Landfrauen und Mägde in Deutschland sich in dieser Hinsicht einmal die Amerikanerinnen zum Vorbild nehmen und zwar diejenigen, die den Küchenunrat wohl öfters mehrere Wochen lang hinter die Tür fegen, bis endlich der Haufen so groß wird, dass man kaum noch hinübersteigen und nebenbei durchkommen kann! Möchten doch die Amerikanerinnen jenen bei uns zum Vorbild dienen, deren gedielte Fußböden der Wohnzimmer fast nicht mehr von den schmutzigen Dorfstraßen zu unterscheiden sind, wo der seit Jahren sich festgetretene Straßendreck zollhoch auf den Gips- und Dielenböden klebt und hie und da Hügel und Höcker bildet, über welche man stürzen sollte, wenn man nicht immer vor die Füße sähe. Und auch diejenigen in unseren Städten und Dörfern sollten einmal nach Amerika schauen, deren Kleidung ganz klebrig und steif von Fett und Schmutz ist, deren Hemden und Bettlaken, wenn sie eben gewaschen sind und noch auf dem Zaune hängen, fast noch grauer sind, als ungewaschene Aschensäcke. Auch Ihr, die Ihr nicht Lust habt, die Fensterscheiben bisweilen abzuwischen und diese so dunkel von Schmutz und Lichtdampfe werden lasst, dass es bei hellem Sonnenschein nicht viel heller in den Stuben ist, als in ordentlichen Wohnungen beim Mondscheine, schaut nach

Amerika und nehmt Euch die dortige Sauberkeit zum Vorbild. Aber genug davon.

Die Wohnhäuser der Amerikaner wie auch ihre Wirtschaftsgebäude haben hölzerne Schindeldächer, die so dicht und fest sind, dass nirgends ein Lichtstrahl hindurch dringen kann. Diese Dächer werden mit Ölfarbe rot, braun oder dunkelblau angemalt und auf den meisten befindet sich ein Blitzableiter, auf manchen Häusern auch deren zwei. Die Gebäude eines Bauernhofes stehen alle ziemlich entfernt von einander. Als ich einst einen Landwirt fragte, warum er seine Viehställe nicht nahe am Hause habe, antwortete er: »Nu, mir hape ten Kschtank net kern nahe vor ter Nos.« Die Dreschtennen sind alle gedielt und bestehen nicht wie die unsrigen aus festgestampfter Erde, sondern aus hohlliegenden, dicken Eichenbohlen. Seit einigen Jahren führt man alle Scheunen, große und kleine, ganz massiv bis unters Dach mit Steinen aus, auch beide Giebel werden bis ganz oben spitz zugemauert. Im untern Stock befinden sich alle Viehställe. In dem zweiten ist die Einfahrt auf die Dreschdiele und die Getreidefächer nebst Kornboden. Die Einrichtung kann auf keine Art bequemer und vorteilhafter gemacht werden, als ich sie dort gefunden habe.

In Amerika gibt es keine eigentlichen Dörfer wie bei uns, sondern die Wohnungen der Landleute liegen alle verstreut. Jeder wohnt auf seinem Grund und Boden. Gärten, Wiesen, Felder und Wald sind in der möglichsten Nähe, was für die Landwirtschaft ein großer Vorteil ist. Die ganze Plantage ist mit einer »Fenze« (Vergatterung) eingeschlossen. Wald, Wiesen und Gärten, auch jedes Stück Feldland sind mit solchen Fenzen umgeben und durch dieselben abgesondert. Jeder Landwirt hat mehrere Kleefelder. Einen Teil derselben bestimmt er zum Trocknen und zum Winterfutter für sein

Vieh, drei große Felder aber allein zur Sommerweide für dasselbe. Gemeinschaftliche Angerweiden hat man nicht. Bis der Klee Blüten bekommt, hat das Vieh überflüssiges Futter in den leeren Feldern und im Walde. Da jedes Feld mit Fenzen eingeschlossen ist, so kann das Vieh nicht entlaufen. Bekommt der Klee die ersten Blüten, so wird dem sämtlichen Viehe erst ein Feld eingeräumt, ist dies abgefressen, das zweite, dann das dritte. Ist auch dies abgeweidet, so ist das erste völlig wieder blühend und alles Vieh wird dann wieder in dies Feld getrieben. So geht es den Sommer hindurch und im Herbste findet sich wieder überflüssige Weide in den abgeernteten Feldern und Wiesen. Auf den Kleeweiden wird oft mehr Futter zertreten als abgefressen. Das Zertretene nebst dem darauf gefallenen Miste ist der Dünger für das nächste Jahr, wonach das Getreide sehr üppig wächst.

Auf die Raufe (Holzleiter über der Krippe) oder in die Krippen und Tröge wird dem Vieh den ganzen Sommer hindurch kein Futter gegeben (die Pferde ausgenommen, wenn sie arbeiten). Zur Winterzeit wird nur für die Pferde etwas Häcksel geschnitten. Das übrige Vieh muss das Futter ungeschnitten fressen. Das Vieh ist fast durchgehend sowohl des Sommers wie im Winter beständig fett, weil es immer gutes Futter im Überfluss hat. Die Kühe geben weit mehr und fettere Milch als bei uns und ich glaube, die dortige Butter macht der guten holländischen den Rang streitig. Unter den Pferden hält man die aus Kanada stammenden für die besten. Deshalb kommen auch alle Frühjahre eine große Menge Zuchttiere von dort nach Pennsylvania, wirklich schöne große Tiere. In allen Wirtshäusern, auch an anderen Orten, wo sich Leute versammeln, findet man an den Wänden Abbildungen von diesen Tieren nebst gedruckter Beschreibung ihrer guten Eigenschaften.

Die dortigen Feldfrüchte sind: Weizen, Roggen, Welschkorn (Mais), Buchweizen und etwas Hafer. Die Gerste wächst vortrefflich, aber sie wird sehr wenig angebaut. Der Mais ersetzt auch den Mangel an allen anderen Früchten sehr reichlich, denn es übertrifft an Ergiebigkeit alle Körnerfrucht. Sein Anbau erfordert die wenigste Mühe und Arbeit und als Futter für das Vieh kommt ihm keine andere Frucht gleich. Auch frisst das Vieh diese Frucht viel lieber als jede andere und wird leichter davon fett. Das Fleisch der mit dieser Frucht gemästeten Tiere ist weit wohlschmeckender als das mit anderen Vegetabilien gemästete. Sogar die Eier der Hühner, welche Mais fressen, unterscheiden sich merklich durch Wohlgeschmack von anderen. Den Schweinen braucht man den Mais nicht zu schroten, sondern man schüttet ihnen die Körner in den Trog und gibt ihnen Wasser genug dazu. Ganz vorzüglich gedeihen die Pferde nach dieser Frucht, wenn sie geschrotet und recht nass mit Häcksel vermengt wird. Die Blätter des Mais geben das schönste Heu für Pferde, Kühe und Schafe. Diese Tiere fressen es lieber als das beste Kleeheu und die Kühe geben mehr Milch danach. Das Maismehl gibt mit Roggenmehl vermengt recht gutes Brot. Aus Meische oder Grütze von Mais, machen die Amerikanerinnen einen Brei, welcher vortrefflich schmeckt und ein nahrhaftes Essen ist.

Die Maiskolben werden, wenn sie eingefahren und enthülst sind, in ein besonderes dazu vorhandenes Gebäude (Welschkorn-Häusel) geschüttet, in welchem sie völlig austrocknen, denn die Wände und der Boden dieses Gebäudes sind mit Lattengittern ausgelegt, damit die Luft hindurch kommen und die Frucht austrocknen kann. In großen Landwirtschaften werden diese Kolben, wenn sie gedroschen werden sollen, auf der Dreschdiele (Tenne) an den Seiten in einem Kreise umher etwa schuhhoch aufeinander geschüttet, dann werden vier aneinandergebundene Pferde so lange auf denselben im Kreise herumgetrieben, bis alle Körner von den Kolben abgetreten sind. In der Mitte der Dreschdiele steht der Knecht mit einer Schaufel, um die abgeprallten Kolben wieder hinzuwerfen, wo die Pferde gehen, und um diese anzutreiben. Auch das übrige Getreide wird häufig auf diese Art ausgedroschen. Es lässt sich aber auch sehr leicht mit dem Flegel ausdreschen, weil es weit leichter aus dem Stroh geht, als das unsrige und fast nicht den dritten Teil der Mühe kostet, als hier. Die sämtliche Spreu wird auf die Straße geschüttet und nicht benutzt.

Auch der Flachs gedeiht sehr gut und wird vorzüglich lang. Er wird aber auch ganz anders bearbeitet als hier. Man lässt ihn auf dem Lande ziemlich trocken werden, ehe man ihn aufzieht. Nach dem Aufziehen wird er in kleinen Bunden aufgerichtet und bleibt im Felde stehen, bis die Knoten so trocken sind, dass man sie zu Pulver reiben kann. Dann wird er eingefahren und auf einem quer über der Tenne mit beiden Enden auf Blöcken liegendem, langen Balken auf folgende Art auf einmal geriffelt und gedroschen: Jede Person fasst ein Bund Flachs, welches nicht dicker ist, als dass man es mit beiden Händen umfassen kann und schlägt es mehrere Male mit jenem Ende, wo die Knoten sich befinden, auf den Balken. Dann ist der Flachs von Knoten rein und die Knoten sind auch zugleich gedroschen. Dadurch erhält man so schönen Leinsamen, wie man ihn bei uns nur selten findet. Der Flachs wird dann gleich auf einer Wiese oder dem Felde auseinandergebreitet und bleibt da so lange liegen, bis er mürbe genug zum Brechen ist.

Der ackerbare Boden ist allenthalben im Ganzen fruchtbarer als hier. Die höchsten Berge, wenn sie nicht zu viele Felsen enthalten, werden oft zu Ackerlande benutzt und tragen herrliche Früchte, selbst da, wo der Boden ein mageres kümmerliches Aussehen hat und viele Steine, Grand und Sand sich mit im Boden befinden. Oft stand ich still und wunderte mich, wenn ich auf hohen Bergen im Sandboden Mais sah, so stark wie starke Bohnenstangen und Roggen so stark, wie ich ihn in meinem Vaterlande auf dem besten Boden kaum gesehen hatte. Das Getreide ist dort tatsächlich überall weit ergiebiger, als bei uns.

Auf die große Fruchtbarkeit des Bodens kann man auch daraus schließen, dass man fast keinen von Natur aus kahlen Berg sieht. Auch sehr hohe und steile Berge fand ich allenthalben, soweit ich gekommen bin, mit Bäumen bewachsen. Selbst aus den Spalten der Felsen wachsen sehr starke Bäume.

Ich habe viele Felder, besonders auf hohen steilen Bergen, gesehen, die seit geraumer Zeit urbar, aber noch nie mit Mist befahren worden waren, und doch immer noch gute Früchte trugen. Den Mist lässt man auf den Höfen vor den Viehställen größtenteils verrotten. Nur dann, wenn er sich zu sehr häuft, fährt man ihn einmal ab. Man bringt ihn dann aber nur in die Wiesen, Gärten und auf die ganz nahen Felder, wo man Kartoffeln oder Rüben bauen will. Das meiste Land bekommt keinen anderen Dünger, als erstens den Mist, der von dem Vieh dort hinterlassen wird, wenn es darauf weidet, zweitens die Kleewurzeln und den zertretenen Klee, drittens die ungeheuer langen, oft kniehohen Stoppeln des abgeernteten Getreides, sowie schließlich viertens untergepflügtes Unkraut, das auf den abgeernteten Feldern schnell aus dem Boden wächst. Sonderbar ist es, dass sich unter dem Getreide trotzdem kein Unkraut wie Disteln, Trespen, Quecken oder Ackerwinden sondern nur dann und wann eine Kornnelke findet. Roggen und Weizen sind so rein von Unkraut, dass man sich darüber wundern muss. Das Unkraut kommt tatsächlich nur dann aus dem Boden, wenn die Felder abgeerntet sind. Der Amerikaner pflügt seine Felder in der Regel nur einmal vor der Aussaat und doch habe ich nirgends gesehen, dass ein Feld verwildert war. Man findet allerdings in Pennsylvania auch grundsätzlich die Arten von Unkrautpflanzen nicht, wodurch unsere Felder in Deutschland leicht verwildern, wenn sie nicht gehörig oder zur rechten Zeit gepflügt werden.

Der Landwirt in Pennsylvania hat also nicht nur dadurch große Vorteile, dass er frei ist von allen Lasten wie Zinsen, Zehnten, Herrendiensten usw. und auch nur sehr wenige Abgaben entrichten muss, sondern auch dadurch, dass die Bearbeitung seiner Felder, die er ganz in seiner Nähe hat, so leicht ist, und schließlich, dass er nur wenig Leute und Pferde zu halten braucht und alle seine Arbeiten doch einigermaßen in Ruhe erledigen kann. Sein Gesinde hat ebenfalls nicht den dritten Teil der Arbeit, die das unsrige verrichten muss. Keiner von ihnen geht z. B. des Morgens früher an die Arbeit, bevor nicht das Morgenmahl gehalten ist. D.h., des Winters nicht vor halb 9 oder 9 Uhr und zur Sommerzeit um 7 oder halb 8 Uhr. Dann erst geht jeder langsam an seine Arbeit und um 12 Uhr mittags ruft der Schall der Trompete jeden auf dem Landgute wieder zum Essen. Nach dem Untergang der Sonne wird keine Arbeit mehr verrichtet, wäre es auch mitten in der Erntezeit.

Und damit endet meine Übersicht über den Alltag im gelobten Land der Auswanderer und ich erzähle nun meine eigene Geschichte weiter, wie es zur Rückkehr ins Braunschweigische kam und ich mich dort wieder eingerichtet habe.

18

Entschluss zur Rückkehr in die Heimat

Aus mir soll kein Landwirt werden – Briefe aus der Heimat – Trotz Umstimmungsversuchen Kündigung in der Moselem-Gemeinde – Nochmalige Privatlehrertätigkeit für Joseph de Joung – Ich verfehle Pfarrer Miller für ein Abschiedstreffen und verlasse meine Wirkungsstätte in der Berks-County ohne Arbeitszeugnis

Meine Lage als Schullehrer und Organist in der Richmond-Township wie auch den Zustand meiner Schule im Winter 1822 und 1823 habe ich im fünften Kapitel dieser Schrift ausführlich erzählt. Um mir ein besseres Schicksal zu bereiten, trat ich – wie im sechsten und siebten Kapitel ausführlich beschrieben – im Frühjahr 1823 eine Reise nach Westen an, die ich aber nicht vollendete. Später unternahm ich nochmals ähnliche Anläufe, indessen auch diese blieben leider ohne Erfolg. Oft fand ich zwar Gelegenheit, ein Stückchen Land zu kaufen und ganz frei und unabhängig zu leben; aber immer fanden sich auch Bedenklichkeiten, die mich wieder davon abhielten. Besonders aber wurde ich durch bemerkenswerte Briefe aus meinem Vaterlande abgehalten, etwas für mich allein zu unternehmen. In diesen wurde mir die frohe Nachricht erteilt, dass mehrere Personen entschlossen waren, mir nach Pennsylvania nachzufolgen, um meinen Lieblingsplan, eine Kolonie zu gründen, zu unterstützen und zur Ausführung zu bringen. Ich entschloss mich daher, wenn nicht die Gemeinde Moselem mir meinen Dienst selbst aufkündigen würde, dort bis auf weiteres wohnen zu bleiben und meinen Dienst bis zum Frühjahre 1824 fortzusetzen. Die Gemeinde kündigte mir indessen nicht und so fing ich meinen Schulunterricht im Spätherbste 1823 wieder an. Die Schulklasse wurde nur durch einige Erwachsene vermehrt. Ich hatte kein Schulkind länger als höchstens zwei Monate, dann bekam ich wieder neue Schüler. So ging es auch wieder den ganzen Winter über. Um Weihnachten kam ein Schullehrer zu mir, der gehört hatte, dass ich im nächsten Frühjahr meinen Dienst verlassen wolle und erkundigte sich bei mir, ob das zuträfe. Auf mein »Ja« meldete er sich bei der Gemeinde zum Schulmeister. Es war ein geborener Schwabe, der in seinem Vaterland bereits Schullehrer gewesen war. Die Leute aber hatten sich erst nach seinem Lebenswandel erkundigt. Als sie erfahren hatten, dass er ein starker Branntweintrinker sei, wollten sie doch alle mich lieber zu ihrem Schulmeister behalten. Darauf versammelten sich die Mitglieder des Kirchenrats sämtlich in meiner Wohnung, fragten mich erst, ob ich wirklich entschlossen sei, meinen Dienst niederzulegen. Dabei sagten sie mir, dass sie alle wünschten, mich lieber zu behalten, weil ich ein ehrlicher Mann und kein Säufer sei. Sie gaben zu bedenken, dass ich ja doch ausreichend zum Leben hätte, auch wenn die Schule nicht so stark sei, wie sie wohl ehemals gewesen wäre. Aber die schriftliche Versicherung in mehreren Briefen, dass eine ganze Gruppe Menschen aus meinem Vaterlande im nächsten Frühjahr mit Gewissheit erscheinen werde, ließ mich bei meinem Vorsatz beharren. Noch zweimal kamen die genannten Personen bei mir zu dem Zwecke zusammen, mich zu bereden, dort Schullehrer zu bleiben. Sie gaben mir, was ich nie erwartet hätte, sogar gute Worte und baten mich, mein Amt noch länger fortzusetzen. Ich hätte auch wirklich richtig getan, wenn ich noch ein Jahr lang dortgeblieben wäre. Aber wie konnte ich wissen oder ahnen, dass die Leute in meinem Vaterlande, die mir so feste und bündige Versicherungen zuschickten, meine sehnlichen Wünsche zu erfüllen, ihr heiliges Versprechen nicht halten würden? Jeder andere an meiner Stelle hätte es wohl ebenso gemacht. Ich wollte mich jedoch nicht auf ein ganzes Jahr verpflichten, damit ich bei der Ankunft meiner Landsleute im nächsten Sommer im Stande sei, mit ihnen gleich weiter westlich zu reisen, um uns dort niederzulassen. Es gab bei mir nicht die mindestens Zweifel hinsichtlich ihrer Ankunft.

Ich dankte also von meinem Dienst ab, der mir ohnehin so sehr verleidet worden war, mietete mir auf unbestimmte Zeit ein Haus und einen Garten, wo ich im nächsten Frühjahr hinzog, baute den Garten an und trieb auch Feldarbeit und manche andere Geschäfte. Meine Frau aber, die schon früher für einige Amerikanerinnen gesponnen und sich dadurch sehr beliebt gemacht hatte, weil niemand so feines und gleichmäßiges Garn spinnen konnte wie sie, hatte vollauf zu tun mit ihrem Spinnen. Hier wartete ich nun mit Schmerzen auf die Ankunft meiner Landsleute – aber vergeblich. Auch der ganze Sommer verging, ohne einen Brief aus dem Vaterland zu bekommen. Mehr als zehnmal ging ich zur Poststation in Kutztown, um zu fragen, ob nicht ein Brief an mich angekommen sei, immer erfolglos. Endlich war denn doch ein Brief angekommen, den ich mit Zittern öffnete. Ein Freund und Kollege schrieb mir, dass meine Hoffnung auf vaterländische Gesellschaft vergeblich sei, denn die Leute wären gar zu wetterwendisch. Erst hätten sie hoch und teuer versichert, dass sie alle fest zur Auswanderung entschlossen seien und mit Gewissheit abreisen würden. Nun auf einmal hätten sie sich wieder anders besonnen und könnten sich nicht von den Ihrigen trennen! Da stand ich, wie vom Blitz getroffen, wie sich leicht denken lässt, denn alle meine Pläne waren auf einmal gescheitert, und meine süßeste Hoffnung, in Amerika noch glücklich zu werden, war mit einem Male erloschen. Bis dahin half die Aussicht auf baldiges Besserwerden mir das widrigste Schicksal mit Gelassenheit ertragen, als aber auch diese Hoffnung verloren ging, war ich wirklich recht unglücklich. Wie versteinert saß ich eine ganze Weile, ohne den Brief erst ganz gelesen zu haben. Endlich las ich weiter, dass ein Verwandter von mir meinem Freunde den Auftrag gegeben habe, mir zu schreiben, wenn ich wieder in mein Vaterland zurückkommen wolle, so wolle derselbe sich meiner annehmen. In dem Falle, dass ich daselbst keine Aussicht zu einem Broterwerb finden würde, so könne und wolle er mir nebst meiner Frau lebenslang Brot geben und uns erhalten. Auch meinte dieser Freund, dass wenn ich wieder zurückkäme, wozu er mir riet, ich ganz gewiss wieder als Schullehrer angestellt werden würde. Jetzt sprang ich von meinem Stuhle auf und sagte zu meiner Frau die Worte: »Weißt du was? Wir wollen wieder nach Deutschland gehen!«

Mein Frau war erschüttert, fing an zu klagen und zu seufzen, dass ich mir so etwas könne in den Sinn kommen lassen. Sie fragte, ob ich vergessen hätte, wie viel uns die Reise nach Amerika gekostet habe, und dass ja das wenige Geld, was wir noch besaßen, wohl kaum halb hinreichend sein werde, die Reisekosten zu bestreiten. Darin hatte sie Recht, denn würde die zweite Reise so viel kosten wie die erste, so musste ich die Hoffnung, mein Vaterland je wiederzusehen, augenblicklich aufgeben. Aber ich wusste auch, dass die Hälfte der Kosten dazu eigentlich hinreichen müsste. So schrieb ich also einen Brief an einen Bekannten in Philadelphia, um mich nach einer Schiffsgelegenheit nach Hamburg oder Bremen zu erkundigen. Meiner Frau sagte ich davon nichts. Sie wäre sicher dagegen gewesen. Ich bekam dann die Nachricht, dass an einem bestimmten Tage ein Schiff nach Hamburg abginge, mit welchem ich sehr günstig reisen könne. Leider bekam ich den Brief mit dieser Nachricht zu spät, um die Gelegenheit zu nutzen. Auf die dringendsten Bitten meiner Frau musste ich ihr nun angeloben, lieber weiter zu versuchen, ob ich nicht doch eine Möglichkeit finden könne, in Amerika zu bleiben und uns da zu ernähren. Aber Schullehrer in Amerika wollte ich nicht wieder werden, wozu ich wohl Gelegenheit genug gefunden hätte, und zum Ankauf eines wirklich brauchbaren, kleinen Grundstücks war meine Kasse zu schwach. Zwar gab es mehrere Male Angebote, dass ich für ein Spottgeld mehrere Acres Landes nebst einem Häuschen hätte an mich bringen können, aber dann traten wieder so viele Bedenklichkeiten in den Weg, dass ich mich auch dazu nicht entschließen konnte. Die Hauptbedenklichkeit war immer die: Nach meinen Erfahrungen schien mir ausgeschlossen, dass ich unter den Amerikanern als Einzelner außerhalb einer größeren Gemeinschaft von gleichgesinnten Landsleuten als neuer Einwanderer jemals meines Lebens froh werden würde. Verstehen und verstanden zu werden, das fehlte mir beim Einleben in dem neuen Land so sehr, dass ich meinte, ohne dies könne es nie gelingen. Und so unterblieben dann irgendwann weitere Versuche, sesshaft zu werden.

Endlich entschloss ich mich, bei dem zu Beginn meiner Geschichte mehrfach erwähnten Joseph de Joung, dessen Kinder ich bisher zu seiner größten Zufriedenheit unterrichtet hatte und der mich unaufhörlich und dringend um dieses gebeten hatte, Hauslehrer zu werden. Diese Beschäftigung betrieb ich nun in den Wintermonaten 1824/1825. Für meine Frau machte ich eine andere Wohnung aus, wo sie während meiner Abwesenheit in menschlicher Gesellschaft lebte. Da sich auch während jenes Winters keine Gelegenheit finden wollte, meine Lage nach Wunsch zu verbessern, und ich mir einmal fest vorgenommen hatte, einzeln nicht mehr lange unter jenem Volke zu bleiben, so ruhte ich nicht eher, bis ich auch meine Frau einigermaßen geneigt gemacht hatte, von Amerika Abschied zu nehmen. Nichts wurde mir schwerer als dies. Ich beruhigte sie einigermaßen damit, dass sich ja vielleicht in Philadelphia, wo es ihr bei unserer Ankunft sehr gefallen hatte, noch Gelegenheit zu unserem weiteren Bleiben in Amerika finden könnte. Dann bestimmte ich, ohne mich vorher um eine Schiffsgelegenheit zu bekümmern, einen Tag, an welchem ich meine Sachen, die ich nicht mitnehmen wollte, auf einer Versteigerung meistbietend verkaufen ließ. Ich engagierte einen Fuhrmann bis Philadelphia und nahm am 16. Mai 1825 für immer Abschied von der Moselem-Gemeinde in der Richmond-Township, Berks-County.

Von dem Pfarrer Miller in der Oley-Township hatte ich mir ein Zeugnis über meine Geschäftsführung und über mein moralisches Verhalten erbeten, der mir solches Schriftstück auch gern versprach. Ich hatte aber an dem vereinbarten Tage nicht zu ihm kommen können und wollte nun bei der Gelegenheit, als ich am 16. Mai mit dem Fuhrwerke bei seiner Wohnung vorbei kam, dieses Zeugnis abholen und ihm zugleich mein letztes Lebewohl sagen. Leider traf ich ihn nicht zu Hause an. Es war dies ein wirkliches Unglück für mich, wofür ich es zwar in Amerika nicht hielt, in meinem Vaterland dies aber desto härter fühlen musste. Ich werde darüber später genauer berichten. Auf unserer 64 Meilen langen Reise von der Ortschaft Moselem bis Philadelphia fiel ansonsten nichts von Bedeutung vor außer, dass unser Fuhrmann, ein junger Bursche von 20 Jahren, fast beständig betrunken war. Er hatte sich zu seinen fünf Dollar Fuhrlohn noch freie Kost und so viel Branntwein und Cider ausbedungen, wie er trinken wolle.

Cider trank er wenig, aber desto mehr Branntwein. Der Branntwein kostete mich nichts, weil ich eine große, steinerne Flasche voll mit diesem Getränk bei mir auf dem Wagen hatte. Ein Landwirt, der eine eigene Brennerei besaß, hatte sie mir zum Abschied geschenkt. Ich hatte dem Fuhrmann erlaubt, sich der Flasche so oft zu bedienen, wie es ihm beliebte. Dies tat er dann aber leider so oft, dass ich die meiste Zeit selbst fahren und auch die Pferde anspannen, ausspannen und füttern musste, weil er sich dazu ganz unfähig gemacht hatte. Unsere Fahrt ging aber ungeachtet dessen schnell und schon nach zwei guten Tagereisen kamen wir glücklich in Philadelphia an. Dort nahmen wir wieder bei unserem alten Wirt Schröder, dritte Nordstraße, Quartier.

19

Rückreise nach Hamburg 1825

Ankunft und Aufenthalt in Philadelphia und Planung der Rückreise nach Deutschland – Passage-Vertrag für die Brigg »Draco« – Versuche, mich zum Bleiben in Amerika zu überreden – Rückreise ohne Störungen – Über Cuxhaven und Stade nach Hamburg – Am 2. Juli 1825 gehen wir in Deutschland wieder an Land.

Gleich nach meiner Ankunft in Philadelphia erkundigte ich mich, ob nicht eine Schiffsgelegenheit nach Hamburg oder Bremen vorhanden sei. Als ich erfuhr, dass Kapitän Clarke Drew aus Boston, Befehlshaber der Brigg »Draco«, in einigen Tagen nach Hamburg absegeln werde, ersuchte ich meinen Wirt, mit mir nach dem Hafen zu gehen, um den Kapitän Drew aufzusuchen. In etwa fünf Minuten waren wir des Handels schon einig. Ich bezahlte sogleich meine Passagekosten und der Kapitän gab mir darüber eine Quittung. Essen und geistige Getränke mussten wir diesmal uns selbst besorgen. Da wir Fleisch, Hülsenfrüchte, Kartoffeln und manche andere Speisen genug hatten, so brauchten wir nur Brot, Kaffee, Tee, ein Fläschchen voll Rum, Tabak und ein wenig Arznei zu kaufen. Der ganze Einkauf kam uns nicht viel mehr als drei Dollar zu stehen. Schließlich hatten wir nach Endigung der Reise von allem sogar noch einigen Vorrat übrig behalten, am meisten von dem Brot. Die erste Reise zur See kam uns mehr als dreimal so viel wie diese. Wir ließen nun unsere Sachen an Bord der »Draco« bringen und auch wir selbst verließen schon am dritten Tage nach unserer Ankunft in Philadelphia das Schrödersche Gasthaus und gingen auf das Schiff, um größere Kosten zu sparen. Während unser Schiff in dem Hafen vor Anker lag, gingen wir am Tage in die Stadt und besuchten mehrere von unseren dortigen Bekannten, um sie zum letzten Male zu sehen und zu sprechen. Des Nachts aber schliefen wir in unserer Schiffswohnung. Alle, ohne Ausnahme, missbilligten unsere Rückreise nach Deutschland. Mehrere versuchten, mich jetzt noch zu überreden dortzubleiben und in Philadelphia irgendetwas zu unternehmen. Die Meinung war, weil ich ohne Familie sei, sollte es gar nicht schwer werden, meinen Unterhalt zu verdienen. Ja sie gaben mir das Versprechen, mir dazu tätig behilflich sein zu wollen. Wäre ich nicht bereits bei Kapitän Drew unter Vertrag gewesen, so würde ihr Zureden mich womöglich zum Dortbleiben gestimmt haben, denn in jener Stadt gefiel es uns beiden doch recht gut. Besonders auch meiner Frau, weshalb sie der Abschied von dort auch viele Tränen kostete.

Alle Menschen, die von unserem Entschluss hörten, dass wir nach Deutschland zurückkehren wollten, wunderten sich nicht nur, sondern sagten uns geradezu, dass wir zu unserem Unglücke wieder zurückkehren würden, denn nie sei ja die Not in Deutschland größer gewesen als jetzt. Da müssten manche Menschen jetzt sogar vor Hunger sterben und alles sei überhaupt ganz furchtbar. Ein deutscher Instrumentenmacher namens Pommer, wohnhaft auf der dritten Nordstraße, der erst seit wenigen Jahren eingewandert war, erbot sich aus freien Stücken, mir ein Vierteljahr lang freie Wohnung zu geben, wenn ich dortbleiben wolle. Weil wir aber nun einmal unsere Sachen schon an Bord des Schiffs hatten und die Fracht auch bereits bezahlt war, so blieben wir nun auch bei unserer Entscheidung. Am letzten Tage unsers Dortseins, kurz vor der

Abfahrt unsers Schiffs, verabschiedete mich ein eingewanderter 80-jähriger Deutscher, bei dem ich noch etwas zu kaufen hatte, mit den Worten: »Sie kommen sicher noch einmal wieder zurück nach Amerika, und es wird ihnen sehr gereuen, dass Sie dies Land verlassen.«

Am 25. Mai segelten wir mit gutem Winde von Philadelphia ab, aber nach einigen Stunden schon wurden die Anker wieder geworfen. Der Wind war uns nicht günstig. Der Lotse war beständig betrunken und so segelten wir immer täglich nur einige Stunden. Nach fünf Tagen erst erreichten wir New Castle und warteten daselbst noch zwei Tage lang auf den Kapitän, der endlich mit dem Dampfboot, welches beständig zwischen Philadelphia und Baltimore pendelt, angefahren kam und noch manche Sachen an Bord bringen ließ. Mit ihm blieben wir noch zwei volle Tage in New Castle. Dann erst wurden die Anker wieder gelichtet, aber der Wind war immer noch nicht recht zu unserem Vorteil und erst nach zwei Tagen kamen wir in die offene See. Jetzt wurde der Lotse entlassen und herzlich froh waren wir, dass sich der Trunkenbold entfernte, der uns ekelhaft geworden war. Wir hatten nun noch 8 Tage lang ungünstigen Wind und machten wenig Fortschritte. Dann aber bekamen wir fast beständigen, starken, günstigen Landwind, der bisweilen in Sturm überging und uns äußerst schnell vorwärtsbrachte. So benötigten wir zu unserer Überfahrt von der Delaware-Bay bis Cuxhaven schließlich nur 35 Tage. Während dieser ganzen Reise hatten wir beständig kühles Wetter und meistens Südwest- oder auch Südwind.

Meine Frau und ich logierten diesmal in der Kajüte und hatten das Nebenzimmer derselben zu unserem Schlafgemach. Auch hatten wir freien Gebrauch des Holzes und süßen Wassers, und der Schiffskoch musste uns das Essen bereiten. Tausendmal glücklicher lebten wir auf dieser Reise zur See als auf der ersten. Wir wurden beständig gut behandelt und wacker begegnet. Auf dem Schiff ging alles ordentlich und in aller Stille zu. Da hörte man kein Schelten, kein Fluchen und leichtfertiges Schwören von den Schiffsleuten, wie auf der ersten Reise. Da wir die einzigen Passagiere waren, so hatten wir auch keinen Verdruss von schlechter Gesellschaft, wie auf der Hinreise. Nur war es schade, dass wir uns weder mit dem Kapitän noch mit seinen beiden Steuermännern unterhalten konnten, weil sie kein Deutsch und wir kein Englisch recht verstanden.

Kapitän Drew, ein junger Mann von etwa 30 Jahren, hatte die Schwindsucht im hohen Grade, war totenblass und abgezehrt, hustete beständig und warf dabei sehr stark aus. Ich sagte noch, als wir in See gingen, zu meiner Frau: »Der wird Hamburg nicht sehen.« Aber zu unserer Verwunderung und Freude besserte sich sein Zustand mit jedem Tage. Unsere Reise war noch nicht halb zurückgelegt, als sein krankhafter Zustand schon ganz verschwunden war und er wie eine Rose aufblühte. Auch wir, so wie alle, die auf dem Schiffe lebten, erfreuten uns einer ganz vorzüglich blühenden Gesundheit. Die Gastfreiheit der Amerikaner bewahrte sich auch hier. Wir hatten jedes Mal, wenn in der Kajüte eine bessere Mahlzeit wie gewöhnlich gehalten wurde, freien Tisch. Es wurde dieses meiner Frau jedes Mal vorher angekündigt. Auch wurde keine Mahlzeit frischer Fische verzehrt, woran wir nicht teilgenommen hätten. Etwas von besonderer Bedeutung ist uns während dieser ganzen Seereise nicht begegnet. Wir hatten allerdings wieder die Freude, dass unser Schiff im Schnellsegeln viele andere übertraf, die wir einholten. Während unserer ersten Reise durch den Atlantik gewahrten wir, wie bereits gesagt, selten einmal ein anderes Schiff. Dieses Mal aber sahen wir fast täglich eine große Anzahl derselben in der Nähe und Ferne. Wenn uns Schiffe ganz nahekamen, so sprachen sich die Kapitäne durch das Sprachrohr. Sie gaben die Namen der Schiffe an, machten sich wechselseitig mit ihren eigenen Namen bekannt und sagten einander Bescheid, wo jeder herkam und hinwollte und was die Ladung sei. Obwohl wir keine Gesellschaft hatten, mit welcher wir uns viel hätten unterhalten können, so verflog uns doch die Zeit auf dem Meere sehr schnell. Ehe ich und meine Frau es vermutet hatten, sahen wir schon die Küsten von England. Unsere Schiffer, die noch nie diesen Weg gemacht hatten, trafen ohne den geringsten Umweg den Kanal, der England von Frankreich trennt, in welchem wir uns dieses Mal nur zwei Tage aufhielten. Noch schneller ging die Fahrt durch die Nordsee, denn wir hatten sehr starken, aber doch recht guten Wind. Allerdings, als wir schon Land sahen, entwickelte er sich zu einem Sturme, wodurch unser Kapitän in nicht geringe Verlegenheit geriet, weil wir noch keinen Lotsen hatten. Endlich kam ein Blankeneser Fischerboot auf uns zu und der Fischer wurde einstweilen an die Stelle des fehlenden Lotsen angenommen. Der Kapitän heuerte ihn für 20 spanische Piaster an und diese hatte er nach wenigen Stunden verdient, denn nun kam der wirkliche Lotse, ein Däne, unter dessen Leitung wir nach Cuxhaven segelten. Dort wurden die Anker geworfen, weil wir die Prüfung durch die dortige Gesundheitskommission abwarten mussten. Nach einigen Stunden war das überstanden. Hier bekamen wir wieder einen anderen Lotsen aus dem Hannoverschen, der die Leitung des Schiffes bis Hamburg übernahm. Die Anker wurden gelichtet und unsere Fahrt ging glücklich vonstatten. Nur ging es langsam, nicht zuletzt, weil die Lotsen nach ihren Vorschriften nur an bestimmten Stunden das Schiff leiten durften. Vor Sonnenauf- und nach Sonnenuntergängen dürfen sie kein Schiff weiterbringen. Bei Stade wurden die Anker wieder geworfen. Dort mussten wir wegen der Untersuchung der Schriften des Kapitäns und ob derselbe keine Contrebande (verbotene Waren) an Bord habe, beinahe zwei Tage lang verweilen. Als die Sache endlich beendigt und alles für richtig befunden war, ging Kapitän Drew auf einem Boote in Gesellschaft mehrerer Herren nach Hamburg. Wir aber warteten noch einige Stunden auf die Flut und segelten dann auch langsam nach dem dortigen Hafen. Es war dies am 2. Juli 1825.

20

In Hamburg und eine vertane Chance

Aufenthalt in Hamburg – Denkbar schlechte Nachrichten aus dem Braunschweigischen – Ich bin am Boden zerstört – Unerfreuliches Wiedersehen mit dem Klavierverkäufer – Chance auf einen neuen Anfang im Holsteinischen – Wegen eines Briefes aus dem Braunschweigischen lasse ich sie ungenutzt und mache mich auf den Weg dorthin.

Als unser Schiff im Hamburger Hafen ruhig vor Anker gegangen war, begab ich mich in die Stadt, um uns ein Quartier auszumachen. Hier erging es mir wieder ebenso, wie es mir ergangen war, als ich in Philadelphia das erste Mal ans Land trat. Es überfiel mich ein Schwindel. Es kam mir nämlich vor, als wäre der Boden so uneben gewesen, dass ich bald in eine Vertiefung und dann wieder auf eine Anhöhe gekommen wäre. Die Häuser nebst anderen Gegenständen bewegten sich und das währte eine kleine Viertelstunde. Ein Quartier fand ich zwar da, wo ich es wünschte, nämlich nahe am Wasser, bei dem Gastwirt Peter Bachmann. Hier war die Unterkunft allerdings recht teuer. Da ich aber wegen des Transports der Sachen, die ich an Bord unsers Schiffs hatte, nicht gern weit in die Stadt wollte, suchte ich nicht weiter. Am 5. Juli bezogen wir dann unser Quartier und ließen unsere Sachen durch einen Schiffer auf einem Fahrzeuge nahe vor die Tür unsers Wirtshauses bringen. Mehrere unserer Sachen sollten zollpflichtig sein und die unteren Zollbeamten wollten solche nicht frei passieren lassen. Als ich mich aber an die obere Behörde deshalb wandte, gab diese mir es indessen gleich schriftlich mit, dass man alle meine Sachen frei solle passieren lassen. Von der Polizeibehörde wurde ich dort jedes Mal, wenn ich dort etwas zu erledigen hatte, recht freundlich empfangen. Auch tat dieselbe für mich alles unentgeltlich und ließ sich nie etwas von mir bezahlen.

Gleich in den ersten Tagen meines Aufenthalts in Hamburg schrieb ich an mehrere Bekannte und ehemalige gute Freunde in meinem braunschweigischen Vaterland und zeigte ihnen meine glückliche Landung in Hamburg an. Auch machte ich solche mit meiner schlechten geldlichen Lage bekannt, wegen welcher ich wünschte, möglichst bald in meinem Vaterlande unter meinen Freunden, Verwandten und Bekannten zu erscheinen. Ich machte deutlich, dass der Aufenthalt in Hamburg zu kostspielig sei, um mich dort noch lange aufhalten zu können, und bat um Rat und Unterstützung zu diesem Vorhaben. Mit froher Hoffnung und getrostem Mute erwartete ich die Antwort von meinen Freunden und rechnete mit völliger Gewissheit auf die Nachricht, dass sie mir wenigstens eine Wohnung bereitet haben würden. Wie ich bereits erwähnte, hatte ich ja in den Vereinigten Staaten einen Brief erhalten, in dem mir von einem Verwandten zugesagt wurde, mich aufzunehmen, wenn ich wieder nach Deutschland käme. Aber ach! Stattdessen bekam ich mit umgehender Post die Nachricht, dass das Glück in meinem Vaterlande mir nie wieder lächeln würde. Nie würde ich auch in demselben wieder angestellt werden, war da zu lesen. Der Verwandte, hieß es ferner, der mir im Fall meiner Rückkehr Wohnung und Brot versprochen habe, sei jetzt ärmer als ich und könne mir auch nicht helfen. Darum gäbe man mir den Rat, mein Glück in Hamburg zu suchen. Wie mir bei dieser unerwarteten Nachricht zu Mute wurde, lässt sich leicht denken. In Hamburg konnte ich aber nicht lange bleiben, denn dazu hatte ich zu wenig Geld und Aussicht, etwas zu verdienen, war für mich dort gar nicht. Vor Angst wusste ich gar nicht, was ich sagen sollte. Doch es war nötig, etwas zu sagen und meine Frau, die aus Verzweiflung sich die Haare aus dem Kopf riss und dann ohnmächtig am Boden lag, aufzurichten und zu beruhigen. Mit schwerem Herzen ging ich dann zu dem zu Anfang meiner Reisebeschreibung mehrmals erwähnten Wirte, bei dem wir vor der Abreise gewohnt hatten und der mir das Piano aufgedrängt hatte. Ich hatte ihm aus Amerika geschrieben und gebeten, falls es nötig werden würde, uns bei meiner Rückkunft aus Amerika auf kurze Zeit noch einmal in seinem Hause Wohnung zu geben. Darauf wollte ich jetzt zurückkommen. Als ich in seine Stube trat, stand er vor dem Spiegel, band sich gerade das Halstuch um. Auf meinen Gruß erwiderte er mit einem bösen, finsteren Blick den Vorwurf, dass ich aus Amerika an ihn geschrieben hätte und er aber das Porto dafür habe bezahlen müssen. Er zog sich dann den Rock an, nahm Hut und Stock, ging aus der Stube und ließ mich da stehen. Ich hatte mit völliger Gewissheit darauf gerechnet, dass dieser Mann das Unrecht, das er mir zugefügt hatte, einsah und durch die Gewährung meiner Bitte jetzt einigermaßen wieder gut machen würde. Diese frohe Botschaft wollte ich dann meiner armen unglücklichen Frau überbringen, um ihr etwas Trost zu bringen. Nun aber brauchte ich selbst Trost. Mit bitteren Tränen verließ ich das Haus dieses Mannes und sagte meiner Frau nichts von dem, was vorgefallen war.

Für bloßes Logis musste ich Peter Bachmann wöchentlich vier Mark bezahlen. Zwar fand sich Gelegenheit, günstiger zu logieren, aber ich wollte gern nahe am Wasser bleiben. Grund dafür war, dass, wenn sich – wie ich hoffte – bald Gelegenheit finden würde, aus Hamburg wegzukommen, ich meine Sachen gleich zu Schiff bringen und bis ins hannoversche Harburg zu Wasser transportieren lassen könne. Diese Hoffnungen beruhten auf einem Brief, den ich – trotz der trostlosen Nachrichten von dort – ins braunschweigische Vaterland geschickt hatte. Als ich aber vier Wochen lang vergeblich auf andere Nachricht gewartet hatte, machte ich den Versuch, irgendwo auf dem Lande ein günstigeres Quartier zu finden. Eine Möglichkeit ergab sich dann in Ottensen bei Altona im Dänischen. Die Altonaer Polizei begegnete mir allerdings sehr grob und brutal und machte unter anderem Bemerkungen wie: »Da Sie in Amerika ihr Glück nicht machen konnten, werden sie es in Ottensen noch viel weniger finden! Da laufen solche Leute wie Sie dann aus einem Staate in den anderen und nirgends wollen ihnen die gebratenen Tauben in den Mund fliegen.« Ich sagte diesen Herren, dass ich in Ottensen kein Glück suchen, sondern dass ich in mein Vaterland reisen wolle, von dort aber erst Nachricht erwarte und mich nur eine kurze Zeit da aufhalten wolle, bis diese Nachricht käme. Endlich gab man mir eine Aufenthaltskarte, aber doch nur für 8 Tage, wofür ich 8 Schillinge bezahlen musste. Daraufhin bezogen wir unser neues Quartier in Ottensen. Als die 8 Tage herum waren, musste ich für 8 Schillinge die Frist wieder auf 8 Tage verlängern lassen. In Hamburg hatte ich dagegen an die Polizei nichts zu bezahlen. Auch wurde mir der Pass dort unentgeltlich gestempelt. Als wir einige Tage in Ottensen gewohnt hatten, nahm ich mir vor, jeden Tag, wenn nicht die Witterung zu schlecht sein würde, nach irgend einem Orte in der Nachbarschaft zu gehen, denn ich dachte, vielleicht findet sich auf die eine oder die andere Art Gelegenheit unser Schicksal zu verbessern. Wir mussten ja von irgendetwas leben.

Erst ging ich nach Blankenese zu dem dortigen Schullehrer Lorenz, machte ihn mit meiner Persönlichkeit und meiner Geschichte bekannt. Schon eine kurze Unterhaltung mit diesem wackeren Manne war Balsam für mein wundes Herz. So warmen Anteil wie dieser Biedermann hatte bis dahin noch niemand an meinem unglücklichen Schicksal genommen. Zunächst gab er mir den Rat, in seiner Gegend irgendwo in einer Schule ein Unterlehrer zu werden, bis sich bessere Aussichten finden würden, denn als erster Lehrer, sagte er mir, dürfte im Dänischen kein Ausländer angestellt werden. Es gibt dort sehr große Gemeinden und sehr zahlreiche Schulen, in welchen immer nur ein einziger Lehrer angestellt ist, der sich dann einen oder zwei Unterlehrer oder Gehilfen wählt. Die Schullehrer im Holsteinischen werden wirklich stark besoldet und stehen sich sehr gut. Lorenz hatte auch gar keinen Zweifel, dass ich nicht binnen 8, höchstens 14 Tagen eine solche Stelle bekommen würde, weil solche Unterlehrer sehr gesucht würden. Er schrieb zwei Briefe an Männer, welche noch vor kurzer Zeit sich bemüht hatten, einen solchen Unterlehrer zu finden, die er mir mitgab. Als dieser Mann hörte, dass ich auch das Wirtschaften verstand, machte er mir auch noch einen anderen Vorschlag. Er erzählte mir, dass er 20 Meilen entfernt ein kleines Landgut besäße, welches er bisher immer an Andere verpachtet habe. Allerdings habe er nicht sonderlich dabei gewonnen, weil es sehr schlecht kultiviert und vernachlässigt sei. Dieses wolle er mir, falls ich geneigt dazu sei, in Kultur geben, so lange ich es für mich benutzen wolle. Er verlange dafür weiter nichts, als dass ich Land und Gebäude in gutem Stand erhalten solle. Der Transport dorthin konnte nicht viel kosten, weil die Reise zu Wasser gemacht wurde. Mir war ein schwerer Stein vom Herzen gefallen. Wie mit Adlers Flügeln eilte ich zu meiner betrübten Frau, um ihr die gute Nachricht zu überbringen.

Nun entschloss ich mich, für eine Überbrückungszeit einige Monate in einer Schule Unterlehrer zu werden. Dazu eröffnete sich tatsächlich auch schon nach wenigen Tagen Aussicht. Anschließend wollte ich das Landgütchen des Herrn Lorenz beziehen, welches gegen Weihnachten frei wurde. Aber selten kommt es gerade so, wie es sich der Mensch vorher denkt und vornimmt. Unverhofft bekam ich ein Schreiben aus meinem braunschweigischen Vaterlande nebst etwas Geld mit der Nachricht, dass die bis dahin obwaltenden Hindernisse beseitigt seien, ich mir sichere Hoffnung zu einer baldigen Anstellung machen dürfe und bis dahin eine Wohnung für mich bereit sei. Lange war ich nun unentschlossen und wusste nicht, was ich wählen sollte, denn die Wahl macht oft Qual. Im Holsteinischen war mir ein Broterwerb gewiss und dieses Gewisse hätte ich dem Ungewissen vorziehen sollen, wie mir bald bitter klar wurde. Allein die Liebe zu meinem Wiegenland bekam doch das Übergewicht. Und so beschloss ich – obgleich ich zweifeln musste, dass ich mit meiner kleinen Barschaft die Kosten des Transports meiner Sachen würde bestreiten können – die Reise ins Braunschweigische anzutreten. Aber Ach! Wir ahnten beide nicht das härteste und schwerste Leiden, dem wir entgegeneilten.

Wir schickten uns nun an zu der Reise ins Vaterland und ließen unsere Sachen nach Altona ans Wasser fahren. Hier nahm ich einen Schiffer in Dienst, welcher soeben beschäftigt war, eine Ladung Heu abzuladen. Als dies geschehen war, brachten wir unsere Sachen auf das Fahrzeug, um auf der Elbe bis Harburg zu fahren. Dies geschah am 24. August 1825.

21

Neustart im Braunschweigischen

Über Moorburg nach Celle – Ärger mit der Grenzpolizei – Weiterfahrt über Uetze nach Cramme – Kantor Eyme bietet uns Herberge – Das fehlende Arbeitszeugnis aus Amerika erschwert die Suche nach einer neuen Lehrerstelle – An allen Ecken und Enden fehlt uns das Geld – Kündigung der Wohnung; unsere Verzweiflung wächst – Endlich doch noch eine neue Lehrerstelle – Mit dem Umzug nach Hohenassel am 25. Januar 1827 endet das Abenteuer.

Unser Schiffer, der uns bis Harburg fahren sollte, setzte uns noch eine gute Strecke jenseits Harburgs ans Land. Als ich ihn fragte, was das bedeuten solle, sagte er, wir wären ja nun da, wo er uns hinbringen solle. Ich verneinte dies und sagte, bis Harburg lautet der Vertrag. Bis »Maarburg« (Moorburg), sagte der Schiffer, und da seien wir jetzt. Ich wusste jetzt, dass ich geprellt war, denn auch des Schiffers Gehilfen bezeugten, dass unsere Verabredung gewesen war, sie sollten uns bis »Maarburg« fahren. Wir mussten jetzt unser Quartier in Moorburg, einem noch hamburgischen Dorfe nehmen. Unser Schiffer aber ließ sich nicht einen Pfennig von dem Fuhrlohne abziehen. Wir kehrten im Gasthaus »Zur Stadt Hamburg« ein. Die Besitzer dieses Gasthauses waren recht brave Leute, die uns wahrhaft menschenfreundlich aufnahmen, während unseres dortigen Aufenthalts uns recht artig und wacker begegneten und sich, weil sie so herzlichen Anteil an unserem Schicksal nahmen, nur sehr wenig bezahlen ließen. Während unserer ganzen

Reise war uns nirgends besser begegnet worden als hier, wo wir uns zwei Tage lang aufhalten mussten. Gründe dafür waren, dass wir nicht früher von der hannoverschen Polizei wegen der von uns mitgeführten Sachen abgefertigt wurden, und auch weil wir Schwierigkeiten hatten, einen Fuhrmann zu finden.

Endlich bekamen wir eine Fahrgelegenheit nach Celle und weil die Wege und das Wetter gut waren, so kamen wir nach zwei Tagen dort glücklich an. Obgleich unsere Sachen in Moorburg alle gewogen und markiert worden waren und ich wegen derselben einen Passierschein erhalten hatte, so wollte man uns doch wegen dieser noch einmal unnötige Kosten machen. Man verlangte, dass ich das Gepäck nach dem Packhofe bringen und sie dort noch einmal untersuchen und wägen lassen solle. Als ich gute Worte genug gegeben und um Verschonung mit unnötigen Kosten gebeten hatte, mir diese Bitte aber von der unteren Polizeibehörde abgeschlagen wurde, ließ ich meine Sachen von dem Wagen abladen und solche vor der Tür des Gasthauses niedersetzen, denn auch der Fuhrmann wollte nicht länger warten. Im höchsten Grade verdrießlich, sagte ich: »Da liegen die Lumpen! Möge man sie doch nur gleich ganz hinnehmen. Sie werden mir ja doch bis wir ans Ziel unserer Reise kommen mehr Kosten machen als sie wert sind.« Nun ging ich in die Gaststube und kümmerte mich nicht weiter um das Hingeworfene. Unser Wirt aber, ein junger, menschenfreundlicher Mann, der sich, ohne es mir zu sagen, für mich bei der oberen Polizeibehörde verwandt hatte, brachte mir bald darauf die Nachricht, dass ich nur in Gottes Namen meine Sachen aufladen und weiterreisen möge. Nun beauftragte ich einen anderen Fuhrmann, bis Cramme am Oderwald bei Wolfenbüttel zu fahren. So setzten wir dann unsere Reise fort. Der Fuhrmann forderte mir einen billigen Fuhrlohn ab, sagte mir, dass er Cramme im Braunschweigischen wohl kenne. Er sagte ferner, dass er einige Stunden von Celle an der Straße wohne, wo unser Weg durch seinen Ort ginge, dass wir an demselben Tage noch bis dahin fahren, in seiner Wohnung übernachten und am anderen Morgen früh unsere Reise über Peine weiter fortsetzen wollten. Dann gedächte er am folgenden Tage bis Peine wieder zurückzufahren. Obgleich ich daran sehr zweifelte und diesen Zweifel äußerte, so meinten er und die übrigen Anwesenden, die Cramme auch zu kennen behaupteten, doch, dass dies recht gut möglich sei. Der Mann aber und seine Konsorten hatten sich geirrt. Wir fuhren an demselben Tage nach des Mannes Wohnung in Uetze. Er spannte am nächsten Morgen auch früh genug an und das Fuhrwerk ging mit seinen drei raschen Pferdchen bei guten Wegen und schöner Witterung auch schnell genug vorwärts. In Peine fütterte er seine Pferde nur eine halbe Stunde, dann ging es schnell weiter. Beständig war der Mann guter Laune und munter, bis wir in die Nähe von Broistedt kamen, wo er erstmals zu zweifeln begann, dass er an demselben Tage noch von Cramme aus bis Peine wieder zurückkommen würde. Er wurde nun im höchsten Grade aufgebracht und zornig, sprang vom Pferde, wollte meine Sachen vom Wagen werfen und wieder zurückfahren. Worauf ich ihm erwiderte, dass, wenn er das täte, ich ihm dann keinen Pfennig Fuhrlohn bezahlen würde. Nun wurde er ganz wütend und wollte mir zu Leibe. Darauf stieg ich ruhig vom Wagen, die Ausführung seiner Drohung zu erwarten, um zu zeigen, dass ich ihn nicht fürchte. Er besann sich daraufhin und sprach nun, wenn ich ihm einen halben Taler Fuhrlohn mehr bezahlen würde, so wolle er nach Cramme fahren, sonst aber nicht. Während ich ihm das verweigern wollte, rief meine Frau vom Wagen: »Ja, den soll er haben, damit es nur Friede wird!« Nun wollte er sein Fuhrlohn gleich auf der Stelle sich auszahlen lassen, doch als ich ihm das standhaft verweigerte, entschloss er sich endlich, weiterzufahren. Spät am Nachmittag trafen wir in Cramme, dem Orte unserer Bestimmung ein, brachten unsere Sachen in das dortige Schulhaus, wo wir bis zu meiner Wiederanstellung versprochenermaßen wohnen sollten.

Weder ich noch der brave Kantor Eyme in Cramme zweifelten im Geringsten an meiner baldigen Wiederanstellung als Schullehrer an irgendeinem Orte der braunschweigischen Lande. Darum bot derselbe mir bis dahin Herberge in seiner Wohnung an und ich bezog dieselbe. Weil gerade zu derselben Zeit einige Schuldienste vakant waren, so war es mein erstes Geschäft, bei dem herzoglichen Konsistorium um eine bestimmte von diesen Stellen untertänig nachzusuchen. Diese Stelle hätte das genannte hohe Kollegium mir ohne Zweifel verliehen, wenn ich aus Amerika ein Zeugnis über meine dortigen Geschäftsverhältnisse und über meinen moralischen Wandel hätte vorlegen können. Ohne ein solches aber, war laut einer Resolution dieses hohen Kollegiums meine Wiedereinstellung als Schullehrer nicht möglich, wie man mich wissen ließ. Nun fühlte ich auf einmal, wie unglücklich ich durch den Umstand geworden war, der mich in Amerika kurz vor meiner Abreise hinderte, das mir versprochene schriftliche Zeugnis des Predigers Miller in Empfang zu nehmen. Zwar konnte ich mir das Zeugnis schicken lassen, weswegen ich auch sogleich zwei Briefe nach Amerika abschickte. Aber wann durfte ich Antwort auf mein Schreiben und das Zeugnis erwarten? Die kürzeste Zeit, in welcher damit zu rechnen war, war ein ganzes Jahr. Gewöhnlich währt es sogar länger, bisweilen wohl sogar zwei Jahre. In die größte Verlegenheit war ich dadurch geraten. Ach! So unglücklich war ich noch nie gewesen wie jetzt, da alle meine Wünsche und Pläne vereitelt und meine größte Hoffnung fehlgeschlagen waren. Wenn auch wirklich das Verlangte binnen Jahresfrist aus Amerika gesandt würde, wo sollte ich während der Zeit wohnen und wovon mich nähren? Beim Kantor, wo ich eingezogen war, konnte ich mich nicht so lange aufhalten, bis das Zeugnis kam. Eine anstrengende und schließlich doch immer wieder erfolglose Suche nach einer neuen Unterkunft folgte. Endlich wurde mir eine mir geeignet erscheinende Herberge angeboten. Diese Wohnung bezog ich am 1. Dezember 1825. Allerdings wurde von mir dann in den folgenden Tagen erwartet, dass ich die Kinder des Hauses unterrichten sollte. Auch andere Geschäfte fand ich da nun wohl genug, von morgens früh bis abends spät. Aber mir wurde weder Essen noch Trinken noch sonst etwas dafür geboten. Im Gegenteil, mit der größten Unfreundlichkeit wurde mir diese Mühe und Arbeit vergolten. Meiner Frau, die hier auch täglich Arbeiten unentgeltlich verrichten musste, welche einer Magd gebühren, ging es nicht besser. Dabei musste ich oft mit dem Hunger kämpfen, denn die paar Groschen, die meine Frau mit Spinnen verdiente, waren nicht hinreichend, unsere notwendigsten Bedürfnisse zu befriedigen. Gegen das Frühjahr 1826 endlich wurde die Not dadurch etwas erleichtert, dass ich einige Bauernsöhne in meinen Unterricht bekam, deren Eltern uns bisweilen etwas an Nahrungsmitteln dafür zukommen ließen.

Als ich hier 9 Monate lang gewohnt und mit allem Fleiße die Kinder dieses Hauses ganz unentgeltlich unterrichtet, auch manche andere Handreichung umsonst getan hatte, blieben diese Kinder auf einmal aus meinem Unterrichte ohne Begründung weg. Bald darauf wurde mir schriftlich angezeigt, dass, da man mir eine geraume Zeit Herberge gegeben habe, ich nun bei irgendeinem anderen meiner Freunde mich um eine Herberge bekümmern und diese Wohnung binnen vier Wochen räumen müsse. Weitere Gründe wurden nicht genannt. Nun ging das Laufen und Suchen wieder vom Neuen an, um eine Wohnung zu finden, wo ich zugleich meinen Lebensunterhalt zu verdienen im Stande gewesen wäre. Wirklich fand ich auch eine solche Gelegenheit, wo ich durch Privatunterricht mein Auskommen hätte bestreiten können. Aber ein alter Feind von mir ruhte und rastete nicht, bis er mein Vorhaben gänzlich wieder vereitelt hatte. Meine Leiden vergrößerten sich nun wieder mit jedem Tage und ich vermag sie nicht zu beschreiben, sondern übergehe sie mit Stillschweigen.

Das alles war eine große Not und ich danke Gott, der mir durch meine Religion Mut und Kraft verlieh, auch das größte Ungemach mit einer Hiobsgeduld standhaft zu ertragen. Um all diese Last aushalten zu können, musste ich wohl durch die früheren, schweren Leiden darauf vorbereitet und in der Ertragung derselben geübt worden sein. Und die Erfahrung lehrt ja auch überhaupt, dass nur die öftere Übung den Meister macht. Schwere Leiden sind auch des Menschen beste Schule, in welcher er sehr vieles lernen kann, was ihm sonst wohl gänzlich unbekannt geblieben wäre, wenn er auch noch so sehr belehrt zu sein glaubt. Erfahrung erst ist wahre Belehrung. Mag es ihm auch noch so deutlich beschrieben, noch so lebhaft geschildert werden: Wer noch nie unglücklich war, ist auch nie im Stande, einen so lebhaften Anteil an der Not des Unglücklichen zu nehmen wie derjenige, der selbst die Erfahrung wirklichen Unglücks gemacht hat. Wer selbst noch nicht in diese Prüfung kam, der weiß auch noch nicht ganz, wie stark sein Glaube und wie fest er in seinem Gottvertrauen ist. Wer selbst noch nicht aus dem Wohlstande in die bitterste Armut und Verachtung geraten ist, so wie ich, der weiß sich auch nicht einen ganz deutlichen Begriff von solchem Unglücke zu machen, in welchem ich mich befand. Ein Unglück, welches auch noch dadurch vergrößert wurde, dass mir die Mittel zur Rettung aus demselben entzogen waren. Meine bisherige Wohnung sollte ich binnen kurzer Zeit verlassen und räumen und nirgends wusste ich hin. In solchen unglücklichen Umständen lernt man auch den wahren Freund erst kennen und es zeigt sich da, ob diejenigen, welche uns vorher ihrer Freundschaft versicherten, auch wirkliche Freunde oder nur Heuchler sind. Von manchem, der mir früher mit schönen Worten die wärmste Freundschaftsversicherung gab und solche selbst noch schriftlich mir in die Fremde nachschickte, musste ich nun die empfindlichsten Schmähreden, die bittersten Vorwürfe, ja selbst die abscheulichsten Grobheiten anhören, weil ich arm und hilfsbedürftig geworden war. Diese »Freunde« fürchteten gewiss, dass ich jetzt die Freundschaft in Anspruch nehmen und lästig werden könnte und wollten mich wohl mit ihrem Verhalten von sich fernhalten. Solchen kleinen dürftigen Seelen ist aber leicht zu verzeihen. Sie sind zu bedauern, weil ihnen selbst vieles mangelt.

Als ich alles getan hatte, was ich konnte, um meine unglückliche Lage einigermaßen zu verbessern, ergab ich mich in mein hartes Schicksal, jedoch mit dem festen Vertrauen, dass der Gott, der mich in der Fremde nicht verlassen und mich zweimal glücklich über das Weltmeer geführt hatte, mich nicht in meinem Unglück ganz untergehen lassen werde. Und dann endlich ging uns nach 16 Monaten grauenvollen Leiden, welches wir in unserem Vaterlande hatten ertragen müssen, ein Stern der Hoffnung zum Besserwerden auf. Das herzogliche Konsistorium verlieh mir die kleine Schulstelle in Hohenassel, einer Filiale von Burgdorf, welche wir am 25. Januar 1827 bezogen, und wo wir seitdem wohnen.

* * *

Ende

Zum Weiterlesen

Digitalisate

In den digitalen, öffentlich zugänglichen Bibliotheken des Internets gibt es ein reichhaltiges Angebot an Americana zum Weiterlesen. Eine Auswahl ist nachfolgend aufgelistet. Die Werke sind über folgende Portale verfügbar:

https://www.deutsche-digitale-bibliothek.de/
https://archive.org/
https://www.digitale-sammlungen.de/de/
https://gdz.sub.uni-goettingen.de/

   Die Bestände des GDZ (Göttinger Digitalisierungszentrum) und MDZ (Münchener Digitalisierungszentrum - Digitale Sammlung) sind auch über die Deutsche Digitale Bibliothek (DDB) recherchierbar. Bei der nachfolgenden Literaturaufstellung wird deshalb nur gekennzeichnet, ob das Werk bei archich.org (= (a)) oder bei der DDB (= (d)) zu finden ist.

Anonym: Ein ernstlicher Ruf an die Deutschen in Pennsylvanien, 1799 (d)

Anonym: Reise von Hamburg nach Philadelphia, 1800 (d)

Crevecoeur, Michel Guillaume Jean de: Reise in Oberpennsylvanien und im Staate Neu-York, 1802 (d)

Everett, Alexander H.: Alex. H. Everett's Amerika, oder allgemeiner Überblick der politischen Lage der verschiedenen Staaten des westlichen Festlandes nebst Vermuthungen über deren künftiges Schicksal, 1812 (d)

Ernst, Ferdinand: Bemerkungen auf einer Reise durch das Innere der Vereinigten Staaten von Amerika, 1820 (d)

Gall, Ludwig: Meine Auswanderung nach den Vereinigten Staaten in Nord-Amerika im Frühjahr 1819 und meine Rückkehr nach der Heimath im Winter 1820, Teil 1+2, 1822 (d)

Suchard, Philipe: Mein Besuch Amerikas im Sommer 1824, 1827 (d)

Brauns, Ernst Ludwig: Ideen über die Auswanderung nach Amerika; nebst Beiträgen zur genaueren Kenntniß seiner Bewohner und seines gegenwärtigen Zustandes, 1827 (a)

Brauns, Ernst Ludwig: Praktische Belehrungen und Rathschläge für Auswanderer nach Amerika, 1829 (a)

Gudehus, Jonas Heinrich: Meine Auswanderung nach Amerika im Jahre 1822 und meine Rückkehr in die Heimath im Jahre 1825, zwei Bände, 1829 (d)

Brauns, Ernst Ludwig: Amerika und die moderne Völkerwanderung, nebst einer Darstellung der gegenwärtig zu Ökonomie – Economy – am Ohio angesiedelten Harmonie-Gesellschaft und einem Kupfer Georg Rapps, 1833 (a)

Anonym: Constitutionen von Pennsylvanien von 1790 und 1838, 1839 (a)

Bromme, Traugott: Gemälde von Nordamerika in allen Beziehungen von der Entdeckung an bis auf die neueste Zeit; eine pittoreske Geographie in zwei Bänden, 1842 (d)

Bowen, Eli: Pictorial Sketch-Book of Pennsylvania, 1852 (a)

Pokrantz, Carl: Bedingungen zur Ueberfahrt von Bremen nach den Vereinigten Staaten von Nord-Amerika, unter welchen von Carl Pokrantz & Co. Passagiere aufgenommen und mit vorzüglich guten Schiffen befördert werden, 1854 (d)

Löher, Franz von: Geschichte und Zustände der Deutschen in Amerika, 1855 (d)

Fröbel, Julius: Aus Amerika; Erfahrungen, Reisen und Studien, 1856 (d)

Weil, Louise: Aus dem schwäbischen Pfarrhaus nach Amerika, 1860 (d)

Rau, Hans: Haus- und Taschenbibliothek für Amerika-Auswanderer, zweiter Band, Nützliches Reisebuch für Amerika, vierte Auflage, 1869 (d)

Haldeman, Samuel Stehman: Pennsylvania Dutch a dialect of South German with an infusion of English, 1872 (d)

Knortz, Karl: Amerikanische Lebensbilder, 1884 (a)

Montgomery, Morton L.: School History of the Berks County in Pennsylvania, 1889 (a)

Bole, John Archibald: The Harmony Society, 1904 (a)

Duss, John Samuel: George Rapp and his associates, 1914 (a)

Drucke

Neben dem Originalbuch aus dem 19ten Jahrhundert ist das Werk Gudehus' im 20ten und 21ten Jahrhundert auch in einer englischen Übersetzung sowie als inhaltlich unveränderte Umschrift erschienen.

Neff, Larry M.: Journey to America. in Ebbes fer Alle-Ebber – Ebbes fer Dich; Something for Everyone – Something for You. The Pennsylvanian German Society. Volume 14. 1980
(Dieses Buch enthält auch einige biografische Hinweise zu Gudehus auf der Basis der Recherchen von Hermann Kuhr. Neff scheint allerdings in den Archiven der Berks-County in Pennsylvania keine weiteren Spuren von Gudehus gefunden zu haben. Er gibt jedoch Hinweise auf Personen, die Gudehus in seinem Buch namentlich erwähnt. Eine digitale Version von Neffs Übersetzung sowie historische Fotos von Kirche und Schule in Moselem sind im Internet über das Portal »Colonialsense« verfügbar.)

Steinhäuser, Monika: Jonas Heinrich Gudehus – Meine Auswanderung nach Amerika im Jahre 1822 und meine Rückkehr in Heimat im Jahre 1825; Band I&II. Lexikus-Verlag. Wismar, 2008. ISBN 978-3-940206-23-7.
(Für diese Fassung wurde Gudehus' Originalbuch digitalisiert und in modernem Font und Layout als bibliophile Ausgabe neu aufgelegt. Rechtschreibung und Inhalt sind gegenüber dem Original unverändert.)

Abschließend sei noch auf die über den Internet-Buchhandel bestehende Verfügbarkeit von rein photographischen Reproduktionen des Buches von Gudehus hingewiesen.

Biografie von Heinrich Jonas Gudehus

Das Leben des Schulmannes
Heinrich Jonas Gudehus (1776 – 1831)
Aus den Quellen zur Kirchen- und Schulgeschichte
von Hermann Kuhr

Vorbemerkung

Der Lehrer Johann Heinrich Jonas Gudehus hat uns im Landeskirchlichen Archiv zu umfangreichen Recherchen veranlasst, weil er mit einem Buch über seine Erlebnisse in Amerika hervorgetreten ist[1]. Die Deutsche Gesellschaft von Pennsylvanien hat das Buch vor 20 Jahren in englischer Übersetzung publiziert[2] und dazu um die Lebensdaten des weitgehend unbekannten Autors gebeten. Das Ergebnis unserer Nachforschungen über diesen Mann habe ich am 8. April 2000 beim Seminar der Heimatpfleger in Braunschweig als ein Beispiel dafür vorgetragen, wie viel Einblick in die Zeitumstände und das Lebensschicksal der Lehrer die kirchlichen Archivalien zur Schulgeschichte gewähren. Denn hierzulande waren die Lehrer bis 1913 kirchliche Bedienstete, die für ihre Einkünfte aus dem Opfereivermögen den Kirchen- und Schuldienst wahrzunehmen hatten, wozu bis 1902 auch die niederen Küsterdienste gehörten. Da ich fast nur aus den Quellen des Landeskirchlichen Archivs geschöpft habe, ist das Material zu Gudehus noch keineswegs vollständig ausgewertet. Vor allem bedürfte es noch der vergleichenden Erforschung anderer Lehrerschicksale seiner Zeit.

Die Ermittlungen zu Gudehus waren sehr ergiebig und durchaus unterhaltsam, so dass ich gern dem Wunsch der Teilnehmer nachgekommen bin, das Erarbeitete zusammen mit Beispielen aus den Akten auch in dieser unvollkommenen Fassung weiteren Kreisen bekannt zu machen.

Die Lebensdaten von Gudehus

Aus den Akten des Konsistoriums Wolfenbüttel war allerlei über Gudehus zu ermitteln. Johann Heinrich Jonas Gudehus ist am 12. Juli 1776 in Seinstedt geboren und am 14. getauft. Den ersten Vornamen Johann gebrauchte er fast nie; er nannte sich zumeist Heinrich Jonas, manchmal auch Jonas Heinrich. Er war der älteste Sohn von Ernst Christian Gudehus, Brinksitzer und Anbauer, und Catharine Elisabeth geb. Pölig.

Als junger Lehrer heiratete er in Volkmarode am 18. April 1804 Johanne Friederike Henriette Thormann, die zweite Tochter des Johann Wilhelm Thormann, Mühlmeister in Ochsendorf. Wahrscheinlich blieb die Ehe kinderlos. Gudehus scheint nochmals geheiratet zu haben, denn bei seinem Tod am 8. Juli 1831 in Hohenassel hinterlässt er eine *ziemlich junge Witwe in armen Umständen*. Seine erste Frau ist nach 1826 gestorben[3].

Über die Herkunft und seine Familie könnte man durchaus noch mehr in Erfahrung bringen, wenn man die Kirchenbücher näher studierte. Vielleicht lassen sich auch noch Unterlagen über seine Berufsausbildung finden. Denn Gudehus war gelernter Schneider, und es ist nicht ohne weiteres klar, ob er von vornherein den Lehrerberuf angestrebt hat, wie er 1802 bei seiner Bewerbung[4] schreibt, oder ob er als Lehrer nur einen Nebenverdienst suchte.

Beruflicher Werdegang, Lehrer in Essehof 1802 -1806

Gudehus hat das herzogliche Lehrerseminar, das 1753 gegründet worden war, nicht besucht. Sein Name fehlt im Verzeichnis der Seminaristen[5]. Es ist bemerkenswert, dass neben den fachlich ausgebildeten Lehrern noch andere wie der Schneidergeselle Gudehus als Schullehrer angenommen wurden. Vermutlich lag das daran, dass die Lehrer, die das Seminar durchlaufen hatten, so viel Selbstbewusstsein besaßen, sich nicht auf die spärlich dotierten Schulstellen zu bewerben. Darum empfiehlt der zuständige Superintendent Gudehus für die Stelle in Essehof, der sich als Schneider *bei der kümmerlichen Stelle wohl durchhelfen kann*[6]. Und so bekommt Gudehus die Stelle auch.

Die Schulstelle in Essehof *ist vielleicht die kleinste im Lande*, so wird in einem Schreiben vom 15.11.1799 vermutet, als der Pfarrer von Volkmarode den Vorgänger von Gudehus, den 22-jährigen Bauernsohn Telge zum Lehrer vorschlägt, *weil das Dorf nur aus 4 Ackerleuten und einigen Anbauern besteht.* Geringes Schulgeld und etwas Brot sind die ganzen Einnahmen. *Damit ist noch die Unbequemlichkeit verbunden, dass der Schulmeister keine eigene Stube hat, sondern wechselweise bei den vier Einwohnern seinen Aufenthalt und in der Schule hat*[7]. Bei diesen kümmerlichen Verhältnissen wird deutlich, dass sich zum Lehrer immer nur für kurze Zeit Leute finden ließen, die anderswo keine Chance hatten. 1749 ist ein Musketier Lehrer geworden, der bis dahin noch im Militärdienst stand; diese Abwerbung hat dem Pfarrer einen ordentlichen Verweis eingebracht. Und 1796 bis 1799 war ebenfalls ein Schneider Lehrer von Essehof. So ist es nicht verwunderlich, dass man sich vor der Einstellung von Gudehus Gedanken gemacht hat, ob sich für die Schulkinder von Essehof nicht eine andere Lösung anbietet. Doch außer Hordorf sind die anderen Dörfer zu weit weg und in Hordorf ist die *Schulstube so eng und dumpfig, dass sie nur die hordorfschen Kinder fasst*[8] und außerdem gehöre zum Schulmeisterdienst, dass er *an den Sonntagen, an welchen die Gemeinde wegen schlechten Wetters und Weges nicht nach Volkmarode gehen kann, in dem Hause, in welchem er für dasmal seinen Aufenthalt hat, Kirche hält*[9].

Zurück zu Gudehus. In seiner Bewerbung vom 2. Januar 1802 (s. Anlage 1) schreibt er, dass er schon von erster Jugend an Neigung zum Lehrerberuf gehabt und sich *alle zum Schulfache nötigen Erkenntnisse und Fertigkeiten* angeeignet habe. Wie es damit stand, geht aus dem Prüfungszeugnis des Superintendenten Reß von Wolfenbüttel hervor:

Auf Hochfürstlichen Consistorial-Befehl ist nach vorgezeigter höchster Verordnung vom 5. Februar 1767 Heinrich Jonas Gudehus in meinem Hause, weil ich wegen eines geschwollenen Fußes nicht ausgehen, und Herr Subinspector Huhle seine Klasse nicht verlassen konnte, ordnungsgemäß geprüft: er

1) liest ganz gut, wenn auch noch nicht schön, und buchstabiert noch ohne Kenntniß der Regeln:
2) findet biblische Stellen ohne Mühe;
3) weiß etwas aus der biblischen Einleitung;
4) scheint die ihm mitgetheilte leichteste Art Sprüche vorzusagen wohl begriffen zu haben;
5) hat die Hauptstücke völliger als den übrigen Katechismus im Gedächtnisse und außer einem guten Willen auch eine gute Anlage, die Ordnung des Heils mehr zu übersehen und Sprüche zu zergliedern;
6) rechnet noch nicht weit;
7) schreibt aber recht wacker, wie beides die Anlage ergibt, und

8) weiß endlich die Melodien so wohl ländlich anzugeben als vorzu-
singen; die Orgel spielt er nicht.

Ich bezeuge dieß alles aus Amts-Pflichten und wie ich es vor Gottes
Richterstule zu verantworten glaube.
Wolfenbüttel, den 15. Januar 1802. Joh. Heinrich Reß.[10]

Auf Grund der Prüfung wird Gudehus ernannt und am 26. Januar 1802 eingeführt. Der Bericht des Generalsuperinten-denten Knittel[11] über die Einführung ist in mehrfacher Hin-sicht so aufschlussreich, dass ich ihn zitiere:

Hochfürstlich Braunschweig-Lüneburgische, zu den Consistorial-und Kirchensachen verordnete Herrn Präsident und Räthe. Hoch-wohlgeborne, hochwürdige und wohlgeborne, hochzuverehrende Herren!

Des Generalsuperintendentens Knittel unterthäniger Bericht als Specialsuperintendentens der Campischen Inspection, die Einfüh-rung des Schulmeisters Gudehus in Eßehoff betreffend.

Die von Euer Hochwohlgeboren, Hochwürden und Wohlgeboren mir unter dem 16ten Januarii dieses Jahres anbefohlene Einführung des Schulmeisters Gudehus in Eßehoff ist gestern, als den 26sten dieses Monats in Volkmarode geschehen.

Den Tag vorher erhielt ich nemlich von der Gemeine in Eßehoff durch den Pastor Capelle[12] die Anzeige, der Weg nach Eßehoff sey durch das jetzige Thauwetter ganz unfahrbar geworden, ich sey daher in Gefahr, die Kutsche zu zerbrechen, und von dem Pastor Capelle die Anfrage, ob ich den Schulmeister nicht in Volckmarode einführen wolle?, wohin die Gemeine von Eßehoff mit ihren Kindern zu kom-men bereit sey. Ich entschloß mich sogleich dazu, um die Schuljugend in Eßehoff ohne weiteren Verzug in Verbindung mit dem ihr bestimmten Lehrer zu bringen.

Es fanden sich denn zu der gedachten Einführung die vier Ackerleute aus Eßehoff nebst den Schulkindern, die ganz kleinen ausgenommen, ein. An dieser Feyerlichkeit nahmen aber auch mehrere aus Volckmarode theil, und absichtlich ließ ich auch die Schulkinder aus Volkmarode und Schapen mit ihren Lehrern dabey zugegen seyn, weil der bey dieser Gelegenheit zu haltende Vortrag beyden nützlich werden konnte.

Nachdem das Lied von der Erziehung der Jugend gesungen war[13], hielt ich eine kurze Homilie vor dem Altar über Ebr. XIII 17[14]. In derselben zeigte ich, wie ein Jugendlehrer die Worte über die Seelen der ihnen anvertrauten Kinder zu wachen zu verstehen und zu befolgen habe, und wie wichtig das ihm dadurch aufgetragene Geschäft sey; worin aber auch die so wohlthätige als nöthige Folgsamkeit der Jugend gegen ihren Lehrer bestehe, und wie Ältern diese bey ihren Kindern hervorbringen und erhalten können. Darauf laß ich der Gemeine Euer Hochwohlgeboren, Hochwürden und Wohlgeboren Rescript vor, ließ den Schulmeister durch einen Handschlag Treue in seinem Amte und Folgsamkeit gegen seinen Prediger angeloben, worauf die versamelten Kinder ihrem Schulmeister zur Bezeugung ihrer kindlichen Liebe und Achtung gegen ihn, eines nach dem andern, die Hand reichen mußten. Der ganze Gottesdienst ward mit dem Lied 426[15] beschlossen. Der neue Schulmeister mußte den Gesang führen. Er hat eine sehr starke und sonore Stimme, und ist vest in der Melodey.

Nach geendigter Feyerlichkeit ließ ich den Schulmeister Gudehus, in Gemäßheit Euer Hochwohlgeboren, Hochwürden und Wohlgeboren Rescripts vom 23sten Aprilis 1800, das landesherrliche Ausschreiben *vom 28sten Januarii 1773 wegen Bestrafung ungetreuer Bedienter unterschreiben.*

Eine Auseinandersetzung mit den Erben des verstorbenen Schulmeisters Telge war nicht nöthig, weil des Schulmeisters in Eßehoff einzige Einnahme im Schulgelde besteht, und der verstorbene Telge gerade am Schlusse des Weinachtsquartals gestorben ist. Sollte also von diesem Quartale noch nicht alles Schulgeld berichtigt seyn, so werden die Erben sich deshalb an die Debitores zu halten haben. Ich empfahl darauf den neuen Schulmeister der Aufsicht und Leitung des Pastors Capelle, und ich bin überzeugt, daß er sich seiner, in sofern es die weite Entfernung von ihm gestattet, treulich annehmen wird; denn ich muß dem Pastor Capelle das Zeugniß ertheilen, daß er sich mit den Schulen viele Mühe gibt, und durch seine Kinderlehren besonders den Lehrern wie der Jugend sehr nützlich wird. Der neue Schulmeister zeigte auch bey der ganzen Feyerlichkeit, daß er die Wichtigkeit des ihm übertragenen Amtes kenne und fühle.

Ich hoffe daher auch, daß er sich für sein Amt immer tüchtiger zu machen suchen wird.

In tiefer Devotion verharre ich Euer Hochwohlgeboren, Hochwürden und Wohlgeboren unterthäniger Diener Knittel. Braunschweig, den 27sten Januarii 1802.[16]

Den Schulunterricht hält Gudehus in der Stube eines Bauernhauses ab, da es in dem kleinen Ort kein Schulhaus gibt. Nur wohnt er nicht, wie eigentlich vorgesehen bei den Bauern. Er sollte sich in den umliegenden Orten eine Wohnung nehmen. Der Plan, ein Schulhaus zu bauen, gelingt nicht, doch werden Ende 1803 wenigstens die Schuleinkünfte verbessert. Schon 1767 waren Schulbaupläne gescheitert[17]. Auch 1802 können die 3 Ackerbauern, 2 Halbspänner und 4 Anbauern die benötigten Mittel nicht aufbringen. Ja, wenn der Herzog die Baukosten übernehmen würde, wollten sie dem Schulmeister alle Einkünfte wie bisher geben, bis auf ein Deputat für die Darreichung von Gemüse bei der Speisung des Schulmeisters an ihren Tischen[18]. Statt der Baukosten verfügt Herzog Karl Wilhelm Ferdinand nach zweijährigen Verhandlungen, dass die Schulstelle in Essehof deutlich verbessert wird[19]; und das Konsistorium vergisst es nicht, diese Schuleinkünfte im Corpus bonorum (dem Hauptbuch der Kirchengemeinde) eintragen zu lassen.

Gudehus erhält ein Jahresgehalt von 50 Talern und extra für die Anmietung einer Wohnung 15 Taler aus der herzoglichen Kasse; von der Gemeinde Essehof bekommt er Schulgeld von rund 10 Talern sowie eine Wiese und statt der Speisung 12 Himten Roggen, das sind rund 4 1/2 bis 5 Zentner Roggen. Außerdem wird ihm das Pfarrwitwenhaus in Aussicht gestellt, zu dem ein Garten und eine Wiese gehören, das außerdem geräumig genug sei, um noch Räume untervermieten zu können. Das alles klingt sehr verlockend, doch dabei ist zu bedenken, dass der Lehrer täglich zu Fuß – oder irgendwie sonst – nach Essehof kommen muss. So hält es auch Gudehus nicht lange auf der Schulstelle in Essehof. Über den schulischen Erfolg seiner Schüler lohnte es sich weitere Nachforschungen anzustellen.

Lehrer in Remlingen 1806 -1811

Mit der Empfehlung seiner Vorgesetzten, des Superintendenten und des Pastors in Volkmarode, *dass er sein Schullehreramt gewissenhaft und mit sichtbarem Nutzen verwaltet, auch sonst einen christlichen, frommen Lebenswandel geführt hat*[20] bewirbt er sich um die freie Opfermann- und Lehrerstelle in Remlingen. Er wird am 9. August 1806 dafür ernannt, kann aber erst nach

Ablauf des Gnadenhalbjahrs für die Witwe seines Vorgängers am 19. Oktober 1806 in Remlingen eingeführt werden. Über seine Wirksamkeit in Remlingen geben die Akten keine Auskunft[21]. Es wird lediglich deutlich, dass er sich dort den Ruf eines guten Lehrers erworben hat. Denn 1811 wird er für die freie Opfermann- und Lehrerstelle in Vallstedt vorgeschlagen. Wir überspringen also die Remlinger Zeit und kommen mit Gudehus nach Vallstedt.

Lehrer in Vallstedt 1811 -1822

Die Schulstelle in Vallstedt gehört zu den einträglichen Lehrerstellen. Mit ihr sind Einkünfte von 730 Franken verbunden (wir befinden uns in der Zeit des napoleonischen Königreichs Westphalen). Umgerechnet sind das ca. 240 Taler, mehr als damals mancher Pfarrer bekommt.

Der Pastor von Vallstedt schreibt, als er neben einem anderen Bewerber Gudehus für die Stelle vorschlägt: *Er, Gudehus, ist ein Mann, der schon verschiedene Jahre mit wahrem Ruhm sein Amt verwaltet hat als ein geschickter, amtstreuer, fleissiger und gut gesitteter Mann*[22]. Und auch das Konsistorium empfiehlt ihn vor anderen Bewerbern zur Ernennung, denn *Gudehus verdient die Verbesserung seiner sehr mäßigen Einnahmen*. So wird Gudehus am 9. Mai 1811 als Opfermann und Schullehrer von Vallstedt ernannt und erhält am 15. Juni 1811 den Titel eines Kantors verliehen, um ihm dadurch mehr Respekt zu verschaffen.

Am 7. Juli 1811 wird er in Vallstedt eingeführt. In Vallstedt hat er eine disziplinlose Schuljugend von 120 bis 130 Kindern zu unterrichten. Wegen allzu strenger Züchtigung der Kinder steht er mehrmals vor dem Kreisgericht Bettmar, wird aber von seinem vorgesetzten Pastor verteidigt und als tüchtiger

Lehrer gelobt. Für Gudehus wird sein Beruf dadurch besonders schwer, dass er nur sehr mühsam bei den Eltern der Kinder Unterstützung findet.

Dringende Reparaturen am Schulhaus werden von der Gemeinde nur nach langen Verhandlungen ausgeführt. Auch seine Einkünfte erhält Gudehus zum Teil nicht rechtzeitig. Den Geldwert für die Markgarben, die ihm in der Erntezeit von verschiedenen Einwohnern zustehen, hat er für die Jahre von 1811 an trotz gerichtlicher Eintreibung noch im Jahr 1819 nicht restlos erhalten. Die Ursache dafür hat Gudehus wahrscheinlich selbst gegeben; denn 1811 hat er die dürftig ausgefallene Markgarbe des Ortsvorstehers Fricke, der angab keine bessere zu haben, öffentlich zur Schau gestellt[23].

Trotz vieler Schwierigkeiten mit den Einwohnern scheint sich Gudehus in Vallstedt eine gewisse Achtung erworben zu haben. Doch dann kommt es in der Gemeinde Vallstedt zu erheblichen Spannungen mit Pastor Lungershausen[24], der seit 1812 in Vallstedt Pfarrer ist. Was unterschwellig begonnen hat, wird ab 1816 in vielen Beschwerden und Untersuchung der Vorfälle aktenkundig. Auch das Verhältnis von Gudehus zu diesem Pastor Lungershausen wird von Jahr zu Jahr schlechter und ist schließlich so gespannt, dass Gudehus darunter psychisch und körperlich leidet (nervöse Magenbeschwerden und Gicht). Die Spannungen entladen sich 1819 in gegenseitigen Beschwerden beim Konsistorium.

Zu seiner Amtszeit wird Pastor Lungershausen von seinem Superintendenten als ein sehr unangenehmer und selbstgefälliger Mann dargestellt, als ein *steifsinniger, rechthaberischer und argwöhnischer* Mann, den der Konsistorialrat Dinglinger als *wahre Kreuzspinne* bezeichnet haben soll. Lungershausen versteht und merkt selbst nicht, wie er bei den Leuten auf Ablehnung stößt. So kommt es 1816 in Vallstedt zum Kirchenstreik, weil er in seinen Predigten die Gemeinde immer wieder beschimpft und über einzelne Gemeindeglieder mit bösen Worten seinen Unmut entlädt. So geht das zwei Jahre, bevor sich die Gemeinde zur Beschwerde entschließt[25].

Zwar nannte der Pastor keine Namen, doch für jeden war deutlich, wer jeweils gemeint war. Auch Gudehus bekam wegen seines Gesangs oder anderer kirchlicher Verrichtungen Scheltworte von der Kanzel zu hören. Lungershausen bildete sich dabei ein, es mit seiner Gemeinde nur gut zu meinen. Auch mit seinen Vorgesetzten legte sich Lungershausen an, mit den Amtleuten ebenso wie mit den Superintendenten. Die Akten sind voll von Beschwerden, Untersuchungen und Gerichtsverfahren.

Gudehus hat diese Eigenarten seines Vorgesetzten jahrelang ertragen und hingenommen, dass Pastor Lungershausen auch in das Schulwesen mit Neuerungen eingriff und ihm zusätzliche Mühen verursachte. Dabei scheint Gudehus ebenso empfindlich und leicht erregbar wie Lungershausen gewesen zu sein – jedenfalls liegen schließlich auf beiden Seiten die Nerven blank.

Als Gudehus im Jahr 1820 erneut wegen zu strenger Schuldisziplin vor Gericht steht, verfällt er in eine langandauernde Krankheit, in deren Verlauf es zu einem Vorfall kommt, der jede weitere Zusammenarbeit zwischen Pastor und Lehrer unmöglich macht: Am 20. Januar 1821 erregt sich Lungershausen am Krankenbett von Gudehus derart wegen der strittigen Vertretung im Kantordienst, dass die Frau von Gudehus dazwischentritt und den Pastor bittet, ihren Mann doch nicht mit solchem Ärger zu töten. Daraufhin soll sie der Pastor geschlagen und als schändliches Weib beschimpft haben.

Pastor Lungershausen erhält für diese Beleidigung vom Konsistorium einen Verweis wegen unpastoralen und unmoralischen Verhaltens gegen Gudehus. Gudehus aber wird ermahnt, seinem Pastor gegenüber die *gehörige Subordination* zu beachten, da er in der strittigen Sache mehr Folgsamkeit und Nachgiebigkeit hätte zeigen müssen[26].

Die Auswanderung 1822

In den folgenden Monaten bemüht sich Gudehus erfolglos um Versetzung, um aus *dieser Hölle erlöst zu werden*. Darum stellt er am 9. August 1821 ein Gesuch auf Entlassung wegen des unglücklichen Verhältnisses, das *leider zwischen dem Herrn Pastor Lungershausen und mir obwaltet, wodurch meine gewiß seltene Vorliebe für das Schulfach mir doch nun ganz verleidet worden ist.*

Er beabsichtigt, *eine Reise nach dem westlichen Nordamerika anzutreten, weil bis jetzt nur da günstige Aussichten zu einer sicheren Verbesserung meiner unglücklichen Lage sich mir darbieten*[27]. Gudehus lässt sich von diesem Entschluss nicht abbringen, zu dem ihn allein sein Missverhältnis zum Pastor bewogen hat, der *auch jetzt dem Trunke so ergeben ist, daß er sich der ärgsten Pöbelhaftigkeit schuldig macht, wodurch das Verderben dieses Ortes unausbleiblich herbeigeführt wird*[28] und nun auch versucht, die Leute gegen Gudehus aufzubringen.

Gudehus ist entschlossen, in Amerika als Farmer tätig zu werden, denn neben dem Schulunterricht sei die Landwirtschaft seine liebste Beschäftigung gewesen. Dazu hat er einen

Kreis von etwa zwanzig jungen Leuten um sich gesammelt, die mit ihm auswandern und auf seiner Farm arbeiten wollten[29].

Am 15. September 1821 bewilligt das Konsistorium Gudehus die Entlassung. Bis zur Abreise vergehen aber noch Monate, da so schnell kein Nachfolger bestellt werden kann und Gudehus im Winter nicht reisen will. Gudehus bleibt bis Ende März 1822 im Amt, erhält im April sein Dienstzeugnis (s. Anlage 3) und 294 Taler für die Verbesserung des Schulinventars während seiner Amtszeit. Dafür quittiert er am 26. April 1822[30]. Endlich kann er auswandern und reist am 5. Mai mit seiner Frau nach Hamburg. Die jungen Leute, die mit ihm kommen wollen, erhalten jedoch keine Ausreisegenehmigung. Damit sie Gudehus nicht begleiten können, werden sie verhaftet und erst Tage nach seiner Abreise wieder freigelassen[31]. Der Dreimastfrachter Ocean, auf dem sich Gudehus für 140 Taler nach Philadelphia einschifft, sollte am 16. Mai ablegen, lichtet aber erst nach mehreren Terminverschiebungen am 6. Juli die Anker. Die Wartezeit in Hamburg wird Gudehus lang und zehrt an seinen Ersparnissen und an seiner Gesundheit[32]. Zu den Kosten für die Unterkunft kommen Ausgaben für zwei junge Vallstedter, die sich doch noch unerlaubt und ohne Pässe bis zu ihm nach Hamburg durchschlagen können und dort fast der Polizei in die Hände fallen. Außerdem lässt sich Gudehus für 150 Taler ein Klavier aufschwatzen. Es sei eine Kapitalanlage, die sich in Amerika mit Gewinn wieder zu Geld machen ließe, was dann doch nicht der Fall ist[33].

Endlich auf See, mit wenig Stürmen und vielen Flauten, erholt sich Gudehus zunächst. Dann aber kommt es zu erheblichen Spannungen unter den wenigen Passagieren im Mitteldeck. Gudehus und seine Frau sehen sich Schikanen

ausgesetzt, zu denen die beiden jungen Vallstedter viel beigetragen haben sollen, so dass sich Gudehus entschließt, sich von
den beiden zu trennen und seine Pläne einer eigenen Farm auf-
zugeben. Nach der Überfahrt finden die jungen Leute schnell
Arbeit und entschuldigen sich bei Gudehus[34].

Die Zeit in Amerika 1822 - 1825

Am 20. September 1822 kommt Gudehus in Philadelphia an
und begibt sich nach wenigen Tagen, die er warten muss, bis
sein Gepäck ausgeladen und untergestellt ist, auf Stellensu-
che[35]. Schon am Tag nach seiner Ankunft begibt er sich mit
einem Empfehlungsschreiben zu Justus Heinrich Christian
Hellmuth (1745-1825), dem Pastor der lutherischen St.-
Michael-und-Zion-Gemeinde in Philadelphia, dem damals
berühmtesten lutherischen Geistlichen in Amerika, der aus
Helmstedt stammte und 1769 nach Amerika ausgewandert
war. Von ihm erhält er weitere Empfehlungen[36]. Nach 14
Tagen verlässt Gudehus Philadelphia und reist nach Germantown, weil er der irrigen Meinung ist, dort in einer von deutschen Einwanderern gegründeten Stadt als Lehrer für
deutsche Kinder gebraucht zu werden. Der dortige Pfarrer
John Christopher Baker (Becker) empfiehlt ihn weiter an Jacob
Miller (1788-1850), den Pfarrer von Falkner Swamp. Auf dem
Weg dorthin kommt Gudehus aber nach Oley zu dessen Bruder Conrad Miller (1798-1852)[37]. Durch Conrad Miller veranlasst, zieht er mit den nötigsten Dingen nach Oley und erfährt
bald darauf von der Stelle als Lehrer, Organist und Sänger an
der Zions-Kirche in der 14 Meilen entfernten Gemeinde Moselem im Verwaltungsbezirk Richmond, Berks County, Pennsylvanien. Moselem, rund 100 km nordwestlich von
Philadelphia, zählt zu den Gemeinden, die Pfarrer Conrad
Miller zu versorgen hat. Bei seiner Bewerbung und Vorstellung am 28. Oktober ist Gudehus in Sorge, er könnte dem

Mitbewerber um diese Stelle wegen seines Orgelspiels unterliegen[38].

Gudehus erhält die Anstellung auf ein Jahr mit einer beiderseitigen Kündigungsfrist von drei Monaten. Von jedem Schulkind, das zum Unterricht kommt, soll er monatlich einen halben Dollar erhalten. Für das Orgelspiel und die Leitung des Gesangs im Gottesdienst soll er von jedermann nach freiem Gutdünken Korn erhalten. Holz sollte er so viel bekommen wie er braucht. Dreißig Morgen unbestelltes Land hinter dem Schulhaus kann er nutzen, ebenso die Wiesen und den mit Obstbäumen bestandenen Garten. Schon am nächsten Tag schickt ihm die Gemeinde Wagen für den Umzug. Am 30. Oktober 1822 zieht er in das geräumige, aber einsam gelegene Schulhaus ein, rund herum nur die Kirche, das Schulland von rund 12 Hektar und Wald[39]. Sein nächster Nachbar wohnt hinter dem Wald und lacht sich halb tot, als er am nächsten Morgen den neuen Lehrer mit Gewehr und Dolch bewaffnet antrifft[40].

Den Winter über erteilt Gudehus nun Unterricht, ist aber erstaunt, dass die Kinder keinen Katechismus lernen. Für die Leseübungen genügen die Psalmen, das Neue Testament und veraltete Tageszeitungen. Für die Auslegung des Lesestoffs, nützliche Dinge und moralische Bildung, die Gudehus seinen Schülern beibringen möchte, indem er sie Sprüche, Lebensweisheiten und Bibelverse memorieren lässt, haben die Leute nichts über. Die Kinder sollen lesen, lesen und nochmals lesen, und zwar einer nach dem andern und nicht alle miteinander blöken wie die Schafe[41]. Zu den eifrigsten Schülern gehören die vier Kinder eines zwei Meilen entfernt lebenden, deutschstämmigen jüdischen Geschäftsmannes und Gastwirts; diese Kinder versäumen keinen Tag und sind immer pünktlich zur

Stelle[42]. Ansonsten wechselt die Anzahl seiner Schüler ständig und nur einmal erreicht sie die Zahl 21[43]. Freilich sind seine Schüler nicht nur im Alter von acht bis zwölf Jahren, es sind auch Jugendliche, zum Teil schon verheiratete junge Leute und auch gestandene Männer darunter.

So entschließt sich Gudehus um Ostern 1823 nicht länger in Moselem zu bleiben und bewirbt sich um eine Stelle in Vandalia, Illinois. Da er aber von dort keine Nachricht erhält, macht er sich nach Gettysburg auf den Weg, wo er angeblich Chancen hat, um persönlich vorzusprechen. Er schildert seine Reise zu Fuß nach Gettysburg, das etwa 160 km südwestlich von Moselem liegt, mit vielen Begebenheiten in seinem Buch. Aus der Stelle in Gettysburg wird nichts. Doch trifft er dort einen Landsmann, den aus Beddingen stammenden Friseur Wasmus, der ihm seine Absicht ausredet, weiter bis nach Ohio zu wandern. Er macht ihm klar, was ihm schon viele gesagt hatten. Deutsche Lebensart sei nicht gefragt, man müsse sich anpassen und das bedeute, alles, aber auch alles zu tun, wie es die Leute haben wollen. Anpassen wollte sich Gudehus aber auf keinen Fall und kommt daher zu der Erkenntnis, dass er in Amerika sein Glück nicht finden werde[44]. So kehrt Gudehus um. Seine Erlebnisse sind als Spiegelbild seiner Zeit hoch interessant, aber oft auch einseitig. Zum Beispiel kommt er auf dem Rückweg am Kloster Ephrata vorbei, das rund 50 km südwestlich von Moselem liegt. Gudehus verliert kein Wort über Ephrata, ein Zentrum der Neutäufer, das 1732 von radikalen deutschen Pietisten gegründet worden war. Einflussreicher Mittelpunkt von Ephrata war seinerzeit der Prediger und Musiktheoretiker Johann Conrad Beißel (1690 - 1768). Über Beißels spitzfindiges Musiksystem schreibt Thomas Mann im »Doctor Faustus«. Mag sein, dass Gudehus über die Verhältnisse in Ephratha gar nichts erfahren hat. Andrerseits übernachtet er auf seiner Rückreise bei Quäkern[45] und er unterhält sich mit anderen Gastgebern über die Mährischen Brüder in der Gegend von Bethlehem und Nazareth, Pennsylvanien[46], Herrnhuter Gemeinden, die auch nur etwa 50 km nordöstlich von Moselem liegen. Umso ausführlicher berichtet Gudehus über das kirchliche Leben und die Organisation der lutherischen Gemeinden[47]. Auf die gesellschaftlichen und religiösen Eigenarten der Pfälzer, unter denen er lebt, geht er nicht näher ein. Aber er mokiert sich über die ihm schwer verständliche pfälzisch-hessische Mundart – ein Grund mehr, so hat man den Eindruck, dass er sich in Pennsylvanien nicht wohl fühlt. Seine Kapitel über die Lebensbedingungen, die Sitten und Gebräuche haben einen praktischen Zweck, Auswanderungswilligen rechtzeitig die Augen zu öffnen, welche Chancen sie haben und mit welchen Schwierigkeiten zu rechnen ist.

Nach der Rückkehr von seiner Wanderung und verschiedenen vergeblichen Versuchen, eine bessere Lehrerstelle zu erhalten, bleibt Gudehus noch ein weiteres Jahr als Lehrer bei seiner Gemeinde in Moselem. Wieder findet der Unterricht nur in den Wintermonaten statt. Die Zahl seiner Schüler ist gering und manche kommen nur für kurze Zeit zum Unterricht. Darum quittiert er seinen Dienst im Frühjahr 1824 gegen die Bitten seiner Gemeinde, länger zu bleiben, und schmiedet erneut Pläne, mit Landsleuten in den Westen zu trecken und eine Kolonie zu gründen. Seine Korrespondenz mit der Heimat lässt ihn nicht daran zweifeln, dass die Auswanderungswilligen ihre Versprechen wahr machen und spätestens im Sommer in Amerika ankommen werden. Darum schlägt er das Angebot seiner Gemeinde aus, doch noch für ein weiteres Jahr im Bezirk Richmond zu bleiben. Er mietet sich auf unbestimmte Zeit in einem Haus mit Garten ein, um jederzeit in den Westen aufbrechen zu können. Er bestellt seinen Garten, arbeitet auf Farmen und nimmt Gelegenheitsarbeit an. Seine Frau, die sich mit dem Spinnen von Garnen einen guten Ruf erworben hat, muss offensichtlich erheblich zum Unterhalt beitragen. Doch der Sommer 1824 vergeht ohne die Ankunft der erwarteten Siedler und die Briefe aus der Heimat bleiben aus, bis ihm endlich ein Freund schreibt, dass sich keiner seiner Landsleute zur Auswanderung entschließen konnte[48]. Aus demselben Schreiben erfährt er, dass einer seiner Freunde sich verpflichtet hat, ihn für den Fall seiner Rückkehr aus Amerika bei sich aufzunehmen, bis er wieder eine Anstellung gefunden habe. Das veranlasst ihn, die Rückkehr in die Heimat zu planen, zumal er sich in Amerika einsam fühlt und keine Freunde gefunden hat, mit denen er sich austauschen könnte. Doch vorerst ist seine Frau entschieden dagegen. Ohne Wissen seiner Frau erkundigt sich Gudehus nach einer Reisegelegenheit. Die einzige Möglichkeit, noch vor dem Winter nach Deutschland zurückzureisen, kann er aber nicht mehr rechtzeitig nutzen. Im Winter 1824/25 verdingt sich Gudehus bei dem jüdischen Geschäftsmann, von dem schon die Rede war, als Hauslehrer[49]. Aber der Gedanke an die Rückreise lässt ihn nicht mehr los. Als er endlich auch seine Frau dazu überreden kann, verlässt er am 16. Mai 1825 Richmond in Richtung Philadelphia. Schon am 25. Mai sind sie an Bord der Brigg Draco[50].

Die Rückkehr

Gudehus kommt enttäuscht und verarmt aus Amerika zurück. Am 5. Juli 1825 landet er wieder in Hamburg, seine Weiterreise erfolgt erst am 24. August. Seine letzten Ersparnisse muss er für verschiedene Quartiere und Transport seiner Habseligkeiten von Hamburg nach Cramme aufwenden, wo er bei Kantor

Eyme unterkommt[51]. In der am 17. September 1825 beim Konsistorium Wolfenbüttel eingegangenen Bewerbung um den Schuldienst in Wedtlenstedt erwähnt er, dass sein mühevoller Versuch, in Amerika *als teutscher Schullehrer einigermaßen zufrieden zu leben, gänzlich vergebens war, weil man für den in Teutschland gewöhnlichen bessern Schulunterricht weder Sinn noch Geschmack hat*[52]. Da Gudehus kein Zeugnis mitgebracht hat, will ihn das Konsistorium nicht anstellen, auch nicht befristet. Schließlich sind etliche Auswanderer nur deshalb zurückgekehrt, weil sie in Amerika wegen krimineller Vergehen gesucht wurden. Aus mehreren Eingaben von Gudehus geht hervor, dass er sich zur Rückkehr entschlossen hatte, weil Englisch zur Landessprache geworden ist, er aber kein Englisch verstand. Von Miller sollte er bei der Abreise ein Zeugnis erhalten, bei der Durchreise habe er ihn aber in Oley nicht angetroffen und nicht länger auf ihn warten können. Von Philadelphia aus habe er seine Rückreise organisiert und so bald ein günstiges Schiff in die Heimat bekommen, das er nicht habe verpassen wollen, dass ihn auch dort keine Nachricht mehr habe erreichen können.

Ein Gesuch an den Herzog vom 4. November 1825 um jede noch so geringe Anstellung macht seine erbärmlichen Verhältnisse deutlich (s. Anlage 4). Seine Anstellung wird aber am 9. Dezember 1825 abgelehnt, ebenso ein vom Konsistorium empfohlenes Gnadengeschenk für Gudehus. So lebt Gudehus von der Mildtätigkeit seiner früheren Kollegen, auf deren Kosten er von Hamburg zurückgereist ist. Zunächst wohnt er bei Kantor Eyme in Cramme, dann erteilt er in Vallstedt Privatunterricht, bis ihm das von der Polizei verboten und die Wohnung gekündigt wird. Aus Engelnstedt bewirbt er sich am 5. November 1826 erneut um einen kleinen Schuldienst für wenigstens ein Jahr, da er sonst keine andere Aussicht habe, für sich und seine alte Ehefrau einen Broterwerb zu finden. Vier Briefe nach Amerika wegen seines Zeugnisses habe er vergeblich geschrieben.

Lehrer in Hohenassel 1826 -1831

Endlich verleiht ihm das Konsistorium am 9. Dezember 1826 die Stelle in Hohenassel. Am 25. Februar 1827 wird Gudehus dort eingeführt. In Hohenassel findet er Zeit, seine Amerikaerlebnisse aufzuzeichnen. Reiseberichte wurden gern gelesen. Vielleicht versprach er sich mit der Publikation einen guten Nebenverdienst. Ob er das erreicht hat, ist fraglich. Denn es ist ihm nicht mehr viel Zeit vergönnt. In Hohenassel stirbt er 1831 nach 12 Wochen auszehrender Krankheit im Alter von 55 Jahren[53].

Schlussbemerkung

Gudehus ist keineswegs als genial oder als herausragende Persönlichkeit zu bezeichnen. Er beschäftigt uns, weil er uns spannende Dokumente hinterlassen hat, an denen die Zeitumstände und die Verhältnisse eines Lehrerlebens von damals lebendig werden. Wie er seine Lebensumstände und seine Zeit schildert und begreift, hilft uns, die Vergangenheit zu verstehen. Zwischen den Zeilen wird das Kolorit der Zeit deutlich. Denken wir etwa an die Einführung von Gudehus: Bei schlechtem Wetter müssen die Einwohner von Essehof mit ihren Kindern und die Schüler und Lehrer aus Schapen nach Volkmarode kommen, weil man es nicht riskieren kann, dass der Herr Generalsuperintendent mit seiner Kutsche auf den schlechten, morastigen Wegen verunglückt.

Anlagen

1. Gudehus bewirbt sich mit Schreiben vom 2. Januar 1802 um den Schuldienst in Essehof[54]

Hochfürstlich Braunschweig-Lüneburgische zu den Consistorial- und Kirchen-Sachen Hochverordnete Herren Präsident und Räthe, Hochwolgeborne, Hochwürdige, Wolgeborne, Gnädige und Hochgebietende Herren!

Der Schneider Gudehus zu Hordorf bittet um den vacant gewordenen Schuldienst zu Eßehof.

Euer Hochwolgeboren, Hochwürden und Wolgeboren erlauben es gnädig, Hochdenenselben meine demüthige Bitten vorzutragen.

Ich habe von meiner ersten Jugend an immer Neigung zum Schulfache gehabt, und in der Hoffnung, einmal dazu [zu] gelangen, mich immer bemühet, mir alle zum Schulfache nöthige Erkenntniße und Fertigkeiten zu verschaffen. Bey der durch den Tod des Schulmeisters Telge eingetretenen Vacanz des Eßehöfer Schuldienstes eröffnet sich mir eine glückliche Außicht zur Erfüllung meines Wunsches. Ich flehe daher Euer Hochwolgeboren, Hochwürden und Wolgeboren um die Gnade an, mir den vacant gewordenen kleinen Eßehöfer Schuldienst zu conferiren. Aus allen Kräften werde ich mich bestreben, mich dieser hohen Gnade würdig zu machen und den Eßehöfer Schul-Kindern durch guten Unterricht und gutes Beyspiel nüzlich zu werden. In Hoffnung einer gnädigen

Erhörung meiner demüthigen Bitten verharre Euer Hochwolgeboren, Hochwürden und Wolgeboren unterthäniger Knecht Heinrich Jonas Gudehus. Hordorf, den 2. Januar 1802.

2. Lied für die Erziehung der Jugend, gesungen beim Einführungsgottesdienst am 26. Januar 1802 nach der Melodie Alle Menschen müssen sterben[55]

l. Kinder gut und fromm erziehen,
dies ist für die Menschlichkeit stets das wichtigste Bemühen;
glücklich sie hier in der Zeit, nützlich sie der Welt zu machen;
sie des Himmels fähig machen;
diese Pflicht ist theur und groß;
nichts spricht von ihr Eltern los.

2. Wächst der Mensch in seiner Jugend ungebildet roh
heran, ohn Erkenntnis, ohne Tugend;
kann er dann des Lebens Bahn würdig mit Vernunft betreten?
Würdig seinen Gott anbeten?
Seinem Nächsten brauchbar seyn? Einst den Himmel erben?
Nein!

3. O Ihr, denen Gott hier Kinder, Himmelspfänder
anvertraut;
ach bedenket, sie sind Sünder!
Denkt, wie ihr ihr Glück hier baut!
Lehrt sie früh den Schöpfer lieben, jede Tugend auszuüben!
Dies ist wahre Zärtlichkeit, Lieb auf Zeit und Ewigkeit.

4. Euch hat Gott dazu ersehen, dieses große Werk zu thun.
Thut Ihrs,
so wird Wohlergehen auf Euch und auf ihnen ruhn.
Gott der strafet und belohnet,
keines Pflichtvergeßnen schonet,
fordert einst von Eurer Hand Eure Kinder als sein Pfand.

5. Menschenschöpfer, Tugendmehrer,
laß die ganze Menschlichkeit Väter, Mütter, Pfleger, Lehrer;
Fürsten und die Obrigkeit mit vereinter Sorgfalt wachen;
jede Jugend fromm zu machen;
sie durch gutes beyspiel ziehn und selbst jedes Laster fliehn.
    6. Pflanz in aller Kinder Herzen Gottesfurcht
und frommen Sinn;
laß sie nie ihr Heil verscherzen;
laß sie Trägheit, Eigensinn, Aergerniss und Leichtsinn
fliehen; Unschuld nur sey ihr Bemühen!
Führ sie selbst die Tugendbahn,
daß ihr Fuß nicht gleiten kann.
    7. Laß sie ihre Eltern lieben, dankbar seyn für ihre Treu!
Nie sie kränken und betrüben;
Ehrfurcht und Gehorsam sey Ihnen Lust und wahre Freude.
Schütze sie vor schwerem Leide! Laß sie hier gesegnet seyn!
Führ sie einst zum Himmel ein!
    8. Welche Freud und Seligkeiten
werden, Vater, wir dort sehn,
wenn in Deinen Herrlichkeiten
Eltern, die dann vor dir stehn, sagen:
Vater, von den Meinen. Die du gabst, verlor ich keinen!
Und dann Kinder flehn für sie: Gott, vergilt der Eltern Müh!

**3. Dienstzeugnis des Konsistoriums für Gudehus
vom 20. April 1822[56]**

Dienstzeugniß für den Cantor und Schullehrer Heinrich Jonas
Gudehus zu Vallstedt.

Cito [=eilig, doppelt unterstrichen].

Wir, zum Fürstlich Braunschweig-Lüneburgischen Consistorio verordnete Präsident, Vice-Präsident, Director und Räthe, bezeugen hiermit: daß der zeitherige Cantor und Schullehrer zu Vallstedt, Heinrich Jonas Gudehus, den ihm anvertrauten Kirchen- und Schuldienst seit zwanzig Jahren an mehreren Orten hiesiger Lande und zuletzt in Vallstedt nicht nur mit vieler Geschicklichkeit, sondern auch mit musterhafter Treue verwaltet, und insonderheit durch einen zweckmäßigen Unterricht der Jugend viel Gutes gestiftet hat; weshalb wir ihm zugleich bey seiner beabsichtigten Reise nach Nord-Amerika mit dem Wunsche begleiten, daß er auch dort eine wohlverdiente gute Aufnahme finden möge.

So geschehen etc. etc., Wolfenbüttel, den 20. April 1822, gez. B. A. W. L

(Das größere Consistorial-Siegel ist beyzudrücken.)
Abgesandt am 25. April 1822.

4. Gesuch an den Herzog vom 4. November 1825[57]

Dem Durchlauchtigsten Herzog und Herrn, Herrn Carl Friedrich August Wilhelm, regierenden Herzoge zu Braunschweig und Lüneburg, meinem gnädigsten Herzoge und Herrn, unterthänigst, in Braunschweig.

Durchlauchtigster Herzog, Gnädigster Herzog und Herr!
Der aus Amerika zurückgekehrte ehemalige Cantor und Schullehrer in Vallstedt, Heinrich Jonas Gudehus, flehet unterthänigst um gnädigste Errettung aus seiner jetzigen unglücklichen und sehr betrübten Lage, durch irgend eine seinen Kräften angemessene Anstellung zu einem, wenn auch nur ganz geringen, Broterwerbe.

Geruhen Eure Herzogliche Durchlaucht, sich solches im Folgenden von mir unterthänigst vortragen zu lassen. Sehr harte und schwere Leiden brachten mich im Jahre 1822 zu dem Entschlusse, nach Nordamerika auszuwandern, in der Hoffnung, als Schullehrer unter den dortigen Deutschen mein Unterkommen zu finden und mein Schicksal mit einem bessern zu vertauschen, woran ich um so weniger zweifelte, weil ich vom Hochfürstlichen Consistorio in Wolfenbüttel ein sehr günstiges Zeugniss über meine zwanzigjährige treue Amtsführung als Kirchendiener und Schullehrer in hiesigen Landen, nebst noch andern Zeugnissen und Empfehlungsschreiben mit dorthin nahm. Zwar fand ich dort auch bald ein Unterkommen und wurde an der Mosellem Zions-Kirche im Richmond Township, Berks County im Staate Pennsylvanien als Sänger, Organist und Schullehrer angestellt; welchen Dienst ich zwei Jahre lang versehen habe. Weil aber die englische Sprache dort die Landessprache geworden ist, so streben jetzt die dortigen Deutschen darnach, ihre Kinder auch in dieser Sprache unterrichten zu lassen, wodurch ich aber, weil ich kein Englisch verstehe, meine Schüler und den größten Theil meiner Einkünfte verlor und ferner nicht im Stande war, meine Bedürfnisse zu befriedigen. Da ich aber ausser Stande war, mit schwerer Körperarbeit mein Brot dort zu verdienen, sich aber dort keine bessere Aussicht für mich fand, so entschloß ich mich zur Rückkehr in mein Vaterland, in der Hoffnung, hier ein Unterkommen und das nöthige Stückchen Brot für meine noch übrigen, vielleicht nur wenigen Lebensjahre wiederzufinden. Da ich aber durch die Rückreise zur See schon mein Vermögen einbüßte, so kam ich am letzten 5. Juli arm und dürftig in Hamburg an und war genöthigt, einige meiner ehemaligen guten Freunde und Collegen um Unterstützung zu bitten, die mir so viel Geld vorstreckten, meine Reise ins Braun[schweigi]sche

Vaterland fortzusetzen, und der Cantor Eyme in Cramme nahm mich nebst meiner Ehefrau und wenigen Sachen in seine Wohnung in der Hoffnung, dass ich bald als Schullehrer angestellt und Brot finden würde.

Bei Hochfürstlichem Consistorio habe ich unterthänig um den vacant gewordenen Schuldienst in Wetlenstedt nachgesucht, und darauf die gnädige Resolution erhalten, dass ich vor Allem erst Zeugnisse über meine Geschäfte und moralisches Verhalten aus Amerika vorzeigen soll. Da ich kein solches schriftliches Zeugniss von dorther mitgebracht habe, so bat ich Hochfürstliches Consistorium, mich unter der Bedingung mit genannten Schuldienst zu beglücken, dass, wenn ich nicht binnen Verlauf eines Jahrs das verlangte Zeugniss herbeischaffen würde, ich dann des Schuldienstes wieder verlustig würde. Da aber Hochfürstliches Consistorium abermals gnädig resolviret hat, dass ich ohne das verlangte Zeugniss als Schullehrer nicht empfohlen werden könne; so bin ich, weil ich keine sichere Wohnung, keine Geschäfte und nichts zu verdienen habe, nebst meiner alten Ehefrau in einer höchst unglücklichen Lage, zumal da der Winter vor der Thür ist, und ich nicht habe, wovon ich leben muss, auch von Gelde gänzlich entblößt bin. Ein Gefängniss bei Wasser und Brot wäre mir erträglicher bei dem Bewustseyn, es nicht verdient zu haben, als der mich jetzt getroffene unglückliche Zustand.

Zu Eurer Herzoglichen Durchlaucht nehme ich aber noch vertrauensvoll meine Zuflucht, Höchstdieselben in dieser meiner großen Noth um höchstgnädiges Erbarmen unterthänigst fußfallend zu bitten. Höchstdieselben wollen in Gnaden geruhen, mich entweder mit irgendeiner Anstellung und Broterwerbe zu beglücken, wäre dies auch nur ein geringer Broterwerb, oder auf andere Art mich meiner großen Noth zu entreißen.

Ohne diese höchste Gnade Eurer Herzoglichen Durchlaucht müsste ich in meiner Noth vergehen, weil vielleicht ein volles Jahr darüber verfließt, bis ich das vom Hochfürstlichen Consistorio verlangte Zeugniss aus Pennsylvanien herheischaffe, wovon ich nicht glaubte, dass Hochfürstliches Consistorium es verlangen würde, weil ich über zwanzig Jahre lang in meinem Vaterlande als Landschullehrer mit Gewissenhaftigkeit und Treue gearbeitet habe, wovon das beigelegte Zeugniss einen Beweis giebt. Darum rechnete ich auch mit der größten Zuversicht auf eine gnädige baldige Anstellung vom Hochfürstlichen Consistorio und glaubte nicht, dass dies hohe Collegium wegen der drei Jahre, die ich in Amerika verlebt habe, ein Misstrauen in meine Ehrlichkeit setzen würde.

Eurer Herzoglichen Durchlaucht höchste Gnade, die so Viele glücklich macht, ist der einzige Trost in meinem Unglück. Höchstdieselben wollen meine unterthänigste Bitte gnädigst erhören und mich Unglücklichen auf eine oder die andere Art aus meiner Noth erretten und glücklich machen.

Lebenslang soll diese höchste Gnade und Wohlthat meinem dankbaren Herzen unvergesslich bleiben und in der tiefsten Submission verharre ich bis an mein Grab Eurer Herzoglichen Durchlaucht unterthänigster Knecht, Heinrich Jonas Gudehus. ehemaliger Cantor und Schullehrer in Vallstedt.

Im Schulhause zu Cramme den 4ten November 1825.

ENDNOTEN

[1] Jonas Heinrich Gudehus: Meine Auswanderung nach Amerika im Jahre 1822 und meine Rückkehr in die Heimat im Jahre 1825. Nebst Bemerkungen über den kirchlichen und moralischen Zustand der dortigen Deutschen und Winke für Auswanderungslustige, 2 Tle. in 1 Bd., Hildesheim 1829, 386 S. (1 rt 18 g).

[2] Jonas Heinrich Gudehus: Journey to America, transl. by Larry M. Neff., in: Ebbes fer Alle-Ebber, Ebbes fer Dich. Something for Everyone, Something for You, Vol. 14, 1980, S. 185-329. – Zitiert: Neff 1980.

[3] Die Lebensdaten finden sich in den Ortsakten des Landeskirchlichen Archivs Wolfenbüttel (zitiert LAW) Essehof 8, Schulbestellung 1748-1820, und Hohenassel 19, Bestellung des Schulmeisters 1654-1835, sowie in den Kirchenbüchern von Volkmarode, Remlingen und Vallstedt im Niedersächsischen Staatsarchiv Wolfenbüttel.

[4] Bewerbung vom 02.01.1802 in LAW Essehof 8; s. Anlage.

[5] Chronologisches Verzeichnis der Zöglinge des Herzogl. Lehrer-Seminars zu Wolfenbüttel von der Gründung desselben im Jahre 1753 an bis auf die Gegenwart. - Wolfenbüttel 1903.

[6] LAW Essehof 8.

[7] Zitate, ebd.

[8] Ebd., Schreiben vom 03.01.1802.

[9] Ebd.

[10] Ebd. Schr. vom 15.01.1802.

[11] Wilhelm Gottlob Knittel (1758-1825) war von 1800-1818 Generalsuperintendent von Braunschweig.

[12] Johann Georg Christian Capelle (1766-1846) war von 1790-1818 Pfarrer in Volkmarode mit dem Filialort Essehof.

[13] Lied 392: Kinder fromm und gut erziehen, Neues Braunschweigisches Gesangbuch, Braunschweig 1779, Text s. Anlage 2.

[14] Die Stelle im Hebräerbrief Kap. 13, Vers 11 lautet: Gehorcht euren Lehrern und folgt ihnen, denn sie wachen über eure Seelen – und dafür müssen sie Rechenschaft geben –, damit sie das mit Freuden tun und nicht mit Seufzen; denn das wäre nicht gut für euch.

[15] Lied 426: Bis hierher hat mich Gott gebracht, durch seine große Güte, Neues Braunschweigisches Gesangbuch, Braunschweig 1779.

[16] LAW Essehof 8, Schr. vom 27.01.1802.

[17] LAW Essehof 8.

[18] LAW Essehof 9, Schulmeistereinkünfte 1767-1857, Schr. vom 26.01.1803.

[19] Ebd. Reskript vom 21.12.1803.

[20] LAW Remlingen 61, Opferei- und Schulbestellung 1673-1836.

[21] Die Quellen zu Remlingen wurden nicht voll ausgeschöpft. Zu befragen wären die Archivalien des Propsteiarchivs Schöppenstedt, die immer noch unverzeichnet in den Magazinen des Landeskirchlichen Archivs schlummern. Remlingen gehörte damals zur Superintendantur Kissenbrück; der Sitz des Superintendenten wechselte. Als Gudehus sein Amt in Remlingen antrat – und bis 1809 – war der Superintendent zugleich Pfarrer in Remlingen (dann in

Achim). So könnten auch noch die Archivalien der Kirchengemeinde Remlingen herangezogen werden, die sich noch vor Ort befinden.

[22] Dieses Zitat und die folgenden Angaben stammen aus den Konsistorialakten über Vallstedt: LAW Vallstedt 67, Opfereibestellung 1699-1823; Vallstedt 34, Opfereinkünfte 1762-1866.

[23] LAW Vallstedt 25, Schulhausbau 1778-1838; Vallstedt 34; Vallstedt 53, Wechselseitige Beschwerden des Pastors Lungershausen gegen die Vallstedter Gemeindeglieder 1816-1819; Vallstedt 67.

[24] Johann Wilhelm Julius Lungershausen (1766-1843) war zunächst Waisenhauslehrer in Braunschweig und dann von 1793-1811 der letzte Pfarrer an der Garnisons- und Ägidienkirche in Braunschweig. 1811 wird die Ägidienkirche zu einem Magazin eingerichtet, die Gemeinde mit der Magnigemeinde verbunden und der Pastor entlassen. Von 1812 bis 1833 ist Lungershausen Pastor in Vallstedt, wird dann wegen seiner Lehre und seines Lebenswandels – Alkohol spielte eine Rolle – suspendiert und 1835 des Dienstes entlassen, lebt aber weiterhin in Vallstedt. Mittlerweile total verarmt und heruntergekommen stirbt er dort 1843.

[25] LAW Vallstedt 56, In der Gemeinde Vallstedt bei Abhaltung des Gottesdienstes am Hagelfeiertag vorgefallene Unordnungen 1816-1817.

[26] LAW Vallstedt 52, Von Pastor Lungershausen und Cantor Gudehus gegenseitig geführte Beschwerden 1819-1821.

[27] LAW Vallstedt 67, Antrag auf Entlassung aus dem Schuldienst vom 09.08.1821.

[28] Ebd. Schr. vom 06.09.1821.

[29] Neff 1980 (wie Anm. 2) S 193.

[30] LAW Vallstedt 67.

[31] Neff 1980 (wie Anm. 2) S. 194.

[32] Ebd. S. 195f.

[33] Ebd. S. 196f.

[34] Ebd. S. 201, 214.

[35] Ebd. S. 207ff, 215.

[36] Ebd. S. 210.

[37] Ebd. S. 216f.

[38] Ebd. S. 218, 221f.

[39] Ebd. S. 222.

[40] Ebd. S. 225.

[41] Ebd. S. 230, 232.

[42] Ebd. S. 227.

[43] Ebd. S. 231.

[44] Ebd. S. 240.

[45] Ebd. S. 245.

[46] Ebd. S. 248.

[47] Ebd. S. 250ff.

[48] Ebd. S.318f.

[49] Ebd. S. 319.

[50] Ebd. S. 320f.

[51] Ebd. S. 325ff. und LAW Hohenassel 19, Bestellung des Schulmeisters 1654-1835. H. Nic. F. Eyme (1779-1853) war seit

1807 Lehrer und Opfermann in Cramme; Chronologisches Verzeichnis (wie Anm. 5).

[52] LAW Hohenassel 19.

[53] Ebd.

[54] LAW Essehof 8.

[55] Neues Braunschweigisches Gesangbuch, Braunschweig 1779, Lied Nr. 392.

[56] LAW Vallstedt 67.

[57] LAW Hohenassel 19.

* * *

Ein Bildnis der Person Gudehus ist nicht überliefert. Jedoch hat Hermann Kuhr offenbar Autographen in den Archiven gefunden. Die obige Abbildung ist Kuhrs Aufsatz entnommen und zeigt die Rechen- und Schreibprobe, die Gudehus bei seiner Einstellungsprüfung für die Stelle in Essehof im Jahre 1802 abgegeben hat (s. S. 246).

... und ein großer Dank
an die Menschen, die in spärlich beleuchteten Räumen der
Bibliotheken und Archive dieser Welt Millionen von Seiten
fragilen Papiers vor den elektronischen Augen der Scanner
durchblättern, um der Menschheit die Ideen, Erkenntnisse
und klugen Gedanken unserer Vorfahren frei verfügbar zu
machen und in die Zukunft zu retten.